직장인의 은퇴없는 **실전 주식투자**

직장인의 은퇴없는
실전 주식투자

초판 1쇄 인쇄 2019년 12월 26일
초판 1쇄 발행 2019년 12월 30일
초판 2쇄 발행 2020년 7월 20일

지은이 차영주
펴낸이 전익균, 강지철

총 괄 김기충
기 획 조양제
관 리 김영진, 정우진
디자인 김 정
교 육 민선아
마케팅 팀메이츠

펴낸곳 도서출판 새빛, 유피피코리아
전 화 (02) 2203-1996 **팩스** (050) 4328-4393
출판문의 및 원고투고 이메일 svedu@daum.net
등록번호 제215-92-61832호 **등록일자** 2010. 7. 12

값 18,000원
ISBN 978-89-92454-71-1(03320)

* 도서출판 새빛은 새빛에듀넷, 새빛북스, 에이원북스, 북클래스 브랜드를 운영하고 있습니다.
* 파본은 구입처에서 교환해 드리며, 관련 법령에 따라 환불해 드립니다
다만, 제품 훼손 시에는 환불이 불가능합니다.

이 도서의 국립중앙도서관 출판시도서목록(CIP)은 서지정보유통지원시스템 홈페이지(http://seoji.nl.go.kr)와 국가자료공동목록시스템(http://www.nl.go.kr/kolisnet)에서 이용하실 수 있습니다.(CIP제어번호: CIP2019049746)

직장인 주식투자의 정석

직장인의
은퇴없는
실전 주식투자

차영주 지음

도서출판 새빛
SAEVIT

생각 1

나는 주식투자를 통해서 큰 돈을 벌고 싶다. 워렌 버핏, 피터 린치, 벤저민 그레이엄 등 대가들처럼 주식투자로 크게 성공하고 싶다. 그렇지만 그들처럼 많은 시간을 주식투자에 할애할 수도, 많은 자금을 운용할 수도 없는 나는 그저 평범한 직장인이다. 어쩔 수없이 난 그들과 입장이 다르다. 그래서 그들이 했던 방식을 그대로 따라 하기엔 여러 애로사항이 있다.

그러면 어떻게 해야 하나? 주식투자에서 성공한 투자 대가들의 성공담을 보면 각기 자기만의 방식을 가지고 있고, 이러한 것이 주식시장에서 성공할 수 있는 옳은 방식이라고 주장하고 있다. 이러한 대가들의 훌륭한 투자철학과 더불어 직장인인 내가 할 수 있는 투자법을 배워 익히고 싶다. 주식시장에서, 직장인의 한계를 극복하고 최선의 방법으로 투자하여 돈을 버는 방법을 찾아 익히고 싶은데, 어디서도 이야기해주지 않는다.

생각 2

증권시장은 항상 불안하다. 그런 속에서 어떻게 투자를 계속 해야 할지 잘 모르겠다. 온갖 변수 등이 시장에 쏟아지고 있고, 내가 보유한 종목은 갑작스럽게 증자나 어닝쇼크로 주가가 급락하고, 사려고 관찰했던 종목은 갑자기 올라버려 쫓아서 사기도 주저스럽다. 내가 사면 빠지고, 팔면 오르고…

난 가정이든 주식이든 신경 쓰이는 일이 생기면 마음이 불안해져서 직장 일에 집중하기가 힘들어진다. 그래서 마음 편하게 주식투자 하는 방법을 찾고 싶다. 그런데 주식투자를 마음 편하게 할 수는 없는 것일까? 주변에서는 주식투자를 하는 한 그럴 수 없다고 꿈 깨란다.

주위에 주식투자를 하는 몇몇 동료들이 모이면, 주식에 대한 각종 정보와 이야기가 끊이지 않는다. 나는 이해하기 어렵다. 그들의 열정이 때로는 부럽다. 그러나 그들은 종종 얼굴이 하얗게 되고 안절부절하지 못하는 모습을 보이며 자리를 비우기도 한다. 당연히 일을 제 시간에 끝내지 못해 평판도 좋지 않다. 심지어 급하게 돈을 빌려가곤 하지만, 그들이 주식으로 돈을 벌었다는 소식은 전해지지 않는다. 이래서 안되고, 저래서 안되고, 그때 샀어야 했는데, 그때 팔았어야 했는데 등등 한탄만 한다.

내가 최근 주식투자에 관심이 있다고 하자 손사래를 치면서 주식시장에 아예 발을 들여 놓지도 말라고 한다. 그들을 보면 과연 내가 잘 할 수 있을지 솔직히 겁이 난다. 다양한 일에 집중하면서도 주식투자로 꾸준히 돈을 벌수 있는 방법이 궁금하다. 그러나 어디서도 알려주지 않는다.

생각 3

나는 직장인 투자자다. 철저한 계획매매를 통해 주가의 변동성에도 마음이 흔들리지 않는 매매를 하고 있다. 나는 주식시장의 다양한 상황에 따른 자금계획과 손실한도를 감안한 투자계획을 수립하기 때문에 주식시장에서 갑작스러운 충격을 받을 일은 거의 없다. 따라서 마음도 편하다.

투자 초기에는 단순히 희망으로만 매매를 했었고, 그런 매매는 내게 혼란과 계속된 실패만 안겨 주었었다. 불확실한 주식시장에 원칙 없이 따라다니기만 한다면, 어쩌다 행운으로 잠깐 수익이 나겠지만, 실력으로 꾸준한 수익을 거두기 어렵다는 것을 깨달았다. 즉, 확실한 나만의 매매기준을 갖고 그 기준에 도달했을 때 매매를 하면 수익이 난다는 것을 깨닫게 된 것이다. 낚시꾼이 낚싯줄로 물고기를 쫓아다녀서는 절대로 물고기를 잡을 수 없다. 자기만의 방식으로 줄을 드리우고 물고기가 걸려들 때를 기다려야 하는 것이다. 그것은 지루하고 시간이 걸리기도 하지만 물고기를 꾸준히 잡을 수 있는 유일한 방법이다. 더 나아가 프로 낚시꾼이 되면 물고기의 상황을 파악하고 그 움직임에 맞춰 자신만의 기법으로 낚싯줄을 조정하여 물고기를 낚으면 된다.

여러분은 지금 자신만의 규칙이 있는가? 그 규칙은 매매의 시기인가? 거기에 자금관리와 심리관리도 포함되어 있는가? 그런데 이들은 모두 하나이고, 각각은 하나의 뿌리에서 나온 가지라는 것을 알고 있는가? 일반투자자들이 가장 혼동하는 것은 이들을 모두 별개로 취급하려 한다는 것이다.

매매와 자금관리, 매매심리는 모두 한 뿌리에서 나온 것이기에 통합해서 공부를 해야 하는데, 이를 모르고 각각 가지만 공부를 하기 때문에 주식투자가 어려울 수밖에 없다. 그런데 이런 내용은 어디에서도 이야기해주지 않는다.

생각 4

나는 월급이 소득의 전부인 직장인이다. 이것저것 지출이 많아 목돈 마련이 쉽지 않다. 매달 조금씩 돈을 모으며 불려가고 싶고 또 그래야만 한다는 것을 잘 알고 있다. 그래서 적금, 펀드, 주식 등 다양한 금융상품에 관심을 갖고 있는데, 나의 자유의지에 의해서 선택적으로 투자를 해 왔다. 내가 하고 싶은대로 하는 데 누가 뭐라는 사람은 없다. 최근 주식투자에 관심이 많은데 주위에선 주식을 하면 다들 망한다고 한다. 실제로도 손실을 보는 경우만 봤지 주식투자로 돈을 벌었다는 이야기는 듣지 못했다.

그래서 나는 먼저 주식투자에 대해 제대로 공부를 하기 위해 관련 카페도 가입하고 정보를 모으는 중이다. 그런데 막상 공부를 하려니 어디서부터 시작해야 할지 알 수 없고, 해야 할 것은 너무 많다.

그런데 현실적으로 공부에 시간을 많이 할애할 수도 없다. 잦은 야근에, 주말엔 커가는 아이도 봐야 하고. 그래서 이러한 한계를 극복하고 내가 주식투자를 할 수 있는 효율적인 방법을 배우고 싶다. 주식투자에 대한 일반론이 아니라 이러한 나의 현실에 맞는 투자방법을 알고 싶다.

생각 5

나는 직장인이다. 주식투자를 시작한지는 어느덧 5년이 넘었다. 그럭저럭 투자를 하며 때론 벌기도 했지만, 수익률은 여전히 마이너스다. 경제 채널, 인터넷 강의 등 여기저기 찾아 다니며 공부도 많이 했다. 덕분에 주식에 대한 지식은 어디서도 뒤지지 않는다고 자신한다.

나는 주위에서 정보라 생각되는 것을 들으면 마음이 조급해져 깊은 생각없이 덥석 사고 보는 성격이다. 또한 테마주나 급등주를 보면 심장이 두근거린다. 그러다 보니 고점에 몰릴 때가 자주 있다. 간혹 옆에서 위험하다고 말리지만, 주식과 인생은 한방 아닌가? 나는 주식이 주는 스릴이 좋다.

한편으론 내가 산 주식이 조금만 올라도 혹시나 마이너스로 바뀌지 않을까 조급한 생각에 금세 팔아 버린다. 그리고 나서 혹여 더 오르면 일찍 판 내 행동에 아쉬워하며 후회를 한다. 내가 판 주식은 꼭 반등한다. 도무지 어떻게 해야 할지 종잡을 수가 없다.

그 동안 날린 돈을 계산해보면 어림잡아 대형차 몇 대는 될 것 같다. 직장인인 내게 얼마나 큰돈인데, 복구를 해야 한다는 생각에 조급증만 더해진다. 상한가를 몇 번씩 치는 종목을 보면, 누군가 그 종목으로 돈을 버는 사람이 분명 있을 텐데, 언젠가는 나에게도 그런 행운이 올 것이라는 강한 희망을 떨쳐버릴 수 없다. 종목을 찍어준다는 유료카페에 가입도 해봤지만, 영 신통치 않아 몇 개월 만에 그만 두었다.

솔직히 이것이 좋은 방식이 아니라는 것도 안다. 그러나 쉽게 고쳐지지 않는다. 직장인으로서 돈을 버는 투자방법을 알고 싶다. 그러나 제대로 된 방법을 어디에서도 알기 어렵다.

생각 6

나는 곧 은퇴를 앞둔 직장인이다. 그 동안 열심히 살아온 덕분에 집도 장만하고 아이들도 잘 자라주었다. 이제는 직장에 다닐 수 있는 기간이 눈 안에 들어온다. 하지만 그 전이라도 언제 직장에서 구조조정을 당할지 항시 불안하다. 난 아직 팔팔하고 인생은 100세 시대라는데, 그 동안 아이들을 키우느라 모은 돈이 그다 많지 않다. 인생 후반전을 어떻게 버텨야 할지 솔직히 막막하다.

그래서 주식투자를 해볼까 생각 중이다. IT버블때 주식으로 손해를 크게 본 후 그간 주식과는 거리를 두고 살았다. 그때는 참 무식하게 아무것도 모른 채 덤볐다는 생각이 든다. 주식투자로 조금씩 돈을 모은 한 후배는 차분히 하면 분명 기회가 올 것이라고 위로했다. 주식투자는 나이와 상관없이 노후에도 계속 할 수 있는 일이니 자신과 같이 투자를 하자고 제안을 했다.

하지만 주위에서는 얼마 모은 돈마저 날릴 것이라며 잘 생각하라고 만류를 한다. 분명 나에게 알맞은 투자 방법이 있을 것이라고 생각한다. 그 방법을 배우고 싶다.

생각 7

나는 평범한 직장인이며, 주식투자에 관심이 많다. 업무시간 틈틈이 주식시장을 관찰하고 퇴근해서는 집중적으로 주식 공부를 한다. 관심종목이나 시장의 특징주는 매일 차트를 확인하고 증권방송도 빠뜨리지 않고 챙겨본다. 증권 관련 카페도 몇 군데 가입해서 같은 종목에 관심 있는 회원들과 종종 온라인 토론도 즐긴다. 그런데 수익률은 제자리에서 크게 벗어나지 않고 있다. 소소히 이익이 나기도 하지만 가끔 폭탄을 맞아 그 동안 모은 돈을 한방에 날리곤 했다. 폭탄을 맞으면 나만 그런 것 같고, 주가 급락을 부추기는 기업과 세력은 세상에서 가장 나쁜 놈들이라는 생각이 든다. 가끔 급등 종목을 잡기도 하는데, 이런 기회에 크게 먹자는 생각에 적절한 매도 타이밍을 놓치고 큰 이익을 보지 못한 채 절반은 손절을 하기도 한다. 최근엔 어떻게 해야 하나 조급한 마음이 들기 시작했다. 여전히 나는 주식에 대해 열정이 식지 않아 사람을 만날 때 마다 주식 관련 이야기를 하려 해 주위에서 슬슬 나를 피하는 눈치다. 나의 투자가 어디서부터 잘못됐는지 잘 모르겠다. 직장인인 내가 이익을 낼 수 있는 투자법을 알고 싶다.

* * *
** ** **

여러분이 이 책을 읽는다는 것은 주식투자에 관심이 있다는 반증일 것이다. 좋다. 그렇다면 왜 주식투자를 하려고 하는 것인가? 주위의 많은 사람들이 주식투자를 하면 망한다고들 하는데 상대적으로 안전하고 편하게 은행에 저축하지 않고, 왜 굳이 어려운 주식투자를 하려고 하는 것인가?

당연한 이야기겠지만, 나이를 먹으며 쓰임새는 점점 커지는데, 물가는 오르고, 경제는 저금리, 저성장에 직장생활은 과거처럼 정년이 보장되는 시스템이 아니라 항시 구조조정의 불안감을 갖고 다녀야 한다. 더군다나 사회구조의 변화로 고령화 시대에 접어들면서 인생 후반기도 준비해야 하는데, 오히려 직장인으로서 수입원은 계속 줄어들 위험에 처한다. 100세 시대를 맞아 미래에 대한 불안과 늘어나는 지출, 편안한 노후 대비를 위해 한정된 수입을 증가시키는 대안으로 다양한 재테크에 관심을 갖게된다. 그 중 하나의 대안으로 주식투자에 대한 관심을 갖는 비율도 높아지고 있는데, 직장인 특성상 월급 이외에 뚜렷한 부가수익원을 가질 수 없는 현실에서 주식투자는 재산을 불릴 수 있는 몇 안되는 방법 중 하나이기 때문이다. 주식투자는 주식을 사고 파는 단순한 행위이기에 나이, 학력, 성별에 상관없이 누구나 할 수 있다는 장점도 관심을 갖는데 한몫을 하고 있다.

취업포털 잡코리아가 출판사 '지식너머'와 함께 직장인 11,254명을 대상으로 '직장인 월급관리'에 대해 설문 조사한 결과, 이같이 나타났다.

'어떤 방식으로 돈을 모으고 있는가?'란 질문에 '예금 및 적금'이라고 답한 응답자가 전체 87.6%로 가장 많았다. 다음으로 △펀드(12.3%) △돈을 모으지 않는다(10.5%) △주식(10.0%) △기타(1.9%) 순으로 조사됐다.

(헤럴드경제 2014)

그러나 주식 시장은 투자자 모두 돈을 벌 수 있는 곳이 절대 아니다. 오히려 많은 사람들이 손실을 보고 이를 통해 괴로워하고, 잘못하면 파산에 이르기도 하는 무서운 곳이다. 그래서 단지 다른 것에 대한 대안으로 주식투자에 접근하는 것은 매우 위험하다. 만약 그래도 주식 투자에 도전하고 싶다면 먼저 본인의 투자 목적을 확실히 정하고 자금조달 계획과 손실에 대처하는 계획, 그리고 어떻게 주식투자에 대해 공부를 할 것인가에 대한 심각한 고민이 선행되어야 한다. 단순히 돈을 좀 벌었으면 하는 정도의 의지로는 주식시장의 어려움을 쉽게 견딜 수 없다.

주식시장의 현장에 실시간 몸담고 있으면서, 다양한 투자자들을 직접 만나게 되는데, 그들의 상황을 보면 과거와 많은 변화가 있음을 알게 된다. 10여년 전만 하더라도 사회에서 어느 정도 자리를 잡은 40~60대가 주식시장의 주요 고객이었던 것에 반해 최근에는 30~40대와 심지어 이제 막 사회생활을 시작하는 직장인과 대학생까지 고객 분포도가 넓어지고 있다. 작은 돈이지만 재테크를 통해 인생에 필요한 자금 마련에 목적을 두는 젊은 직장인들을 과거보다 자주 만나게 되는데, 최근 강의를 하면서 만난 30대 초반의 투자자는 부모님 도움 없이 자신의 월급만으로 집을 장만하고 자녀를 키운다는 게 어렵다는 생각으로 주식투자를 하게 되었다고 말했다. 이는 변화된 인식을 보여주는 직접적인 예라고 할 수 있다.

"기회는 누구에게나 열려있다. 당신은 지금 끊임없이 변화하는 새로운 시대에 살고 있다. 첨단 기술과 인터넷, 새로운 컴퓨터 소프트웨어, 생명공학, 혁신적인 새로운 기업가 정신이 세계적으로 꽃을 피우고 있다.

… 중략….

이러한 시대에 그저 자신의 직업에 안주해 월급만 받는 것은 충분치 않다. 당신이 하고 싶은 일을 하고, 가고 싶은 곳을 가고, 갖고 싶은 것을 갖기 위해서는 반드시 현명하게 저축하고 투자해야 한다. 투자를 통해 얻어지는 2차 소득과 투자수익은 당신이 목표를 성취하고, 진정으로 안정된 삶을 사는 원천이 될 것이다."

(최고주식 최적의 타이밍 / 윌리엄 오닐 지음 / 박정태 옮김 / 굿모닝북스 / P13)

투자자의 또 다른 변화는 주식투자에 임하는 자세라 할 수 있다. 주식투자에 대한 올바른 공부를 통해 의미있는 투자를 하겠다는 열의가 과거보다 많이 높아지고 있다. 이는 과거 개인 투자자들이 무턱대고 주식시장에 뛰어들었다가 손실을 보는 것을 참조했기 때문으로 생각된다. 그리고 사이버 매매의 활성화로 투자자 본인이 직접 트레이딩을 하다 보니 손실의 원인이 자신에게 있다는 점을 명확히 알게 되고, 주식투자에 무지해서는 손실만 기록한다는 사실을 인지하게 되었기 때문으로 파악된다. 즉, 사회변화와 투자연령, 자금에 대한 인식의 변화로 투자에 대한 생각도 점차 바뀌어 가고 있다.

"'초심자는 어설프게 시장에 발을 들여놔서는 안 된다.' 시세가 오를지 내릴지 알기 어렵기 때문에 주식시장을 잘 모르는 초심자는 섣불리 손을 대서는 안 된다는 뜻이다. 이것은 일본 에도시대 유명한 쌀시장 투기꾼인 혼마 소규가 쓴 '소비규록'에 나오는 말이다.

… 중략… .

주식투자도 마찬가지이다. 아무것도 모르는 사람일수록 대담하게 주식시장에 발을 들여 놨다가는 결국 큰 상처를 입는다."

(불변의 주식격언 211가지로 배우는 필승법칙 / 니시노 다케히코 지음 / 임경희옮김 / 지식여행 / P58)

투자에 대해 배우겠다는 의지는 커졌지만 많은 사람들이 주식투자 공부에 대해서는 막연하게 생각하는 것이 현실이다. 무엇을 어디서부터 어떻게 해야 할지 쉽게 알려져 있지 않기 때문이다.

새로운 투자자를 만날 때마다 어느 정도 공부를 해왔는지 물어보면 많은 분들이 아직도 '증권방송'을 통해서 공부를 한다고 말을 한다. 그 다음이 인터넷 카페, 각종 강연 순이다. 증권 관련 서적은 유명한 사람들이 쓴 책을 중심으로 두서없이 서너 권 읽은 경험이 대부분이다. 반면 나름 체계를 잡아 공부를 해왔다고 대답을 하는 분들은 아주 소수이다.

이러한 상황을 종합해 보면 대부분의 투자자들이 주식투자를 하는데 있어 자신들의 바람과는 달리 체계적인 공부를 통해 시작하기 보다는 여전히 시장의 이야기와 정보를 중심으로 접근하고 있다는 현실을 접하게 된다. 많은 분들이 의지하고 있는 증권방송은 항상 다양한 주식관련 내용을 방송하고, 인터넷카페, 유튜브 등 여러 매체가 실시간으로 많은 정보를 쏟아내고 있다. 하지만 이들을 통해서 체계적인 교육을 받기는 쉽지 않다. 그래서 투자에 대한 깊이 있는 공부보다는 쉽게 정보를 얻기 위해 이들을 보고 있다는 생각이 든다.

다행인 것은 최근에는 주식투자에 대해 체계적으로 배우고자 많은 노력을 하는 투자자들을 자주 만나게 되는데, 때론 상당한 실력을 갖춘 투자자들을 만나게 될 때도 있다. 투자자들이 상대적으로 어렵다고 생각하는 기본적 분석 강의를 할 때 느끼는 변화를 보면, 몇 년 전만 해도 주식시장에서 연거푸 고배를 마신 뒤 정신을 가다듬고 절치부심 하려는 40~50대 투자자들이 대부분이었던 반면, 최근엔 20~60대까지 수강생 연령대가 다양하게 확장되었다. 심지어 아직 주식투자를 해본 경험이 전혀 없는 젊은 수강생들도 만나게 된다. 이들에게 공부를 하는 이유를 물어보면, 시행착오를 최대한 줄이고자 공부를 시작하겠다고 마음을 먹었다고 한다. 요즘은 새로운 일을 시작하기 전에 다양한 경로로 그 일에 대한 장단점을 충분히 검토하여 신중하게 접근하기 때문에 주식투자에 처음 접근하는 방식이 과거와는 확연히 달라졌다고 할 수 있다. 또한 현재 사회가 과거와 다르게 기회를 잡을 수 있는 경우가 많이 줄다 보니, 매사 신중하게 접근할 수밖에 없어서 나타난 현상으로도 보인다.

그리고 주식투자 자금의 규모와 이를 집행하는 형태도 많이 바뀌었다. 과거엔 주식투자를 한다면 목돈을 가져야 한다는 생각이 지배적이었다. 하지만, 요즘은 매달 월급 중 일부를 가지고 투자를 하거나 과거엔 주식투자 자금으로 생각하기 힘든 소액으로도 투자에 나서고 있다. 투자자가 절대금액 – 몇 천, 몇 억 등을 벌어야 한다는 데에만 신경 쓰지 않는다면 주식 투자 금액의 많고 적음은 문제가 되지 않는다. 중요한 것은 금액을 어떻게 잘 운용하는가 이다.

이처럼 최근엔 많은 투자자들이 과거와 달리 무분별한 투자를 지양하고 있다. 물론 누구나 그렇지만, 20~30대들은 돈을 모아야 한다는 간절함으로 주식을 시작하기 때문에 더욱 철저히 준비하는 것 같다. 한편 40~50대 투자자들도 여유자금이 있어서라기 보다 내집 마련과 자녀 양육에 많은 자금이 소요되는 중에도 어렵게 모은 자금으로 노후를 위해 투자에 나서기 때문에, 과거와 다른 형태를 보이게 된다. 또한 정보의 발달로 투자에 대한 다양한 조언을 쉽게 받을 수 있는 것도 한몫하고 있다.

그러나 이러한 투자자들의 절박함에도 불구하고 대부분 투자 수익률이 썩 좋지 않는 것이 안타까운 현실이다. 특히 직장인들은 전문 투자자 보다 투자여건이 불리하기 때문에 투자 수익률이 떨어진다는 생각을 하게 된다. 그러나 주식투자는 투자자의 입장과 성격에 따라서 각기 다르게 활용할 수 있기 때문에 직장인이라고 반드시 불리한 여건에서 투자를 하는 것은 아니라고 당당히 말하고 싶다. 주식투자로 성공하기 위해서는 자신이 어떤 위치 – 펀드매니저 or 일반직장 투자자인가가 중요한 것이 아니라 투자자로서 장점은 최대한 살리면서 자신의 단점은 얼마나 보완하느냐가 수익률을 결정한다고 할 수 있다. 주식투자에 있어 직장인들이 불리하다는 것은 잘못된 편견이다. 이는 직장인 투자자에게 맞는 올바른 주식투자 방법을 제시하는 사람이 없었기 때문이다.

대부분의 주식 투자자들이 비슷한 처지에서 큰 돈을 번 사람들을 통해 가르침을 배우고 싶으나, 그들을 만나기는 쉽지 않다. 그래서 어쩔 수 없이 유명 인사들의 책이나 증권관련 TV, 인터넷 강의를 통해 주식투자를 배운다. 그런데 안타깝게도 이들은 직장인의 특성을 고려하지 않은 일반론적인 방법이기에 그대로 따라하기엔 적합하지 않다. 직장인들은 펀드매니저나 전업 투자자처럼 주식 투자에 많은 시간을 할애하기 어려우며, 또한 큰 자금을 운용하거나 차트를 이용해 타이밍을 잡아 단시간에 매매하는 것도 좀처럼 쉽지 않다. 더군다나 선물, 옵션 등 파생투자는 직장인들 여건상 더욱 어렵다.

이렇듯 그저 시중에 나온 방법들을 따르다 보면 직장인에게는 적합하지 않은 현실에 부딪힐 수밖에 없다. 그러면 주식투자에 대한 공부는 먼 나라 이야기처럼 생각되고 공부를 한다는 것은 더욱 막막하게 느껴지게 된다.

특히 대부분의 주식투자 관련 서적들은 투자자들이 각기 다른 현실에 있다는 것을 고려하지 않고, 저자들만의 독특한 경험 중심이라 직장인의 입장에선 자신의 처지와 다른 괴리감을 느낄 수밖에 없다. 마치 등 한복판이 가려운데, 허벅지를 벅벅 긁어주는 것 같은 느낌을 많이 받았을 것이다. 그런 생각이 심해지면 아예 공부란 것이 불가능해 보여 이를 포기하고 정보매매에 더욱 의존하게 된다. 일부 투자자는 한 달에 수 십 만원을 내고 투자종목을 찍어주는 사이트를 기웃거리기도 했을 것이다.

뛰어난 펀드매니저였던 피터 린치는 개인 투자자가 전문투자가 못지 않게 수익을 낼 수 있다는 점을 강조한 바 있다.

"투자에서 전문 투자자가 그다지 영리하지 못하고 개인 투자자도 생각만큼 정말로 어리석지 않다. 개인 투자자가 전문 투자자의 말에만 귀 기울일 때 오히려 어리석은 판단을 하게 된다. 아마추어 투자자는 많은 이점이 있다. 이 점을 잘 활용하면 전문가를 능가할 뿐만 아니라 시장 전체도 능가할 수 있다."

(가치투자의 거장들/ 글렌 아널드 / 이광희 역 / 국일증권경제연구소 / P46)

직장인은 자신이 처한 현실을 직시하고 거기에 맞는 투자방식을 찾아가야만 한다. 즉, 펀드매니저나 데이트레이더와는 다른 방식으로 투자하는 방법을 찾아서, 그를 배우고 익혀야 한다는 것이다. 직장인 투자자들은 나름의 큰 장점을 가지고 주식투자를 할 수 있고, 따라서 그 부분에 집중해서 공부를 하고 투자하면 된다. 그리고 단점은 그에 맞는 보완점을 찾으면 되는 것이다.

나는 증권사의 다양한 경험을 바탕으로 직장인에게 꼭 필요한 투자법을 특화하여 제시하고자 한다. 본사 기획실 근무 경험을 통해 직장인의 바쁜 현실을 잘 알고 있고, 지점근무에서 다양한 직종의 직장인 고객들과 오랜 시간 같이 호흡하면서 매달 매달 월급을 모아 주식투자를 하고자 하는 절박함도 잘 알고 있다. 나 또한 같은 직장인이었다. 그래서 직장인 투자자들이 최대한 시행착오를 줄이면서 안정적으로 수익을 올릴 수 있는 방향을 같이 고민하면서 제시하고자 한다.

"트레이더를 3가지 유형으로 확실하게 구별했다. 추세추종자, 평균 - 회귀트레이더, 그리고 데이트레이더이다. 이들은 기질도 다르고 포착하는 기회, 부딪치는 난관도 각기 다르다. 사람들은 별 생각 없이 어느 한쪽 매매 유형에 이끌린다. 자신이 어떤 사람인지, 어떤 것을 좋아하고 싫어하는지 알고 그에 맞게 매매하면 훨씬 효과적이다."

(언제 매도할 것인가 / 알렉산더 엘더 / 이레미디어 / P21)

직장인들이 여타 투자자들과 다르게 투자해야 한다는 것 중 하나는 증권시장과 떨어지는 방법을 찾아 매매를 해야 한다는 것이다. 통상 투자자들은 주식시장에 최대한 붙어 있으려고 노력하고 주식시장이 열리는 시간에 이를 바라보려고 한다. 그런데 이는 직장인 투자자들의 근무시간과 겹친다.(9시~15시 30분) 그런데 직장에서 주식투자를 한다는 것이 주위에 알려지는 것은 직장생활에 결코 플러스가 되지 않는다. 회사일에 집중하지 않고 다른 곳에 신경쓴다고 비춰질 수 있기 때문이다. 참 아이러니한 것은 많은 사람들이 주식에 관심을 갖고 있지만, 정작 주위에 알려지는 것을 꺼리는 것은 예나 지금이나 별로 바뀌지 않는 현실이다.

직업으로 온종일 주식에만 몰두할 수 있는 전문 투자자와 같은 방식으로 직장인들이 주식투자에 접근하면 본업인 직장생활을 충실히 할 수 없다. 투자자들의 잘못된 인식 중 하나가 일반적으로 주식시장과 붙어 있을수록 주식투자를 잘 할 수 있다고 생각하는 것이다. 그래서 자꾸 주식시장과 붙어 있으려고 하는데, 투자수익은 주식시장과 가까울수록 꼭 좋아지는 것은 결코 아니다. 오히려 이와 반대 - 즉, 주식 시장과 떨어져 매매를 하는 행동으로 좋은 수익을 기대할 수 있는 방법들이 많기 때문에 직장인 투자자들은 이를 찾아 익히는 것이 중요하다고 할 수 있다.

주위를 돌아보면 직장생활을 열심히 하면서 주식투자에서도 꾸준한 수익을 내는 투자자들이 적지 않다. 그들은 대부분 자신이 수립한 원칙을 지키면서 주식시장과 일정 거리를 유지하며 주식시장의 미세한 움직임에는 크게 관심을 기울이지 않고 직장 일에 집중하는 모습을 보여주고 있다. 직장인 투자자가 명심해야 할 사항은 본업인 직장과 부업인 주식투자 사이에 자신의 역량을 집중하는 우선순위가 바뀌어서는 안 된다는 것이다. 가장 훌륭한 재테크는 직장생활을 열심히 정년까지 하는 것임을 잊어서는 안 된다.

앞으로 내가 경험한 직장인 투자자 몇 분의 좋은 사례를 살펴보겠다. 주식투자에는 많은 방법이 있다. 그 중 직장인 투자자에게 맞는, 전문 투자자와 다른 방식으로 훌륭히 투자하는 방법을 이 책을 통해서 찾아가길 바란다.

그럼 직장인 투자환경의 장단점을 살펴보겠다.

장점으로는 첫째, 직장인은 기본적으로 매달 '월급이라는 현금흐름'이 발생한다. 이는 투자활동에 매우 유리한 것으로 꾸준히 주식투자를 할 수 있는 자금이 매달 새롭게 생긴다는 것을 의미한다. 이는 주가의 높은 변동성 속에서 다양한 전략을 구사하게 해 주는 등 아주 유용하고 현명하게 쓰일 수 있게 된다.

둘째, 직장인은 자신이 다니고 있는 회사가 속한 업종과 자신이 하고 있는 분야에 대해서는 누구보다 전문가이기에 그에 관해서는 남들과 다른 안목으로 훌륭한 투자수익을 거둘 수 있다는 것이다. 이는 해당 분야의 애널리스트나 펀드매니저 못지않은 우월한 위치에서 투자가 가능하다는 것을 의미한다.

셋째, 직장인은 투자에 있어 누구의 간섭이나 어떠한 제약 없이 자신의 계획대로 투자할 수 있다. 일부 직장인들이 부러워하는 펀드매니저들은 다양한 규제로 오히려 매매가 비교적 자유롭지 못한 것이 현실이다. 반면, 일반 투자자들은 자신만의 스타일로 매매가 가능함에도 불구하고 이를 적극 활용하지 못하는 것을 보면 안타까움을 느끼게 된다. 장점을 잘 활용하면 전문 투자자들에 비해 결코 불리하지 않다. 이제부터 그 점을 배우고 활용하면 된다.

지금까지 살펴본 장점 외에도 주식투자를 위한 공부를 통해 본인 회사와 소속된 산업군에 대해 더 깊이 알게 되고, 이는 비(非)투자자에 비해 직장생활에 플러스로 작용하게 된다. 공부를 통해 회사와 업종의 성장모델을 알게 되고, 이를 바탕으로 자신이 다니고 있는 회사의 성장 방향을 모색할 수 있게 된다. 이는 곧 대표이사처럼 회사 상황을 크게 보는 안목을 키워준다. 직장 초년병 시절 사장처럼 일하라는 말을 많이 들었을 텐데, 막혔던 이야기의 실타래가 여기서 풀릴 것이다. 주식투자를 통해 기업 성장에 대한 입장을 알게 되고, 그런 마음으로 열심히 일하면, 직장생활과 훌륭한 투자 두 마리 토끼를 다 잡을 수 있게 될 것이다. 이를 통해 회사에서의 성장으로 월급과 더불어 주가(회사의 지분가치) 상승도 꾀할 수 있게 된다.

하지만 당연히 직장인 투자자가 가지는 단점도 있다.

첫째로 소위 프로라는 전문 투자그룹과 동일한 주식시장에서 치열한 싸움을 해야 하는데, 직장인들은 주식투자에 할애할 시간과 노력이 그들에 비해 많지 않다. 하루의 대부분을 직장이라는 본업에 충실하면서 남은 시간을 이용해 주식 투자에 대한 공부와 매매에 임해야 하기에, 한정된 자원인 시간을 적절하게 활용하는 방안을 찾아야만 한다. 그렇지 못할 경우에는 정보만 찾게 되는 상황에 빠지게 될 수도 있다. 그렇게 되면 오롯이 단점만 부각될 뿐이다.

둘째로 투자 규모가 크지 않다는 점이다. 하지만 투자금액의 많고 적음이 단점인지는 생각해 볼 문제이다.(이는 확실한 단점은 아니지만 여기서 굳이 언급하는 이유는 일부 투자자들이 그렇게 생각하기 때문이다.) 자신의 금액이 적다고 생각하는 것은 어쩌면 욕심에서 비롯된 것일 수 있다. 주식투자는 금액의 절대크기와 상관없이 자기가 가진 자금의 투자수익률에 포커스를 맞춰야 한다. 다른 투자자가 10억을 가지고 10%의 수익을 달성하여 1억을 벌었다고 이를 부러워하며 자신은 2천만원으로 1억을 벌려면 500%의 수익을 달성해야 한다. 그래서 일부 투자자는 적은 자금으로 큰 수익을 얻기 위해 리스크 관리기법을 잘 모른 채 신용 등 과도한 레버리지를 쓰다가 소중한 자금을 날리기도 한다. 투자의 성과를 투자규모와 연동하지 않고 절대금액으로 따지게 된다면 올바른 투자방법을 찾을 수 없게 된다.

셋째로 체계적인 공부가 부족해 투자기업이나 주식시장에 대한 분석 능력이 전문 투자자 그룹보다는 다소 떨어질수 있다. 그래서 시장에 충격파가 발생시 올바른 상황판단이나 대처능력이 늦어질 수 있다.

그러나 이런 단점들에 실망하거나 걱정할 필요는 전혀 없다. 지금까지 언급한 단점은 표면적일 뿐, 이를 대체할 방식에 조금만 노력을 집중하면 오히려 장점으로 변화시켜 더 좋은 투자방법을 수립하는데 활용할 수 있게 될 것이기 때문이다.

"매매를 잘 한다는 말은 자신의 아이디어를 따르는 신념과 자신이 오류를 범한 때를 깨닫는 유연성 사이에 균형을 잘 맞춘다는 것이죠. 매매를 한다는 것은 무언가 신념을 가지면서, 동시에 수많은 잘못을 범한다는 말이에요. 신념과 겸손 사이의 균형은 오랜 경험과 많은 오류를 가장 잘 습득하게 되죠."

(시장의 마법사들 / 잭 슈웨거 / 임기홍 역 / 이레미디어 / P303)

우리는 자신의 단점을 극복하고 영웅이 된 수많은 이야기를 알고 있는데 투자의 세계도 다르지 않다. 문제는 단점을 극복하지 못하고 스스로 굴복하는 것이다. 스스로 자신의 단점을 파악하고 냉정히 볼 줄 안다는 것은 극복을 위한 첫걸음이 된다. 단점을 알면 극복하는 방법을 찾게 된다. 마찬가지로 직장인 투자자가 얼마나 큰 장점을 가지고 있는지 모르는 투자자는 항상 남만 부러워하며 이를 활용하지 못하고 시간만 낭비하게 된다. 따라서 이 책에서는 직장인 투자자들이 단점을 보완하고 강점을 더욱 살리는 투자 방법을 찾아볼 것이다.

주식투자의 근본은 간단하다. 좋은 주식을 잘 골라서, 잘 사고, 잘 파는 것이다. 또한 사회에서 성공한 사람들이 공통적으로 남다른 노력을 한 것과 같이 주식투자를 통해 꾸준히 수익을 내는 사람들 역시 자신만의 방법이 있다는 것을 알면 된다. 여러분은 지금 그 배움의 과정 앞에 서 있다.

한편으로 주식시장은 아무런 투자방법 없이 우연히 돈을 벌 수도 있는 곳이다. 그러나 이는 옳지도 않고, 성공적인 방법도 아니다. 다시 강조하지만 주식투자로 꾸준히 수익을 내기 위해서는 자신만의 투자방법을 갖는 것이 중요하다. 이 책에서는 직장인이 상대적으로 불리한 여건 속에서 효율적으로 주식투자를 할 수 있는 방법을 함께 찾아 나갈 것이다.

목차

목차

I
직장인 왜? 주식투자인가

1
'주식투자' 란 것에 대한 이해

많은 투자자들이 어려운 주식시장에서 크게 성공한 투자의 고수를 찾아, 그로부터 비법을 전수받아 자신도 그와 같이 돈을 벌고 싶다는 욕망을 가지고 있을 것이다. 그 비법을 알고 있는 전설적 투자의 고수, 지리산 도인 이야기로 주식투자 이야기를 시작하고자 한다.

주식으로 크게 성공한 고수가 지리산에 기거하고 있다는 소식을 들은 한 투자가가 그를 찾아 산으로 갔다. 수소문 끝에 고수를 찾은 투자자는 이제 그의 비법을 전수받아 큰 돈을 벌 수 있다는 희망으로 고수에게 자문을 구한다. 고수는 온갖 궂은 일로 그 투자자를 고생시키며 시험하다가 결국 "쌀사비팔"이라는 심오한 한마디를 남기고 홀연히 사라진다. 투자자는 고수가 가르쳐 준 소중한 한마디의 의미를 찾기 위해 밤낮으로 그 말을 되뇌였다. "쌀사비팔"...... "쌀사비팔"...... (히말라야에 있는 세계적인 고수는 이렇게 외쳤다지요? BLSH...... Buy Low, Sell High! - 싸게 사서 비싸게 팔아라!)

이는 증권가의 워낙 유명한 유머라서 많은 투자자들이 한번씩은 들은 적이 있을 것이다. 주식투자의 성공비법이라는 것이 별다른 것 없이 주식을 쌀 때 사서 비쌀 때 파는 "쌀사비팔"의 단순한 과정이라고 이야기하고 있는 것이다.

그런데 여기서 주식투자자들이 가장 근본적인 혼돈에 빠지게 된다. 매일 시시각각 움직이는 주식시장에서 주가가 '싸다'라고 할 때는 과연 언제이고, '비싸다'라고 할 때는 언제인지 하는 것이다. 그것을 안다면 '쌀사비팔'의 방식을 통해 쉽게 큰 돈을 벌 수 있을 텐데, 현실의 주식시장에서는 싸고 비싸고를 명확하게 알 수 없기 때문에 혼란에 빠지게 된다.

강의를 하다 보면 주식의 가격인 '기업의 가치'와 적정가치에 따른 '적정 주가'를 어떻게 알 수 있는가에 대한 질문을 자주 받는다. 이는 모든 투자자들이 가장 궁금해하는 핵심 질문이다. 우리는 무엇을 구매할 때 정해진 가격을 기준으로 '싸다 혹은 비싸다'라고 인식하는 생활에 익숙해져 있다. 그래서 투자하고자 하는 기업의 가격(적정주가)을 알면 주식이 할인된 기간에 사서, 적정가격 보다 올랐을 때 매도를 하여 이익을 챙길 수 있을 것이라고 생각하고, 다들 기업의 가격표(적정주가)를 알고 싶어한다. 그런데 실제 투자에서 우리가 보는 증권사 시세창에는 '가격표' 대신 시시각각 변하는 '시세'만이 있어서 기업의 가치를 반영한 정확한 가격을 알 수 없어 답답함을 느끼게 된다. 가격표 없이 우리 스스로 가격(가치)을 산정해서 매매를 하는 것은 익숙한 방식이 아니기 때문이다. 이는 투자자를 매우 피곤하게 만드는 일이기도 하다 투자자들이 가장 궁금해하는 기업의 가격(가치)을 평가하는 방법은 여러 가지가 있다. 이는 투자자가 평가를 어떻게 하느냐에 따라서 기업의 가격이 달라질 수 있다는 것이다. 평가방식에 따라서 가격이 정확히 하나로 일치하지 않고 다르게 나타나게 된다는 것을 의미하는 것이기도 하다.

"버핏은 '두 사람이 같은 기업을 분석한다고 해도 그들이 계산한 내재가치는 서로 약간은 다르게 마련이다. 이는 찰리와 나의 경우도 마찬가지다' 라고 하면서 이런 사실을 분명히 밝힌 바 있다."

(가치평가 활용하는 법 / 존 프라이스 지음 / 김상우 옮김 / 부크온 / P39)

주식투자를 위한 가치와 가격의 관계를 배우기 위해 투자의 대가인 워렌 버핏이나 피터 린치, 국내외 유명 펀드매니저들이 쓴 책들을 보면 가격(가치)을 판단하는 기준이 각기 다르다는 것을 알게 된다. 또한 싸게 사서 비싸게 팔라는 말도 일부는 싸게만 사려고 하지 말고 비싸게 사서 더 비싸게 팔라고도 한다.

일례로 벤자민 그레이엄은 가치대비 저평가가 이루어졌을 때, 즉 '안전마진'(주식이 투자자 자신이 평가한 가치보다 낮은 가격에 거래될 때, 적정가격과 현 가격 차이를 안전마진이라는 용어로 설명함. 즉 평가한 가치가 10만원인데, 현재 7만원에 거래되고 있다면, 안전마진은 30%가 됨. 안전마진은 투자자가 주가 하락으로부터 보호받을 수 있는 안전장치라는 논리임)이 확보되었을 때 주식을 매수해야 한다고 강조하고, 윌리엄 오닐은 기업의 장부가치 보다 성장성에 주목하여

PER가 높더라도 성장성이 충분히 유지되고 있다면 주식을 매수하라고 말한다.

기본적 분석에 의해 기업 가치를 평가하는 방법은 투자자가 분석의 관점을 어디에 두느냐에 따라서 자산가치, 수익가치, 성장가치, 기업의 현금흐름에 의한 가치산정 등등 여러 방법이 있다. 따라서 각각의 방식에 따라 이용되는 숫자가 다르기 때문에 산출된 가격(가치)은 달라질 수밖에 없다.

또한 평가 자료로 활용되는 기업의 재무제표도 작성방법 – 기업의 활동사항을 어떤 계정과목으로 처리하느냐에 따라 수치에 변동이 생기며 이는 또다시 평가하는 가치가 달라지는 것으로 연결된다. 그리고 같은 내용이라도 분석 시 어디에 가치를 더 부여하여 중점을 두고 평가하느냐에 따라서도 가치는 달라지게 된다.

"그렇다면 기업 경영자가 당기 순이익의 증가율 수준을 조정하기 위해 고뇌하는 것일까? 나름대로 복잡한 이유가 숨어 있겠지만, 일반적으로 경영자의 '순탄한 성장' 욕구가 크게 작용하는 것으로 이해할 수 있다.

당기 순이익이 급증하면, 다음 회계연도의 실적증가에 대한 심리적 부담이 생기고, 주주들의 배당 압력이 가중될 염려가 있고…. 중략…. 때문에 머리가 잘 돌아가는 경영자일수록 매출과 이익이 급격히 증가하는 것을 경계하게 된다."

(엉터리 재무제표 읽는 비법 / 김건 지음 / 우용출판사 / P97)

한편, 기술적 분석을 신봉하는 투자자들은 차트를 기준으로 가격이 싸고 비싸고를 판단하여 주가가 하락하여 바닥권을 형성하고 있거나 반대로 주가가 상승추세를 형성하고 있을 때, 혹은 고점을 돌파할 때 등을 포인트 삼아서 매매 시점을 잡으라고 이야기한다. 또한 일부 투자자는 주가가 상한가에 들어갈 때 사라고 하는데 이들은 차트상의 가격이 적정주가의 기준점이 된다.

또한 어떤 투자자들은 상대 기업과의 기업 가치를 비교하는 상대가치법을 사용하기도 한다.

이렇듯 투자자들은 각기 자신의 투자 철학에 따라 다양한 의견들을 말하고 있다. 이러한 내용들을 보면 각기 다른 이야기들 같아 혼란스럽게 보이지만 다들 '나는 이렇게 해서 돈을 벌었다'는 자신만의 확실한 성공방식을 가지고 이야기한다는 것을 알게 된다. 그러나 이 점을 인식하지 못하고 대가들의 이야기와 논리가 모든 투자자에게 동일하게 적용되는 진리인양 학습하다 보면, 이 사람 말이 맞는 것 같다는 생각이 들다가, 또 저 사람 말도 맞는 것 같기도 하다 보면 혼란만 가중된다. 심한 경우 공부를 포기하고 소위 정보와 종목을 찍어주는 곳을 찾아 기웃거리게 되는 상황이 반복되는 것이다.

"나의 시장 철학은 월가의 격언처럼 싸게 사서 비싸게 파는 것이 아니라 오르는 주식을 사고 내리는 주식을 파는 것이다. 그것은 빠를수록 더 좋다."

(어메이징 박스이론 / 니콜라스 다비스 지음 / 이광희 옮김 / 국일경제연구소 / P162)

주가와 기업의 실적이 장기적으로는 일치한다는 것은 투자자들이 인정하고 있는 주식투자의 근본 전제이지만, 주가는 기업의 실적에 따라 항상 동행하는 정확한 움직임을 보이지도 않는다. 주가는 때론 가격(가치)보다 높게, 때론 낮은 움직임을 보이는데 이러한 현상은 자주, 심지어 상당기간 지속되기도 한다.

주식 심리학자인 마틴 프링은 "이론적으로 주가는 기업의 실적을 반영한다. 그러나 현실은 그렇지 못한 게 사실이다"라고 이야기하고 있다. 또한 유럽의 훌륭한 투자자였던 앙드레 코스톨라이는 기업실적과 주가와의 관계를 '주인(기업실적)과 산책하는 애완견(주가)'으로 비유했다. 주인과 애완견은 공통된 목표인 집(적정주가)을 향해 같이 걸어가지만 주인은 대체적으로 직선으로 중심을 잡고 걸어가는 반면 애완견은 주인을 중심으로 정신없이 왔다 갔다 한다고 설명하고 있다.

그리고 벤자민 그레이엄은 '조울증과 우울증을 겪고 있는 정신병 환자(주식시장)'의 비유로 두 가지가 항상 일치하지 않는 현상을 설명하고 있다. 그는『현명한 투자자』에서 "주식시장은 투자자에게 매일 나타나서 그때그때 자신의 기분에 따라 A라는 기업을 싸게 사라고 하기도 하고, 때론 매우 비싸게 자신에게 팔라고 한다. 이때 투자자는 그런 변덕스러운 시장을 바라보면서 A 기업을 그 가격에 살건지 팔건지, 아니면 관망할 것인지 스스로 판단해서 결정하면 된다."고 설명한다. 즉 시장이 제시한 가격이 마음에 들 때만 매매하면 된다는 것이다. 이론적으론 A 기업의 가치와 주가는 결국 일치하지만, 주가가 움직이는 시장은 변동성이 항상 존재한다는 것이다.

그러면 주식을 항상 싸게 사서 비싸게만 팔 수 있을까? 주식은 때론 비싸게 사서 싸게 혹은 싸게 사서 더 싸게 팔아야 할 때도 있다. 즉, 손절매를 통해서 자신의 자금을 지켜야 할 경우도 생기게 된다. 이 모두 주식시장이 가지고 있는 변동성인 것이다.

"내재가치가 시장가격과 일치하지 않으면 현재로선 그 의견은 틀린 것이다. 주가는 현실로 존재하는 사람들의 믿음이다. 투자자들이 기대하고 예측하는 집단적 지식이 주가에 구현된다. 투자자들의 믿음은 시시각각 변하며 이것이 그들의 행위를 통해 주식의 가격, 즉 주가를 형성한다."

(거래량으로 투자하라 / 버프 도르마이어 지음 / 신가을 옮김 / 이레미디어 / P56)

주식시장에서는 많은 요인들이 실시간으로 주가가 변동성을 갖도록 영향을 주고 있다. 기업 실적의 변동뿐만이 아니라 세계경제의 흐름, 정부 정책의 변화, 그리고 투자자들 심리변화 등이 종합적으로 때론 개별적으로 영향을 주고받는다. 이런 행위들은 때론 시장의 리스크 요인으로 작용하게 된다. 따라서 투자자는 변동성을 다스리는 방법을 익혀야 한다. 이를 위해서는 자신의 심리를 이해하고 다스리는 방법과 자금관리 방법 등을 또한 배우고 익혀야 한다. 이 모든 과정을 익히기 위해서 투자자는 부단한 자기계발 과정의 노력을 지속해야만 하는 것이다.

투자자는 주식시장의 이런 고유의 특성을 명확히 인지한 후 주식시장에 들어와야 하고, 그러한 인식의 바탕 하에 시장에서 자신만의 방법을 찾아내어 투자를 해야 한다. 그러기 위해서는 먼저 주식투자에 대한 다양한 투자방법을 익히는 공부를 필수적으로 해야 한다. 궁극적으로 소위 고수가 되기 위해서는 여러 사항을 공부하여 자신만의 매매기법을 만들어가는 과정이 필요한 것이다.

여러분이 주식투자를 하려고 하는 이유가 무엇인가? 가정 경제를 튼튼히 하기 위한 돈을 벌기 위해서가 아닌가? 따라서 투자방법이 어떤 방식이 되든 자금이 불어나야 하고, 계좌 수익의 최종 책임은 투자자 자신이 져야 한다. 벌어도 내 돈, 깨져도 내 돈인 것이다.

그런데 일부 투자자는 자신의 소중한 돈을 쉽게 남에게 의지하여 투자하려고 한다. 투자 판단을 스스로 하지 못하고 남에게 전적으로 의지하는, 소위 얇은 귀를 가진 투자자들이다. 정보를 쫓아다니는 행위도 자신의 투자를 남에게 의지하는 행위이다. 여러분은 전부 성인이다. 그런데 주식 시장에서만큼은 왜 남에게 의지하는 '유아기'를 벗어나지 못하는 것인가? 이는 잘못된 행위로 반드시 고쳐야 한다. 투자에 관한한 여러분 스스로 판단하고 실행하는 능력을 키워야 한다. 투자실력을 갈고 닦아 자신만의 투자방법을 확고히 수립하게 되면 여러분은 직장 정년이라는 굴레와 상관없이 지속적으로 투자활동을 영위할 수 있게 될 것이다. 즉 PC나 스마트폰만 있으면 언제 어디서나, 나이와 상관없이 매매를 할 수 있게 된다. 100세 시대에 매매로 꾸준히 돈을 벌 수 있다는 것은 대단히 축복받는 일이 아닌가? 이는 모든 투자자들의 바람과 더불어 궁극적 목표이기도 한 것이다.

2

직장인 투자자의 상대적 우위에 집중하자

증권시장을 구성하는 매매 주체를 나누어 보면 외국인과 기관 그리고 개인 투자자 등으로 크게 구분할 수 있다. 이 중 개인 투자자는 그 수가 가장 많음에도 불구하고 적잖은 투자자들이 주식투자를 하는데 있어 외국인과 기관 투자자들에 비해 상대적으로 모든 면에서 불리하다고 생각한다. 외국인과 기관 투자자들은 뛰어난 정보력과 많은 자금동원능력, 그리고 고급 리서치의 지원과 훌륭한 매매시스템, 게다가 이를 운용하는 펀드매니저들 면면도 MBA 등 체계적인 교육시스템 등으로 무장하고 있다. 반면, 개인 투자자들은 고작 일주일에 몇 시간 만을 주식투자에 할애하고 교육이나 자금 등 모든 면에서 상대적인 열위를 보이기 때문에 전문가 그룹과 맞붙어 수익을 낸다는 것이 쉽지 않다고 생각을 하게 된다.

하지만 나는 주식투자에 있어서 개인 투자자들이 외국인이나 기관 투자자들 보다 불리하다는 것에 전적으로 동의하지 않는다.

주식투자는 각각의 매매 주체별로 다른 장 · 단점을 가지고 있기 때문에 이를 어떻게 활용하느냐에 따라서 수익률이 결정된다고 보면 된다. 외국인이나 기관투자자라고 해서 꼭 유리한 것은 아니다. 개인 투자자 중 특히 직장인 투자자는 다른 투자 주체들 보다 오히려 여러 가지 유리한 면을 가지고 있고, 그러한 것에 집중한다면 분명히 좋은 수익을 꾸준히 달성할 수 있다.

여러분들 중 일부는 '직업적'으로 주식투자를 할 수 있는 펀드매니저를 부러워할 것이다. 하지만 역설적으로 펀드매니저들 중 일부는 개인 투자자가 되는 것을 목표로 하고 있다. 이렇게 생각을 해보자. 자영업의 경우 자리 잡기는 힘들지만(매매기법을 배우고 익히기 힘들지만), 일단 자리를 잡고 나면 직장인(펀드매니저) 보다는 여러 면에서 자유의지를 발휘하여 보다 자유롭게 움직일 수 있게 된다. 펀드매니저들은 기본적으로 직장인이기 때문에 어쩔 수 없이 이런저런 제약하에 놓이게 된다. 그래서 일부 펀드매니저는 회사를 나와, 보다 자유로운 형태로 보다 많은 재량을 가지고 주식투자를 하려고 하기도 한다. 모든 투자는 자신의 의지에 의해서 이루어질 때 가장 빛을 발휘할 수 있게 된다고 생각한다. 따라서 궁극적인 지향점은 자신만의 자금으로 자신만의 방법으로 자유롭게 투자활동을 하는 것이다. 즉, 돌고 돌아 지금 여러분들의 모습인 자유로운 개인 투자자가 되는 것이다.

우리는 여기서 개인 투자자가 직장에 다니면서 주식투자를 하는 면에 대해서 집중적으로 살펴보고 있다. 그러면 직장인 투자자는 어떤 장점을 가지고 있는 것인가?

첫째 직장인은 자신이 하고 있는 일, 즉 자신의 직업(소속 분야)에 대해서는 소위 '전문가'라 할 수 있다. 다른 일반인들과 구분하여 해당 일에 관해서는 높은 식견과 통찰력으로 일의 흐름을 꿰뚫고 있다는 것이다. 따라서 자신의 일과 관계된 분야에 집중해서 투자를 한다면 다른 어떤 투자주체 – 외국인이나 기관 투자자들 보다 높은 투자 성과를 나타낼 수 있는 유리한 위치에 있다고 볼 수 있다. 이는 누구나 쉽게 이해하고 실천할 수 있음에도 불구하고 많은 직장인 투자자들이 간과하고 있는 안타까운 부분이기도 하다.

"가설을 세우면서 앞으로 유망할 것이라 생각되는 부문이 떠올랐다면 그 중에서 어떤 회사를 선택해야 할까? 답은 간단하다. 자기가 좋아하는 회사를 고르자. 그러면 자신 있게 장기 보유할 수 있다. 그저 마음에 드는 회사에 투자하면 된다."

(10년 보유할 주식을 찾아라 / 사와가미 아쓰토 지음 / 유주현 옮김 / 이콘 / P56)

위대한 투자자인 워렌 버핏은 자신의 투자 철학으로 "자기가 잘 아는 우량회사 주식에 대해 확실한 신념을 가지고 그 회사의 가치가 낮게 평가된 시점에 주식을 사서 장기 보유 한다."라고 밝히고 있다. 이렇듯 직장인들은 자신의 일과 관련된 부분에서 '잘 안다'라는 강점을 가지고 있는 것으로 이는 매우 중요하다.

둘째로 직장인 투자자는 매매를 하는데 있어 어느 누구의 간섭도 받지 않고 자신의 판단과 자유의지에 의해서 매매를 할 수 있다. 주식시장에서 스스로 판단하며 매매 실행여부를 결정할 수 있다는 것이 얼마나 큰 장점인지 투자자는 알아야 한다. 직장 생활이 무척 바쁘거나 다양한 개인적인 일, 그리고 여러 상황 등에 불안감을 느낀다면 투자를 하지 않을 수도 있다는 것이다. 더군다나 증시가 하락세라고 판단되어 투자할 종목발굴에 자신이 없을 때도 매매를 중단하고 증권시장과 잠시 멀어지는 자유를 누릴 수 있다는 것을 의미한다. 개인 투자자들에게는 매매를 하지 않는다고 아무도 뭐라 하지 않기 때문이다.

그러나 대부분의 (주식형펀드)펀드매니저는 정해진 규정에 따라 시장의 상황이나 개인적인 일과는 상관없이 주식형펀드로 유입된 자금의 70%는 무조건 주식을 사야 하고, 반대로 고객의 펀드 환매 요청이 들어오면 상승장에서도 주식을 팔아야 한다. 이는 펀드매니저 의지와는 무관하게 기계적으로 이루어지는 일이다. 따라서 증시 하락기에 주식을 매수하거나, 반대로 상승기에 주식을 매도해야 하는 경우도 생기게 된다. 그러면 수익률 관리에 어려움이 생기게 된다. 이들의 입장을 헤아린다면 개인 투자자들이 가지고 있는 자율성의 의미는 매우 크다고 할 수 있다.

"개인이 기관, 외국인 투자자에 비해 유리할 수 있는 가장 큰 무기는 투자를 미룰 수 있다는 것이다. 어떤 기업의 장래와 신뢰성에 의구심이 든다면, 섣불리 투자하기 보다는 의심이 풀릴 때까지 관망하는 것이 좋은 전략이 됩니다."

(주식 해부학 / 배문호 지음 / 지식과 감성 / P145)

여러분은 주식시장이 항상 열려 있지만 그렇다고 항상 매매할 기회를 주지는 않는다는 것을 잘 알고 있을 것이다. 따라서 꾸준한 수익을 내기 위해서는 투자를 할 때와 투자하지 않을 때를 구분하여 움직이는 것이 수익률면에 있어서 매우 중요하다. 즉, 자신의 의지에 의해서 때를 구분하여 매매를 할 수 있다는 것은 주식시장에서 수익을 내기 위한 큰 무기를 가졌다는 것을 의미한다.

셋째로 직장인 투자자는 매매할 종목의 선정과 자금을 투입하는 것에 대해서 모든 것을 자유롭게 선택할 수 있다. 어떤 종목을 살 것인지 혹은 안 살 것인지, 한 종목에 총 투자자금의 몇 퍼센트까지 매수할지 등등에 대한 어떠한 간섭이나 제약이 없다. 그래서 상대적으로 덜 우량한 관리종목을 매매할 수도 있고, 심지어 '그냥 마음이 내켜서' 라는 이유만으로 매매를 할 수도 있다. 그리고 자신이 왜 그 종목을 매매 했는지 누구에게도 조사를 받거나 설명할 필요가 없다.

반면 외국인이나 기관 투자자들은 종목선정 및 매매에 상대적으로 많은 제약이 있다. 이들은 외부 투자자들의 자금을 위임받아 주식에 투자를 하기 때문에 당연히 엄격한 자금 운용규정이 있고 이를 충실히 따라야 하는 의무가 주어진다. 규정은 '시가총액이 일정금액 이상', '재무구조는 일정단계 통과', '한 종목에는 총 자금의 몇 퍼센트까지만 살수 있다' 등등이 세세하게 명시되어 있다. 매매 내용에 대해서도 정기적으로 회사 자체 감사 및 금융당국에 의해 운용규정 준수여부를 확인받게 되어 있다.

"위원회의 대부분이 승인을 하면, 그 종목은 주식 선별 리스트에 올라 갑니다. 일단 주식이 그 리스트에 올라가면, 은행의 포트폴리오 매니저는 그 주식을 매수할 수 있습니다. 그들은 리스트 안에 있는 종목만 사도록 되어 있습니다."

(타이밍의 승부사 / 잭 슈웨거 지음 / 김태완. 양영빈 옮김 / 21세기 북스 / P129)

이들은 자신이 매매하고자 하는 종목을 선정하게 되면 왜 그 종목을 선택했는지에 대한 명확한 근거를 남겨야 하며, 감사와 투자자의 요청이 있을 경우 이를 설명해야 한다. 그래서 매매에 대한 근거의 객관성을 확보하기 위해 대체적으로 애널리스트의 분석 등을 참조하게 된다. 이는 애널리스트가 분석하지 않는 소형주는 펀드매니저 본인 판단에 아무리 우량하고 주가의 성장성이 높아 보여도 선뜻 매수에 나서기 쉽지 않은 이유로 작용하게 된다. 이처럼 펀드매니저들은 개인 투자자들처럼 본인 재량을 발휘할 수 있는 기회를 갖는다는 게 생각처럼 쉽지 않은 것이 현실이다.

운용 자금의 규모도 생각에 따라서는 개인 투자자가 더 유리하게 작용할 수 있다. 일부 오해 중 하나가 투자자금의 규모가 클수록 수익을 극대화 시키기 유리하다고 생각하는 것이다. 투자자금이 크면 많은 자금을 여러 우량주에 배분할 수 있기 때문에 즉, 사고 싶은 종목을 마음껏 살 수 있게 되어 투자 수익률이 올라갈 것이라고 생각한다.

하지만 이는 생각해볼 여지가 있다. 운용금액이 어느 이상으로 커지면, 종목선정에 어려움을 겪게 되는데, 금액이 커지면 분산을 많이 해야 하고 이는 오히려 시장대비 초과수익률을 내도록 운용하기가 쉽지 않게 된다. 마치 큰 배의 움직임과 작은 배의 움직임에 차이가 있는 것처럼 방향전환과 속도는 작은배가 훨씬 유리한 것과 같다고 하겠다.

"수억 달러짜리 펀드를 운용한다면 잦은 자금 유출입이 펀드 성과에 부정적인 영향을 끼치지 않도록 입출금 규모를 제한해야 한다고 생각합니다."

(새로운 시장의 마법사들 / 잭 슈웨거 지음 / 오인석 옮김 / 이레미디어 / P289)

성장성이 돋보이면서 저평가된 종목을 여러분과 기관 투자자가 동시에 발견했다고 가정하면, 여러분은 본인의 판단하에 자유롭게 자금의 상당부분을 그 종목에 투자하여 큰 수익을 시현할 수 있다. 그러나 기관 투자자는 한 종목 매매한도 등에 묶여서 자금 중 일부만을 매매에 투입할 수밖에 없다. 그 종목이 만약 소형주라면 유동성 문제로 자유로운 매매에 제약이 따르게 된다. 따라서 소량 매매만 할 수밖에 없고, 이는 절대금액이 아닌 총 운용자금 대비 수익률에서 차이가 발생하게 된다. 즉, 한 두 종목에서 큰 수익이 있다고 하더라도 전체 자금에 미치는 영향이 적기 때문에 규모의 효과 면에서 비교 열위에 있다고 할 수 있다.

넷째로 직장인 투자자는 자신의 성향에 맞는 매매규칙을 스스로 만들어 활용할 수 있다. 자금을 어떻게 분산하고 어떻게 운용할 것인지, 즉 분산 or 집중, 가치투자 or 성장주 투자 or 차트에 의한 투자, 단기 or 장기 등등 투자에 관한 여러 가지 사항을 자신이 처한 상황과 성격, 스타일에 맞게 최적화하여 운용할 수 있다. 자율성은 투자에 도움을 주는 창의력을 발휘하게 해준다.

"투자의 세계에서 일률적으로 적용되는 진리란 존재하지 않는다. 모든 주식이 저마다 고유한 특징이 있는 것처럼 모든 투자자도 각각의 고유한 목표와 목적이 있다. 이러한 맥락에서 모든 주식은 개별적으로 평가되어야 하며, 투자자들 역시 개별적인 욕구를 기반으로 각각의 구체적인 목표와 목적을 설정해야 한다."

(절대로 배당은 거짓말을 하지 않는다 / 켈리 라이트 지음 / 홍춘옥, 한지영 옮김/ 리딩리더 / P150)

외국인 및 기관 투자자들은 회사가 정한 자금 운용 방안과 엄격한 규정을 따르면서 매매를 해야 하기 때문에 상대적으로 융통성이 줄어든다. 한 예로 기관 투자자에게는 매도에 관해 '로스컷(Loss cut)'이라는 손절 규정이 있는데, 이는 보유한 주식이 일정 수준으로 하락하면 매도를 해서 리스크 관리해야 하는 아주 중요한 규정이다. 이 규정은 무조건 지켜야 한다. 그러므로 큰 하락장에서 소형주가 한 기관의 로스컷에 의해 물량을 출회하면 주가가 추가 하락하게 되고, 그러면 다른 기관도 로스컷이 발생하여 매물이 매물을 부르는 경우도 발생한다. 여기에 펀드 매니저의 의지가 개입할 요소는 거의 없다.

반면 직장인 일반투자자는 자신이 스스로 정한 방식에 따라 매매를 하는데 있어 아무런 간섭을 받지 않는다. '가치에 집중해서 주가 변동성을 무시하고 손절매 없이 장기적 투자를 하겠다'는 계획을 세웠다고 하면, 주가 하락에도 상관없이 종목을 보유하면 된다. 한 지인은 '메디톡스'를 3만원에 매수한 뒤, 주가가 1만 5천원까지 하락세(약 50% 손실)를 보일때도 손절없이 보유하다가, 현재 시세가 약 40만원대에도 여전히 보유하고 있다. 그는 메디톡스의 성장성에 방점을 찍고 장기 보유할 각오로 주식을 샀고 이후 메디톡스의 주가가 변동성을 보일 때에도 메디톡스의 성장성이 훼손되지 않았음을 확인하고는 흔들림 없이 계속 보유하고 있다. 만약 기관 투자자가 동시에 같은 이유로 3만원에 매수를 했었더라면, 아무리 성장성에 확신이 있다 하더라도 로스컷 규정에 걸려서 중간에 매도할 수밖에 없었을 것이다. 더군다나 당시 이를 분석한 리포트가 없었다는 점도 중요하다. 펀드매니저 입장에서 메디톡스가 좋다고 판단했어도 객관적인 매수 근거가 미약한 상태에서 매수 대상에 포함하기도 쉽지 않은 것이다. 메디톡스에 대한 증권사의 분석 리포트가 나오기 시작한 시점은 주가가 10만원을 넘어선 이후부터였다. 물론 펀드매니저가 책임을 지고 매매를 강행할 수는 있었겠지만, 만약 잘못될 경우 그 부담이 크기 때문에 현실적으로 쉽지 않다. 개인 투자자가 자신의 스타일로 자유로운 매매가 가능하다는 것이 얼마나 유리한지 단편적으로 보여주는 예라 하겠다.

다섯 번째로 직장인 투자자는 설혹 투자가 잘못되어도 자신의 투자에 대한 수익률만 감당하고 책임지면 된다. 주식 투자는 희망으로 이루어지는 행위라서, 결과가 나쁠 경우 돈과 희망이 함께 깨지게 되기 때문에 정신적으로 견디기 어려운 충격과 고통을 준다. 개인 투자자는 투자 손실이 발생하면 자신만의 문제이지 다른 사람들의 원성을 듣지 않는다.

반면 펀드 매니저들은 수익률이 좋지 않을 경우 투자자들의 항의를 받게 되는데, 투자손실과 더불어 이 스트레스가 만만치가 않다. 어찌 보면 개인 투자자는 직접적인 자기 행동에 따른 손실이고, 기관 투자자는 남의 돈에 대한 손실이라서 스트레스가 덜하다고 생각할 수 있는데, 이는 경중을 따질 수 있는 부분이 아니다. 매매에서 손실 행위에 대해선 스스로에게는 화를 잘 낼 수는 없지만, 남(펀드매니저)에게 화를 풀어버리는 것은 쉽기 때문이다.

여러분 중에는 선의로 지인에게 종목을 추천했다가 해당종목의 하락으로 꽤나 마음 고생한 경험이 있을 것이다. 그때 '나도 같은 손실을 봤는데, 왜 나한테 항의하느냐, 주식투자는 스스로의 판단과 책임을 지는 것이 아니냐'라는 원망의 생각이 들기도 하고, '돈을 벌게 해주려고 이야기 한건데, 이럴 줄 알았으면 괜히 이야기했다'라는 생각들을 했을 것이다. 위대한 투자자였던 빅터 스테란데오도 그의 책에서 "아무튼, 나는 묻지도 않는 친구에게 공연히 조언을 해서는 안된다는 교훈을 확실히 얻었다."는 말로 조언에 따른 괴로움을 표현하고 있다.

펀드 매니저들은 절대 수익률도 중요하지만 상대적 수익률, 즉 다른 펀드매니저들과 비교되는 경쟁에도 노출되어 있는데, 이 또한 큰 스트레스를 안겨준다. 실시간으로 경쟁 펀드 매니저 대비 수익률이 나타나므로, 항시 주위를 의식하지 않을 수 없다. 여러분 자신의 매매 수익률이 성적표처럼 실시간 비교되어 나온다고 생각해 보라. 이는 한편으론 소신 있는 투자를 방해하는 요인이 된다. 즉, 튀는 것보다는 무난한 것을 추구하게 만드는 것이다. 이에 대해 랄프 웬저는『작지만 강한 기업에 투자하라』에서 '사자나라 얼룩말'이란 매우 적절한 비유로 설명하고 있다. 그는 펀드 매니저의 특성을 사자나라(리스크)에 둘러 쌓인 채 안전을 위해 무리 지어 생활하는 얼룩말에 비유했다. 얼룩말은 풀(수익)을 먹고 사는데, 무리 속에 있으면 사자로부터 안전하기는 하지만, 남보다 신선한 풀(뛰어난 수익)을 먹을 수는 없다. 그렇다고 무리 바깥쪽의 신선한 풀을 먹으려 했다가 잘못하면 사자(리스크)의 먹이가 될 위험이 있다는 것이다. 따라서 대부분의 펀드 매니저는 생존본능에 의해 신선한 풀을 포기하고, 다소 신선하지는 않더라도 주위의 풀을 함께 먹으며 죽음의 위험을 감수하지 않게 된다는 것이다.

그렇다면 개인 투자자는 어떤 동물의 비유가 적절할까? 홀로 산과 초원을 누비며 때론 사자와 맞짱도 뜨지만, 신선한 풀을 맘껏 먹으며, 무엇이든 자유의지로 움직일 수 있는 존재. 아무리 고민해도 그러한 존재는 '인간' 밖에 없는 것 같다. 개인 투자자는 그러한 우월성을 가지고 있는 것이다. 당당히 자신의 스타일 대로 자신감을 가지고 매매하면 되는 것이다.

물론 개인 투자자들이 가지는 단점도 무시할 수는 없다. 그런

부분 중 일부는 투자자 자신이 가장 잘 알고 있을 것이다. 따라서 이를 냉정히 파악해서 극복방안을 찾아 가면 된다. 용기와 희망을 갖자!

3
증권시장에서 떨어져 있는 것을 두려워 말라

주식투자를 하게 되면 아무래도 주식시장의 움직임에 이래저래 신경이 많이 쓰이게 된다. 직장생활을 통해 어렵고 힘들게 모은 소중한 자금이 들어가 있으니 당연한 일이다. 지금은 다양한 기기를 통해 언제 어디서나 자연스럽게 실시간 시세를 확인하면서 매매를 할 수 있기 때문에 자연스럽게 자주 휴대폰 등을 만지게 된다. 그러나 직장에서 이런 모습을 보인다면, 결코 좋지 않다는 것을 여러분은 잘 알고 있다. 회사에서 업무 이외의 일에 신경을 쓰는 모습을 보이는 것은 구조조정이 일상화된 요즘 회사 입장에서 결코 달갑지 않기에, 본인에게 상당히 불리하게 작용할 수도 있다는 것을 명심해야 한다.

상황이 그렇다고 해도 투자를 하고 있는 입장에서 주가의 변동성에 신경이 쓰이게 마련이다. 따라서 이러지도 저러지도 못하는 진퇴양난의 상황에 빠지는 것이 현실이다. 특히 주식시장이나 투자한 기업의 주가 변동성이 커지게 되면 온통 신경이 실시간 변동성에 집중되면서 일이 손에 잡히지 않는 경우도 발생할 수 있다. 그렇게 되면 업무의 집중도는 떨어지고, 주식도 꼬이게 된다. 주식투자는 투자자가 시장의 변동성에 마음을 쓴다고 투자를 더 잘하게 되거나, 수익을 더 올리거나 투자한 주식이 하락에서 상승으로 바뀌거나 하지는 않는다.

"컴퓨터 모니터를 들여다보는 시간이 많다고 해서 더 훌륭한 결정을 내리는 것도 아니다. 오히려 현명한 결정을 내리는 데 방해가 되는 경우가 많다. 현란한 차트와 숫자들이 깊은 생각을 방해하기 때문이다."

(거인의 어깨 위에서 투자하라 / 양진석 지음 / 21세기 북스 / P63)

이러한 사항을 감안하면 직장인 투자자는 주식시장과 떨어져 있어도 되는, 아니 떨어져 있어야 한다는 결론이 나오게 된다. 모바일 기기의 발달로 공간적으로 떨어진다는 개념이 통하지는 않지만, 변동성 즉 시세로부터 떨어져 있는 법을 익혀야 한다는 것이다. 업무에 집중하기 위해서라는 현실적인 문제에서 시작하여, 시세와 거리를 둠으로써 직장인들에게 맞는 주식투자의 방법을 찾고 이를 활용할 수 있게 될 것이다. 시세를 실시간 보고 있다고 매매를 더 잘하게 되는 것이 아닌 것과는 반대로 오히려 주식시장과 거리를 둠으로써 매매를 더 잘 할 수 있는 방법을 찾게 될 수도 있다. 그러한 방법이 없는 것이 아니기 때문이다.

처음엔 주식시장과 떨어진다는 것이 두렵게 들릴 수도 있다.

그러나 현실적인 인식 속에 떨어지는 것을 받아들이고 이에 대응하는 방법을 익히는 것이 현명한 투자자라면 반드시 해야 할 일이라고 강조하고 싶다.

그럼 투자자가 주식시장과 떨어져 매매를 하게 되면 어떠한 장점이 있고 이를 위해서는 어떻게 해야 하는 것일까? 이를 살펴보자.

첫째, 시장을 실시간 보지 않기 때문에 사전에 수립한 계획에 의해서만 매매를 해야한다. 아니 그렇게 할 수밖에 없다. 주식시장을 실시간 모니터링 할 수 없고, 간혹 띄엄띄엄 보다 보면 오히려 주식시장의 흐름을 왜곡해서 보게 될 수도 있다. 반면 투자자가 주식시장을 계속 보다 보면 시세의 변동성에 빨려 들어 객관적인 판단이 어려워지고, 결국엔 시세 변동성에 대응을 하고자 하는 욕구가 생기게 되어 원치 않던 매매를 하기도 한다. 그러나 시세를 거의 볼 수 없다는 사실을 인식하면 자금계획과 더불어 이에 따른 주가 변동성에 대응하는 방법 등 여러 경우의 수를 감안하여 기계적인 대응이 가능하도록 투자계획을 수립하게 된다.

"주식시장에 확실한 것은 없다. 이 사실을 인정하고 그에 대처해야 한다. 어느 특정한 이론이나 주식에 집착해서는 안된다. 무엇보다 중요한 것은 위험부담을 줄여야 한다는 것이다."

(나는 주식투자로 250만불을 벌었다 / 니콜라스 다비스 지음 / 권정태 옮김 / 국일경제연구소 / P77)

투자(매매) 계획은 주식시장이 진행중인 시간이 아닌 퇴근 후 조용한 시간 즉, 다른 요소들에 휩싸이지 않고 이성적인 판단이 가능한 시간에 자신의 모든 상황을 고려해 결정하는 것이 좋다. 이렇게 사전에 매매전략을 수립하면 현명한 결정을 내려 더 좋은 결과를 불러오게 된다.

"창의성과 유연함을 발휘하는 때는 전략을 설계할 때이지, 실제 시장에 참여하는 때가 아닙니다. 트레이더는 누구나 시장 속으로 들어가면 근시안적이 되고 눈앞의 시세에 반응하는 일차원적 생물로 전락하고 만답니다."

(쩐의 흐름을 타라 / 미녀53 지음 / 에디터 / P199)

둘째, 계획에 의한 매매를 하게 되면 심리적 안정을 꾀할 수 있게 되는데, 이는 여러 가지 의미를 내포하고 있다. 주식투자에서 심리적 안정을 갖게 되면 여러분은 직장생활에 충실할 수 있게 된다. 주식시장이 변동성을 보여도 그에 맞는 자신의 계획이 이미 수립되어 있으므로 마음의 불안함 없이 투자와 직장생활을 안정적으로 하는 소위 이중생활이 가능해진다. 이를 통해 주식과의 동행을 외부에 철저히 숨길 수도 있게 된다.

또한 계획에 의한 매매를 하게 되면, 변동성이 크고 무작위성 움직임을 보여 계획 수립이 어려운 소위 '잡주' 매매를 하지 않게 된다. 자연스럽게 우량주 위주로 매매를 해 투자의 안정성이 더욱 커지는 효과도 얻을 수 있다.

셋째, 주식투자가 직장생활에 크게 영향을 미치지 않아 성공적인 직장생활에 집중하도록 한다. 주위에는 주식투자를 통해 꾸준히 좋은 수익률을 올리면서도 직장생활에서 인정받는 즉, 두 부분 모두 안정감있게 유지하는 직장인들이 꽤 많다. 계획된 매매를 통해 심리적 안정을 찾으면 직장생활의 집중도가 높아지게 된다.

계획된 매매를 통해 두 부분에서 모두 성과를 내고 있는 내가 알고 있는 몇몇 투자자들의 예를 살펴보겠다.

첫번째는 국내 대기업의 부장이다. 그는 모든 직장인들처럼 매우 바쁘고 국내외 출장도 많아서 차분히 주식시세를 보고 있을 상황이 못된다. 그는 계좌를 온 · 오프라인 두 가지 투자방식을 이용하고 있다. 온라인 구좌는 자신의 실력으로 스스로 운용하고, 오프라인 구좌는 증권사 직원을 통해 매매를 하고 있다. 당연히 시세를 자주 보지 못하므로, 시장에서 변동성이 큰 종목을 짧게 치고 빠지는 식의 매매는 지양하며 결코 쫓기듯 매매를 하지 않는다. 자신의 성향과 매매방식을 충분히 증권사 직원에게 인지시키고 같이 투자목표를 정하여 매매를 한다. 결코 주위에 흘러다니는 정보에 관심을 기울이지 않고 자신이 잘 아는 종목 위주로 매매를 하는, 즉 투자에 대한 뚜렷한 주관을 갖고 매매를 하고 있다.

또 다른 투자자는 외근이 많은 30대 중반의 직장인이다. 그는 주택자금과 자녀 양육비 등이 한참 들어갈 때라 투자자금이 크지는 않지만, 매월 급여에서 발생하는 현금흐름을 잘 이용하여 적립식 투자와 이것이 모이면 목돈 투자를 병행하고 있다. 그와 이야기해 보면 돈을 모아야 한다는 강한 의지를 갖고 있지만, 그렇다고 결코 서두르거나, 무리를 하지 않는다. 경기도의 집에서 서울로 출퇴근하면서 그 시간을 허투루 버리지 않고 유튜브를 보거나 관련 서적을 읽으면서 잘 활용하고 있다. 그를 만난 건 재무적 공부를 하는 모임을 통해서였는데, 지금도 그는 자신의 종목에 대한 일반적인 뉴스 등이 아니라, 종목에 대한 재무적인 판단을 어떻게 해야 하는가 등 분석에 대한 질문이 주를 이룬다. 그를 만나면 공부에 대한 열정이 식지 않음을 확인하게 되어 항상 즐겁다.

또 다른 투자자로는 선배 치과의사이다. 그는 환자가 없을 경우 주식시세를 관찰할 수는 있지만, 치료 중일 때에는 시세를 전혀 볼 수 없다. 특히 주가의 변동성이 큰 날, 까다로운 환자가 몰려 치료시간이 길어지게 되면, 신경이 이만저만 쓰이는 게 아니다. 그러던 중 몇 번의 시행착오 끝에 원칙을 정했는데, 매우 단순하게, "매수는 신중을 기하되, 매수주문과 동시에 매도주문을 같이 낸다. 매도주문은 10% 상승이나, −2% 하락 시 체결되도록 한다. 만약 주가가 10%가 더 올라도 상관없이 난 만족할 것이고, 만약 주가가 빠지면 −2%에서 손실이 확정될 것이기 때문에 그 정도 손실은 충분히 감수할 수 있다"라는 것이다. 이렇게 규칙을 정하고 나니까 시장이 아무리 큰 변동성을 보여도 자신의 자금이 +10%~−2% 구간에서만 움직이기에 그렇게 마음이 편할 수가 없다고 한다. 주식은 정해진 규칙에 따라 기계적으로 알아서 움직이고 있을 테니, 자신은 마음 편히 환자에 더욱 집중할 수 있고 수익도 안정적으로 꾸준히 쌓이기 시작했다고 한다.

마지막으로 직장생활을 시작한지 얼마 안되는 30대 초반의 투자자이다. 그는 투자금액이 몇 백만원에 불과 할 정도로 절대 금액이 적었다. 하지만 이에 대해 부끄러워하거나 조급해하지 않았다. 그 금액으로 공부를 통해 배운 분산과 가치투자를 위해 열심히 노력했다. 그가 투자하고 있는 종목 이야기를 들어보면, 일부 투자자들이 강의장에서 서로 이야기하는 주식을 덥석 사는 반면, 그는 일단 자신만의 의심의 눈으로 종목을 관찰하고 자신의 기준에 들어오지 않으면 사지 않는 결단력을 갖고 있었다. 그리고 다른 사람이 보기엔 별로 좋아 보이지 않는 종목도 자신만의 논리와 방법으로 투자하여 잘 운용하고 있었다. 자칭 초보였지만 여러모로 나를 많이 놀라게 했던 투자자였다. 그는 시간이 지나면 분명 투자의 대가가 되어 있을 것으로 기대하고 있다.

잘 알다시피 워렌 버핏은 월스트리트가 아닌 '오마하'라는 고향마을에 거주하면서 매매를 하고 있다. 또한 알려진 것처럼 그의 책상 위에는 주식 시세를 나타내는 단말기가 없다. 그는 공간적으로도 시세적으로도 주식시장과 떨어져 있는 것이다. 이렇듯 스스로 월가와 거리를 둠으로써 '냉정하고 객관적으로 상황을 판단할 수 있다'는 말을 한다. 물론 버핏은 전업 투자자이므로 직장인과 입장이 분명히 다르지만, 그가 월가와 거리를 두고 있다는 점이 시사하는 바는 매우 크다.

자신의 일에 충실하면서 투자를 했던 또다른 예로 '니콜라스 다비스'라는 투자자를 들 수 있다. 그는 1950년대 전 세계를 무대로 활동했던 무용가인데, 자신의 직업과 투자를 병행하면서 스스로 개발한 '박스이론'으로 큰 돈을 벌었다. 다비스는 출연료로 우연히 한 회사의 주식을 받게 되는데, 주식을 전혀 몰랐던 그는 그 존재를 잊고 지내다 얼마의 시간이 흐른 후 그 주식의 시세가 상당히 올라 있음을 확인하고 큰 이익을 얻게 된다. 이후 다비스는 자신이 일하는 것 보다 쉽게 큰 수익을 안겨준 주식투자가 쉬운 일이라고 생각하고, 아무것도 모른 채 묻지마 투자를 하다가 처음 얻은 이익의 대부분을 날리게 된다. 이후 그는 본격적으로 투자에 대해 공부를 하여 자신에게 적합한 '박스 이론'을 만들게 된다.

그는 전 세계를 다니며 당시 가장 빠른 통신방법인 전보를 이용하여 시세와 주문을 주고받는 방식으로 매매를 할 수밖에 없었다. 이는 시간의 차이가 발생되어 시장에 대응하는 방식이 아닌 자신의 계획에 따른 매매를 하게 만드는 계기가 되었다. 그는 월가의 소식들을 철저히 배제한 채 오로지 늦은 시세만을 가지고 스스로 판단하고 매매를 한 것이다. 후에 뉴욕에 정착한 뒤 월가와 가까워져 투자에 유리하다고 생각했으나, 오히려 불필요한 시장 분위기에 휩쓸리며 자신의 차분했던 계획에 의한 매매방식이 흔들리게 된다. 그래서 뉴욕사무실에 있으면서도 월가에 나가지 않고 과거와 같이 전보를 통해서 매매를 계속 했다. 이러한 방식으로 시장의 광기에 휩싸이지 않고 1962년 대폭락에서 자신을 보호하게 된다. 다비스가 위대한 건 시장과 떨어질 수밖에 없는 자신의 현실을 직시하고, 오히려 그것을 이용하여 자신만의 매매

방식으로 시장을 냉정히 바라보면서 큰 돈을 벌었다는 것이다. (다비스의 박스 이론에 대해서는 매매기법에서 자세히 다루게 된다.)

"나는 하나의 성공을 위해서 필요하다면 1년이라도 기다리는 법을 배워야 한다는 것을 알았다. 그리고 또한 어떠한 경우에도 내가 세운 원칙을 부정하고, 적당히 타협함으로써 내 돈을 찔끔 찔끔 날릴 수가 없었다."

(어메이징 박스이론 / 니콜라스 다비스 지음 / 이광희 옮김 / 국일증권경제연구소 / P137)

그의 투자 여정을 보면 시대적 상황과 거래 방식의 괴리에도 불구하고 지금 일반 투자자들이 겪고 있는 상황과 크게 다르지 않다. 전 세계 어디에 있든 시세를 실시간으로 볼 수 있다는 차이만 있을 뿐, 마치 지금의 일반 투자자라고 봐도 무방하다. 그만큼 주식투자를 대하는 우리들의 자세는 쉽게 변하지 않았다.

여러분도 지금까지 예를 든 다양한 투자자들처럼 자신만의 방식으로 증권시장과 떨어지는 방법을 찾아야만 한다. 주식투자를 하면서 직장생활에 지장을 초래한다는 것은, 분명 잘못된 매매를 하고 있다는 반증이다. 그러므로 주식투자의 여러 방식 중 직장생활을 하면서 편안하게 주식투자를 같이 할 수 있는, 현실적으로 여러분 각자에게 맞는 방법을 찾기를 바란다.

4

환상을 접어라

단기간에 주식 투자로 팔자를 고치겠다는 생각을 버려라.

주식투자는 수익을 바라는 행위이다. 자, 여러분은 주식투자를 통해서 얼마의 수익이 나기를 원하고 있는가? 좀 더 구체적으로 일년에 몇 퍼센트의 수익이 나길 원하는가? 생각의 기간이 너무 긴가? 질문을 바꿔서, 주식투자에서 한 달에 몇 퍼센트의 수익이 나야 만족하겠는가? 은행수익률 이상이면 만족하겠는가? 그런데 솔직히 이런 생각, 즉 '기간 수익률'을 염두하며 주식투자를 생각해 본적이 있는가? 어렵게 주식투자로 돈을 벌고자 하는데 수익률은 그저 '많이'라고 단순하게 생각하고 있는 것은 아닌가? 특히 주식투자를 하면 소위 '대박'이 나서 직장을 확 때려치울 정도는 돼야 한다는 생각을 가지고 있는 건 아닌가?

상담을 하다 보면, 실제 많은 투자자들이 단기간에 고수익을 바라고 있다는 것을 느끼게 된다. 투자자에게 '일년에 어느 정도 수익을 원하십니까?' 라고 하면 많은 투자자들이 질문 자체를 당황스러워 한다. 주식투자로 돈을 많이 벌고 싶다는 생각만 했지 구체적으로 일년에 몇 퍼센트의 수익을 낼지에 대해서는 생각해 보지 않았기 때문이다.

처음엔 대체적으로 '은행 수익률보다 높게'라고 점잖게 이야기 하지만, 대화를 계속 나누다 보면, 실제 마음은 '최소 100% 이상, 많게는 무한정의 수익'을 원한다는 게 말과 표정에서 감출 수 없이 읽힌다. 소수만이 은행수익률 이상 연 10% 정도의 투자 수익률을 원하는데, 그래도 과거보다는 현실적인 기대치를 갖는 분들이 많아졌다고 할 수 있다. 하지만 여전히 많은 투자자들이 자신의 투자자금에 대한 기간 수익률을 따지기 보다는 막연히 '큰 수익'의 희망을 가지고 주식시장에 들어오고 있는 것이 사실이다. 그들이 보기에는 주식 시장은 단기간에 고수익을 얻을 수 있는 곳이기 때문이다.

투자 스타일에 대해서도 질문을 하면 대부분 가치투자를 원한다고 하지만, 역시 오늘 당장 10% 이상 수익이 나는 종목을 찾는 경우가 많은 수를 차지한다. 주식시장은 종목을 잘 선택하면 하루에 상한가(30%)의 수익을 볼 수도 있는 곳이다. 때문에 많은 투자자들이 그 변동성의 황홀함만을 보고 단기간에 높은 수익을 생각하며 대박의 환상을 갖는 것이 사실이다. 그러나 과연 투자자들이 원하는 수익률을 쉽게 달성할 수 있을까?

"구글 주식은 처음 상장되어 외부투자자들이 처음으로 거래할 수 있는 주식을 소유하게 된 후 12개월 동안 가격이 세배로 올랐다. 이처럼 엄청난 수익은 수십만명의 투자자들이 다른 하이테크 상장사들 가운데서 '제 2의 구글'을 찾는데 광분하도록 만들었다."

(머니 앤드 브레인 / 제이슨 츠바이크 지음 / 오성환, 이상근 역 / 까치글방 / P119)

주식 투자자들의 공통적인 꿈이 하나 있는데, 그것은 내일자 신문을 미리 받아 보는 것이다. 증권면 시세를 미리 보고 투자를 하면 매일 상한가를 달성할 수 있을 테니까. 그러나 현실에서 그런 일은 절대 일어나지 않는다.

주식투자는 기업의 가치에 대한 성장성을 보고 그의 미래에 투자하는 행위임을 명확히 인식해야 한다. 이러한 근본을 무시하고 주식투자를 대박을 노리는 투기적 행위로 접근하는 것은 매우 위험하다. 투기에는 어떤 노력도 들어가지 않고 단지 '꿈'과 '행운'만이 있게 된다. 물론 주식투자도 일부 투기적 관점이 들어간 변형된 방법 – 단순히 시세 차이를 노리는 데이트레이딩과 같은 방법으로 접근할 수도 있지만 직장인들은 여러 여건상 이러한 방법을 쉽게 적용할 수는 없다.

기업 강의를 하면 서두에 "나는 무에서 유를 창조하듯 돈을 버는 방법을 말하러 온 것이 아니다. 돈을 버는 가장 좋은 방법은 여러분이 지금 다니고 있는 직장에서 최선을 다하는 것이다. 현존하는 최고의 재테크 중 하나는 성공적인 직장생활이다. 나는 여러분이 최선의 직장생활을 통해서 번 소중한 돈을 어떻게 불려

갈 수 있을지에 대해 이야기하러 온 것이다."라는 말로 강의를 시작한다. 알다시피 요즘은 로또 1등이 되어도 직장을 그만둘 현실적인 자금이 되지 못한다. 하물며 직장인 여러분들의 투자자금으로 주식에서 소위 대박이 나도 직장을 그만둘 수 있는 자금이 되기는 어렵다. 주식투자로 쉽게 팔자를 고쳐 보겠다는 생각은 매우 위험하다. 즉 '주식으로 큰 돈을 벌어 직장을 때려치우겠다'는 생각을 가질 것이 아니라 직장생활을 충실히 하면서 주식투자를 통해 차근차근 돈을 불려가겠다는 생각이 매우 중요하다. 그래야 여유를 가지고 실력을 쌓아가면서 긴 안목으로 올바른 투자를 할 수 있게 된다.

세계적 부자인 워렌 버핏도 우리가 보는 성공한 모습이 완성된 시기는 60세가 넘어서이다. 젊은 시절에는 부를 만들어 가는 과정이다. 그 후 수익이 복리로 가속도가 붙으면서 풍요로운 노후를 보장하게 되는 것이다. 주식투자로 대박을 바랄 것이 아니라 차근차근 쌓아 가야 한다.

주식시장은 여러분의 마음이 급하다고 돈을 벌게 해주는 선한 곳이 결코 아니다. 여러분의 조급함에 아무런 관심도 없고, 오히려 조급해하는 여러분을 유혹해 파산의 구렁텅이로 몰아 버리는 무서운 곳이다. 여러분은 이러한 속성을 인지하고 자신의 소중한 자금을 지키면서 차분하고도 꾸준히 주식투자를 할 계획을 세워야 한다.

"크든 작든 위험을 감수하겠다고 선언한 이상, 그 위험에 일격을 당하는 일은 전혀 이상할 것이 없다. 그러나 파산한 트레이더들의 특징을 보면, 이들은 자신이 시장을 잘 파악하고 있으므로 불리한 사건을 피할 수 있다고 믿고 있었다. 이들이 위험을 감수한 것은 용감해서가 아니라 단지 무지했기 때문이다."

(행운에 속지 마라 / 나심 니콜라스 탈렙 지음 / 이건 옮김 / 중앙 books / P90)

우리는 대체적으로 남과 다르다는 생각들을 가지고 있다. 그래서 사업을 하든, 주식투자를 하든, 다른 사람들이 다 실패를 해도 나만은 성공할 수 있을 거라는 근거 없는 자신감을 가지고 있다. 물론 그런 자신감이 어떤 일이든 시작할 수 있는 원동력이 된다. 그러나 애석하게도 예외는 별로 없다는 점을 냉정하게 인식해야 한다. 냉정한 통계가 그런 현실을 보여주고 있다. 자영업의 경우 망하지 않고 3년을 버티는 비율이 30%가 채 안되는데, 주식투자에서 비록 통계는 없지만 크게 차이가 나지는 않는다고 봐야 한다. 현실이 이러므로 투자자는 성공을 하기 위해서는 실패한 사람들의 일들을 간과해서는 안된다. 이를 통해 자신을 더욱 채찍질하는 교훈으로 삼아야 한다.

올바른 주식투자를 하기 위해서는 나만 특별하지 않다는 냉엄한 현실을 직시하고 돈을 벌 수 있다는 것과 동일한 확률로 돈을 잃을 수도 있다는 것을 항상 명심해야 한다. 그래야 나에게는 꼭 대박의 행운이 찾아올 것이라는 환상을 버리고 겸손해질 수 있다. 시장에서 나는 작은 존재이고, 시장은 나를 알지 못하며, 그래서 나는 시장에 영향을 미칠 수 없음을 인식해야 한다. 이러한 냉엄한 인식의 바탕 위에 돈을 버는 법 보다 더 중요한 주식장에서의 생존법을 먼저 배워야 한다. 그것은 자신만의 투자 방법을 찾는 것이다.

"철저한 공부와 훈련없이 투자게임에서 성공을 기대하는 것을 과연 합리적이라고 할 수 있을까? 투자와 관련하여 많은 사람들이 비현실적인 이유는 트레이딩과 투자는 쉬운 일이고 많은 생각과 주의가 필요 없다고 생각하도록 세뇌되어 왔기 때문이다. 우리는 매스컴을 통해 다른 사람들이 일확천금을 했다는 말을 듣고, 준비와 계획 없이 시장에 참가해도 좋다는 잘못된 결론을 내린다."

(시장을 이기는 심리투자법칙 / 마틴 프링 / 이광희 역 / 국일증권경제연구소 / P10)

주식투자는 결코 쉬운 길이 아니다. 매우 어렵고 힘든 과정을 겪어야 한다. 그렇다고 모든 투자자가 돈을 버는 곳도 아니기에 쉽게 생각하고 접근하는 것은 매우 위험하다. 투자자는 이 점을 감안하여 매우 신중히 주식투자 여부를 결정해야 한다.

10루타(10배 수익 = 대박)에 대한 생각

위대한 투자자인 피터 린치가 『전설로 떠나는 월가의 영웅』에서 투자수익이 10배에 이르는 것을 야구용어인 10루타에 비유한 이후, 이는 투자자들 사이에 소위 대박을 상징하는 용어로 쓰이고 있다. 워렌 버핏도 코카콜라 등에서 10루타가 넘는 투자수익을 달성한 바 있어서 이를 본 투자자들이 자신의 투자목표를 10루타로 삼고 이를 달성하는 방법을 찾고자 많은 노력을 한다. 하지만 10루타를 기록한다는 것이 투자자들 바람처럼 결코 쉬운 일은 아니다.

투자자 여러분이 생각하는 10루타는 어떤 모습인가? 단숨에 상한가 몇 번으로 로또식 수익을 바라고 있는 것이 아닌가? 2015년 말 기준 크게 상승한 몇몇 종목과 그에는 못 미치지만 시장 대비 많이 오른 종목을 가지고 10루타에 대해서 생각해 보겠다.

메디톡스, 동서, LG생명과학, 쎌바이오텍, 게임빌, 컴투스

이들 종목이 오른 것에 대해 어떻게 설명해야 할까? 실적이 좋아서? 아니면 차트가 좋아서? 이는 투자자들의 성향(투자관)에 따라서 각기 다른 관점으로 다양하게 설명할 수 있다. 기본적 분석가는 실적이 좋아서 올랐다고 할 수 있고 차티스트들은 차트가 좋아서라고 설명할 수 있다. 또 다른 관점의 투자자는 좋은 실적을 바탕으로 주가가 상승세를 나타내면서 이것이 좋은 차트를 만들어 상승했다 등등 다양한 설명이 가능하다.

세계적인 보톡스 제조사인 '메디톡스'를 예로 살펴보면, 2012년 초 25,000원이었던 주가가 2016년 초 40만원대를 기록하며 모든 투자자들이 바라는 10루타의 모습을 4년 만에 보여주었다.

메디톡스의 가격 변동을 보면 3만원 → 1.5만원 → 2만원 → 10만원 → 20만원 → 13만원 → 30만원의 흐름을 보이면서 10루타를 달성했다. 이를 기간수익률로 나누어 보면 3만원 → 1.5만원(–50%), 2만원 → 20만원

(+1000%), 20만원 → 13만원(−35%), 13만원 → 30만원(+130%)으로 구분할 수 있다.

메디톡스 차트(주봉)

메디톡스 주가 변동 추이

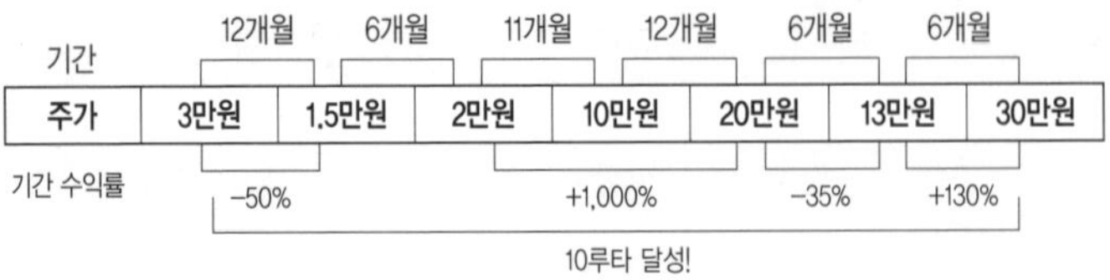

만약 여러분이 시간을 과거로 돌린다면 과연 이러한 변동성을 버틸 수 있다고 자신할 수 있을까? 내 주위에 약 20여명의 투자자가 메디톡스를 3만원~2만원 사이에 샀지만, 단 2명만이 20만원까지, 40만원 현재 1명의 투자자만 남아 있다. 주가는 항상 지나고 나면 선명하게 보이지만, 매일 주식시장을 접하면서 10루타를 달성한다는 것은 생각처럼 쉽지 않은 일인 것이다. (2016년 기준)

10루타는 주가의 높은 변동성을 이겨내는 상당히 어려운 과정을 겪어야만 달성할 수 있다. 그래서 이를 달성하고자 한다면 변동성에 어떻게 대처할 것인지에 대한 진지한 고민이 먼저 필요하다. 10루타는 상한가 7~8번으로 갈수도 있지만, 10년이 걸릴 수도, 2~3년이 걸릴 수도 있다. 꾸준히 오르는 패턴이 있는가 하면 변동성이 확대되면서 투자자를 공포에 몰아넣었다가 다시 오르는 경우도 있게 된다.

그러면 높은 변동성을 견뎌내기 위해서는 어떻게 해야 할까? 10루타는 기업에 대한 철저한 분석을 바탕으로 기업 가치와 성장성에 대한 투자자의 강한 확신이 필요하다. 이와 더불어 다른 투자주체들 - 외국인과 기관투자자들도 그 기업의 가치를 인정하는 컨센서스의 확립, 해당기업의 예상된 성장경로 달성, 그리고 투자금의 여유와 투자시간의 여유 등이 결합되어야 이루어질 수 있다. 이 중 하나가 빠지거나, 혹은 이들 중 한가지로만 접근해서는 설혹 10루타 종목을 매수했다 하더라도 달성할 수 없게 된다. 결코 쉬운 일이 아니다.

그렇다면 위의 요소 중 가장 중요한 것이 무엇일까?

가장 중요한 요소는 투자자가 '자금에 대한 여유'와 '마음의 여유'가 있어야 한다는 것이다. 자금과 마음의 여유가 없는 투자자가 조급하게 10루타의 대박을 꿈꾸는 경우 10루타를 달성하기는 결코 쉽지 않다.

대체적으로 10루타가 이루어지기 위해서는 상당한 시간이 필요한데, 그동안 수많은 변동성을 주식시장에서 필연적으로 겪어야만 한다. 주가의 변동성은 투자자로 하여금 끊임없이 고민하도록 만든다. 따라서 자금과 마음의 여유가 있어야 변동성과 시간을 견딜 수 있다. 만약 조급한 마음에 신용 등 레버리지를 사용해서는 더더욱 10루타를 달성하기 힘들어지게 된다. 다시 말하지만 주식투자의 수익은 자신이 조급하다는 심정으로 접근해서 이룰 수 있는 성질의 것이 결코 아니다.

현실적으로 10루타를 이루기 위해서는 자금을 적절히 분산하여 포트폴리오를 구성한 뒤, 한 종목에 총 자금의 일부만 투자하며 안정감을 갖고 보유해야 한다. 그래서 10루타가 되어도 애석하게도 여러분의 상상처럼 대박이 되기가 쉽지가 않다. 앞선 예에서 메디톡스를 보유하고 있는 투자자도 자신의 투자 자금 중 일부를 투자하였고, 지금 그 자금이 크게 불어나 부럽지만, 현실상 로또 수준은 아니다.

진위는 파악할 수 없지만, 간혹 전 재산을 걸어 대박이 난 투자자들의 이야기가 증권가를 돌아다닌다. 그 중 일부는 뛰어난 투자철학으로 부자의 반열에 오른 사람도 있지만, 반면 그 뒤에 자금을 지키지 못해 손실을 본 이야기가 다시 들리기도 한다. 이렇게 되는 이유는 행운과 실력의 차이로 보인다. 실력으로 10루타를 만들지 못하고 행운으로 10루타를 만들면, 이후 다시 행운을 찾게 되어 자금을 지키지 못하게 된다.

투자자가 10루타만을 꿈꾸기 보다는 그 기회비용과 심리적 압박을 감안하면 조금씩 수익을 모아가는 것이 더 현실적이고 현명한 방법일 수 있다. 미국 증시 격언에 'Nothing is gained by trying to gain a hundred percent profit in the stock market.(100% 수익을 거두려 하다간 아무것도 얻지 못한다.)'는 말이 있다. 주식시장에서는 적당한 수익을 목표로 해야지 무조건 큰 수익을 올리려고 욕심을 부렸다가는 오히려 실패할 수 있다는 점을 꼬집은 것이다. 확률적으로도 10%씩 투자수익을 목표로 복리로 투자자금을 불려가는 것이 더 현실적이라 할 수 있다. 그러나 일부 투자자는 10%를 스스로 꾸준히 달성할 자신이 없기 때문에 단 한번의 기회로 인생을 바꾸려는 욕심을 내는 것이라고 생각한다.

"카지노에서는 조금 조금, 한 게임 한 게임 이기면서 돈을 벌어야 한다. 베팅에 한 번 성공해서 큰 돈을 버는 경우는 없다. 투자도 마찬가지이다. 한 번 투자에서 조금씩 벌고, 그 금액이 누적되면서 돈이 많아지는 것이다."

(나는 카지노에서 투자를 배웠다. / 최성락 지음 / 페이퍼로드 / P126)

일부 투자자는 매수한 종목이 강한 상승세를 보이면 적당한 수준에서 이익을 취할 생각을 하지 않고, 혹 '10루타 종목을 파는 것은 아닌가' 라는 생각으로 매도를 주저하는 경우도 보게 된다. 이는 자신의 투자인생에서 로또처럼 10루타의 행운을 놓치지 않으려고 욕심을 부리는 것이다.
기억에 남는 한 투자자는 시세가 급등하는 종목에 관심이 많고 또한 그것을 잘 찾아 내었다. 그가 고른 종목은 시장에서 단기간에 평균 수익률을 뛰어 넘는 상승률을 보일때가 있다. 하지만 이러한 종목이 갑자기 대량 거래 등을 수반하며 변동성을 보일 때, 매도에 대한 고려를 권하면 그는 화를 내었다. 이번 종목이 10루타가 될 가능성이 있는데 매도를 권한다고 말이다. 물론 종목에 따라서는 대량 거래 후 다시 소폭 상승하는 종목도 있지만, 8~9할은 대량 거래 후 급락세를 보였다. 몇 번의 언쟁 후 그에게는 종목에 대한 나의 의견을 이야기하지 않았다. 투자는 정석대로 가야 한다. 10%도 안되는 확률에 기대 걸기보다는 급등 후 대량거래는 매도라는 초보적인 증시룰을 지키는 것이 중요하다. 그 투자자는 10%의 기대감에 90%

의 하락 가능성을 잊고 모험을 걸다가 결국 이익조차 지키기 못했다.

투자자가 10루타에만 시선을 집중하면 시장을 냉정히 보지 못하는 오류에 빠질 수 있다. 모든 경우와 마찬가지로 욕심이 앞서게 되면 시장의 변화를 있는 그대로 보기 보다는 자신의 기대 어린 시선으로 왜곡해서 바라보게 되는 것이다. 그러면 때론 이미 확보한 이익을 되돌리거나, 오히려 손실을 기록하게 될 수도 있다.

한편, 10루타는 대박의 다른 이름으로 주식투자 한방으로 인생을 바꿀 수 있을 것 같은 희망을 투자자들에게 주고 있다. 일부 투자자는 많이 오른 종목의 차트를 보면서 만약 자신의 자금 전부를 투입하여 이 수익률을 봤다면 인생이 바뀔 수 있었을 것이라는 생각을 한다. 하지만 현실에서 집중(몰빵)투자로 10루타를 이룬다는 것은 더더욱 어렵다는 것을 알아야 한다. 지금 당장 시장 한가운데서 – 큰 변동성의 중간인 현재 시점에서 주가가 계속 상승할지, 중간에 꺾일지 알 수 없기 때문에 자신의 투자금을 전부 들고 간다는 것은 무모하며 불가능한 영역일 수 있다. 시간을 돌려 메디톡스가 1000% 상승한 20만원에서 13만원으로 하락시에도 투자금 전부를 들고 있는다고 자신 있게 말할 수 있을까?

우리는 성공으로 결론난 투자를 가지고 이야기할 때는 다음에 기회가 오면 웬만해서는 따라 할 수 있을 것이라 자신한다. 하지만 성장성을 보일 것으로 기대되는 종목에 투자해 오히려 장기적으로 투자의 손실을 보고 있는 예시가 더 많다. 따라서 현재 시점을 기준으로 투자자가 자신을 과신하는 것은 위험하다.

10루타에 대해 투자자 여러분은 어떤 환상을 가지고 있는지 자문해 보기 바란다.

5

투자자는 자신을 아는 것이 중요하다

주식투자는 누구나 할 수 있다. 하지만 누구나 해서는 안 된다고 생각한다. 이렇게 단도직입적으로 말하는 이유는 주식투자는 생각하는 것 보다 훨씬 어렵고, 많은 것들을 꾸준히 배워야 하며, 때로는 자신과의 지난한 싸움을 계속 하는 힘든 일이기 때문이다. 주식투자는 자기의 성향과 주식투자의 방향이 일치할 때 수익이 극대화될 수 있지만, 그렇지 않으면 손실을 기록하게 된다. 때문에 투자자는 먼저 자신이 어떠한 성향을 가지고 있는지를 알아야 한다. 특히 직장생활과 투자를 병행해야 하는 입장이라면 주식투자 여부를 더욱 신중히 결정해야 한다.

"매달 주식을 한 주씩 사 모으는 사람이든, 아니면 현재 전 재산을 주식에 투자를 하고 있는 사람이든 모두가 투자자입니다. 쉽게 말해, 돈 문제와 직결되기 때문에 투자하는 순간 모두가 프로선수처럼 프로의식을 가져야 합니다."

(내가 주식을 사는 이유 / 오정훈 지음 / 연필 / P110)

일반적으로 주식투자는 돈을 벌게 해준다는 단순한 희망으로 시작하게 되지만, 의외로 생각지도 못한 다양한 고통을 투자자들에게 주는 경우가 많다. 이러한 고통을 감당할 수 있는 정신적, 경제적, 시간적 여유가 되지 않는다면 주식투자로 성공하기 힘들고, 이로 인해 자기자신을 괴롭히게 된다. 따라서 주식투자를 하기 위해서는 먼저 자신을 잘 아는 것이 중요하다는 것을 강조하고 싶다. 그래야 투자를 함에 있어 매매계획과 자신의 심리 및 일상 등에 대해 대책을 세울 수 있게 되고, 이에 맞는 투자방법을 찾을 수 있기 때문이다.

먼저 투자자의 '돈에 관한 성격'으로만 볼 때 모든 사람이 주식 시장에 맞는 것은 아니라고 생각한다. 주식 투자를 하기 위한 타고난 성격이 있는가 하면, 투자를 하면 안 되는 성격도 분명 있다. 흔히 생각하는 것처럼 노름을 좋아한다고 주식투자와 성격이 맞는 것은 절대 아니다. 포커에서 돈을 가장 많이 잃는 사람은 패를 못 보고 무분별하게 덤비는 사람과 더불어 자신이 베팅을 걸 때와 아닐 때를 구분하지 못하고 매번 게임에서 끝까지 베팅하다가 2등만 하는 사람이다. 이러한 행위가 주식시장에 그대로 이어진다면 상당히 위험해진다.

또한 흥분을 잘하거나, 앞뒤 안 가리고 베팅하는 성격이라면 주식시장과 맞지 않다. 흥분과 무모함은 주식시장에서 치명적이다. 반면, 차분히 자신과 상대의 패를 읽고, 베팅을 할 때와 중간에 그만두어야 할 때를 안다면 상당히 좋은 성격을 가진 것이라고 할 수 있다.

한편 작은 손실에도 심리적 고통을 느끼고 견디지 못한다면 주식투자를 피해야 한다. 주식투자에서 과감한 손절은 일상적으로 벌어지는 일이고 따라서 투자의 필수항목이기 때문이다.

또 다른 성격으로 평소 게으르거나, 공부가 싫다거나 하는 성격은 주식투자와 어울리지 않는다고 생각한다. 주식시장에서 수많은 부침을 겪었던 투자자 '제시 리버모어'는 자신의 책에서 "투기라는 게임은 이 세상에서 가장 공평하고 매력적인 게임이다. 하지만 이 게임은 멍청이나 정신적 게으름뱅이, 감정적 균형이 열등한 사람이나 벼락부자가 되기를 원하는 모험가들을 위한 것은 아니다. 아마도 그들은 불쌍하게 죽게 되는 것이다."라고 밝히고 있다.

투자자는 제시 리버모어의 말을 깊이 새겨야 한다. 그는 개인 투자자로서 몇 번의 성공과 몇 번의 파산 등 질곡있는 삶을 살았는데, 매매의 실패에서 그를 다시 일으킨 것은 끊임없는 노력과 열정이었다. 평소 증권관련 책을 읽기 싫어하거나, 자신이 투자한 기업리포트를 읽지 않아서 그 기업의 현황을 잘 모른다거나, 여기저기 정보만을 쫓아다니는 소위 묻지마식 투자를 계속하고 있다면, 직접투자를 계속하기 보다 냉정히 펀드 등 간접상품 투자를 고려해 봐야 한다고 생각한다.

다시 말하지만 자신의 성격과 주식시장이 맞지 않음에도 불구하고 투자를 하겠다는 것은 자신도 괴롭고 돈도 잃어버리는 무모한 행동이 될 수 있다. 주식투자는 시장의 여러 구성원들에 맞서 수익을 내야 한다. 그 시장 구성원엔 자기 자신도 포함된다. 그렇기 때문에 자기 자신을 정확히 아는 것이 매우 중요하다.

주식투자는 벌겋게 달아오른 장세에서 사야 할 것인가? 팔아야 할 것인가? 곤두박질치고 있는 시장을 보면서 손해를 보고 팔아야 할 것인가? 보유하고 있어야 할 것인가? 의 결정을 고민하는 자신과의 끊임없는 고독한 싸움이다. 주식투자는 이러한 순간의 결정이 요구되며 순간의 판단이 엄청난 결과를 가져오게 된다. 따라서 자기를 알고 통제할 수 있어야 꾸준한 수익에 한발 더 다가가게 되는 것이다.

"완벽한 정보가 없는 상태에서 판단을 내리는 능력도 중요하다. 월스트리트에서는 상황이 명확한 경우가 거의 없으며, 상황이 명확할 때는 이미 늦어서 이익을 얻을 수 없기 때문이다. 모든 데이터를 알아내려 하는 과학적 사고방식은 주식시장에서 통하지 않는다."

(월가의 영웅 / 피터 린치 / 이건 역 / 국일증권경제연구소 / P134)

또한 투자자는 자신이 현재 처한 현실적인 상황도 잘 살펴보아야 한다. 직장인들 중에는 너무 바빠서 주말도 없이 일을 해야 하는 분들도 있을 것인데 이들은 직접투자를 하려면 다른 분 보다 시간적, 정신적으로 더 노력할 각오가 있어야 한다. 자신의 상황을 무시하고 남들처럼 행동하려 욕심을 내봐도 꾸준히 유지하기 쉽지 않다. 그렇게 되면 어쩔 수 없이 '정보의 유혹'과 그릇된 길로 빠지게 된다. 그래서 직장인 투자자는 자신이 처한 현실과 성격을 정확히 인정하고, 받아들일 것은 받아들이는 용기를 가져야 한다. 주식투자는 할 수 없는데도 고집을 피워서 되는 것이 아니기 때문이다.

'랄프 웬저'는 『작지만 강한 기업에 투자하라』에서 "당신이 만약 자신의 기질에 맞지 않는 스타일을 고집한다면 절대 만족할 수 없을 것이다. 이렇게 만족하지 못하는 투자자는 백이면 백 실패한 투자자가 될 것이다."라고 이야기하고 있다. 이렇듯 투자자는 모든 것을 종합적으로 고려하여 직접투자를 할 것인지 간접투자를 할 것인지 냉정한 결정을 해야 한다.

각자 상황에 따라 주식투자가 자신에게 여러 면에서 맞지 않음에도 불구하고 단지 수익을 내야 한다는 당위성, 희망 등으로 접근하는 것은 위험하다. 직장인이 주식투자로 마음에 혼란이 와서 작은 변동성에도 자신의 일에 집중할 수 없다면 주식투자를 하지 말거나, 간접투자 등 다른 방법을 찾는 것이 현명하다.

"투자 목표로 다시 돌아가 투자나 매매를 하려는 당신의 동기가 목표를 달성하기에 충분할 만큼 강력한 것인지 스스로에게 물어보라. 당신이 투자하는 이유가 당신이 초점을 맞추는 대상과 방법, 시장에 대한 접근법, 시장에 대해 가지고 있는 개인적인 믿음의 효능과 한계, 마음 상태의 긍정적이고 기민한 정도 등을 지배한다. 다시 말해 투자하는 이유가 투자로 성과를 내는 데 필요한 모든 요소를 지배한다."

(투자와 비이성적 마인드 / 로버트 코펠 지음 / 권성희 옮김 / 비즈니스북스 / P173)

간접투자는 직장인의 부족한 시간과 공부 등 제약을 극복할 수 있는 효율적인 방법 중 하나다. 투자를 전문투자그룹에 위임함으로써 심리적 안정과 상대적 여유를 가질 수 있게 되는 것이다. 물론 나의 의지와 상관없이 투자에 따라 손해를 볼 수도 있고 수익률도 작아질 수 있지만, 직장인 투자자들에겐 합리적이고 현실적인 대안이 될 수 있다.(솔직히 자신이 직접투자를 한다고 고수익을 장담할 수 도 없다.) 간접투자는 국내외 펀드, ELS, 사모형 펀드, 자문형 랩 투자 등으로 다양한 상품이 구비되어 있어서 선택의 폭이 매우 넓다. 최근에는 투자금액이 크지 않아도 금융기관에 따라서는 개인별 맞춤서비스를 제공하기도 하기 때문에 일부 병행투자도 좋은 대안이 된다.

하지만 투자를 위임하더라도 기본적인 지식을 쌓아야 한다는 점은 강조를 하고 싶다. 투자를 모르고서 무엇을 위임하는 것은 매우 위험한 행동이 될 수 있다.

6

투자조언은 어떻게 받아들여야 하는가?

주식시장은 항상 변동성 아래에 놓여 있어 그 움직임은 매우 불규칙한 형태를 갖는다. '효율적 시장가설'에 의하면 주가는 내재가치에 따라 안정적으로 움직여야 하지만, 시장은 다양한 이유로 큰 변동성이 나타나는 것이 현실이다. 이러한 현상에 따라 투자자는 증시의 흐름을 궁금해 하며 다른 사람들의 의견을 찾게 된다. 이들을 위해 언론 등에서는 투자 전문가들의 의견을 실시간으로 다루고 있다. 이 외에도 증시 주변에는 다양한 관점의 정보들이 여기저기 돌아다니고 있다.

시장의 변동성에 대한 이야기가 아니더라도 증시에 대한 다양한 궁금증 해소를 위해 정보를 찾게 된다. 불확실한 주식시장에서 다른 사람의 의견을 듣고 참조하여 보다 확실한 매매를 하고 싶고 한편으로는 자신의 생각에 대해 나름대로 확인하고 싶은 다양한 이유가 복합적으로 작용하기 때문이다.

주위를 보면 생각보다 투자에 대한 조언이 많이 있다. 일부는 방송처럼 스쳐지나 가기도 하지만, 일부는 블로그 등에서 자신의 경험을 바탕으로 투자자를 위한 강도 높은 조언을 하기도 한다.

그런데 이런 다양한 조언은 투자자들이 올바른 매매의 방향을 잡도록 하는 것이 아니라 오히려 혼란에 빠지게 만들기도 한다. 조언을 듣다 보면 조언자들이 투자의 방향과 방법에 대해 일치된 이야기를 하기 보다는 각기 여러 방향으로 이야기하기 때문이다. 그래서 이러저러한 이야기들을 듣다 보면 정작 자신의 생각과 매매가 오히려 흔들리기도 한다.

"친구 따라 투자를 결정할 수 없는 또 한가지 이유는 사람마다 투자에 대한 성향이 다르다는 것이다. 요즘은 다이어트를 할 때도 먼저 체질을 따져 보고 각 사람들의 체질에 따라 다른 방법을 취한다. 이처럼 투자에 대한 체질도 각 사람마다 다르다. 어떤 사람은 투자를 함에 있어 원금에서 손해를 보는 것을 끔찍이도 싫어한다. 반면 어떤 사람은 예금에 가만히 돈을 넣고 2%대에 그치는 이자를 받는 것을 참지 못한다. 또 과감히 투자를 선호하는 사람의 경우도 어떤 때는 자금 사정상 원금이 반드시 보장되는 곳에 돈을 맡겨야 하는 경우도 있다."

(공짜 점심은 없다 / 김진선, 오은수 지음 / 아템포 / P143)

먼저 투자에 대한 조언은 여러 모습이라는 것을 투자자는 알아야 한다. 이들은 대체적으로 특별한 목적 없이 조언자들이 선의의 생각과 의도를 가지고 하는 경우가 많다고 봐야 한다. 이들은 자신의 회사와 이름을 걸고 이야기를 하기 때문에 나중에 그 조언이 설혹 틀린다 하더라도 매우 신중을 기하게 마련이다. 그들은 투자자들이 자신의 말에 도움을 받기를 바라는 마음이 크다고 할 수 있다.

그러나 경우에 따라선 조언의 모습을 하고 있지만, 매매를 은연 중 부추기도 하고, 상대방을 이용하여 자신의 매매에 도움을 받고자 하는 경우도 있다. 이 역시 다양한 매체 등을 통해서 나오고 있다. 그래서 투자자는 이를 잘 가리는 능력을 키워야 한다. 즉 모든 조언이 다 내 투자에 도움이 되는 것이 아님을 알아야 하는 것이다.

투자자는 조언을 받아들이는 데 세 가지 관점을 가져야 한다. 물론 조언이 선의라는 전제에 국한해서 적용을 해야 한다.

첫 번째는 시장을 항상 완벽히 이야기할 수 있는 조언은 없다는 한계를 분명히 인식해야 한다. 투자자는 소위 전문가라면 시장을 정확히 읽을 것이라 생각하지만, 현실적으로 전문가라 하더라도 많은 변수가 작용하는 주식시장을 완벽히 읽고 투자한다는 것은 불가능하다. 주식투자는 과학이 아니라 예술(art)이라는 접근이 필요하다.(이 부분은 뒤에서 자세히 다룬다) 전문가도 인간이므로 일반투자자들처럼 개인적인 편견과 한계에서 자유로울 수 없다. 따라서 투자자는 이러한 인식하에 전문가의 의견을 절대적으로 받아들이지 말고, 그들의 논리를 따라 가면서 자신의 생각과 비교해 그 사항을 받아들일 것인지, 말 것인지를 결정해야 한다.

두 번째는 조언을 하는 당사자는 그 동안 자신이 시장을 바라보고 매매를 해 왔던 자신의 투자방법을 근거로 한다는 것이다. 이 점을 이해하는 것이 매우 중요하다. 앞서 모든 투자자는 자신만의 투자법을 가지고 있어야 한다고 강조해 왔다. 조언자 역시 자신만의 확고한 투자 방법을 통해서 조언을 할 수 있는 위치까지 올라간 것이다. 따라서 조언자라고 모든 투자방법에 통달했다고 할 수는 없다. 즉 자신이 잘 하는 방식이 각기 다르다는 것이다. 그래서 자신의 투자관이 확실할수록 일반론적으로 조언을 하는 경우는 거의 없고, 자신의 투자 관점에 따라서 조언을 하게 된다. 투자자는 이 점, 즉 조언자의 투자성향을 알고 조언을 들어야 한다.

가치투자를 중시하는 투자자는 그 입장에서 조언을 하는데 그 속에서도 자산 등을 중시하는 가치투자자와 성장주에 비중을 두는 가치투자자의 입장은 또 갈라지게 된다. 이들은 각기 PBR(주가순자산비율), EPS(주당순이익) 성장률과 PER(주가수익비율)과 PEG(주가이익증가) 등을 가지고 각기 다르게 시장을 바라보게 된다.

차트를 중시하는 투자자들도 성향 – 일목 균형표를 중시하느냐, 볼린져밴드를 중시하느냐 등에 따라 시장을 바라보는 시각이 다를 수 있다. 기본적으론 차트의 정배열과 역배열, 과거의 패턴 등으로 현재의 상황을 설명하는데, 이 또한 투자자들에 따라서 돌파와 지지에 대한 관점과 해석이 다를 수 있다.

이러한 면을 종합적으로 보게 되면 주가가 하락하는 상황에서 가치 투자자는 안전마진이 확보된 매수 기회를 찾게 되고, 차트 투자자는 역배열에 따른 매도 전략을 권할 수도 있게 된다. 이렇듯 하나의 상황을 놓고 보는 관점에 따라 다르게 설명을 할 수 있다. 설혹 우연히 투자에 방향이 일치한다고 하더라도 각각의 투자 방식에 따라 그들이 생각하는 투자의 기간과 방법이 달라지게 된다.

조언자의 투자방식을 이해하기 위해서는 그들이 어떤 방식으로 투자를 해왔는지 인터넷 등을 통해서 검색이 가능하다. 이를 통해 투자자는 그들의 조언을 선별해서 받아들여야 한다. 그런데 이런 점을 고려하지 않기 때문에 혼란이 가중되는 것이다. 조언을 구하는 투자자는 무턱대고 '대가들(조언자들)의 생각이 다 옳을 것이야'라고 생각하고, 무조건 그에 따르면 위험해질 수 있다는 것을 명심해야 한다. 자신이 차트를 중시하는 투자자라면 차티스트의 조언을, 성장주 투자자라면 성장주 투자자의 조언을 선별해서 받아들일 줄 알아야 한다. 이렇게 함으로써 혼란을 방지할 수 있게 된다.

구체적으로 차트를 중시하는 투자자가, 절대적 가치투자를 추구하는 조언자가 PBR(주가순자산비율) 개념으로 시장이 바닥에 와 있다고 조언하는 것을 듣고 매수에 나선다면, 낭패를 보게 될 수도 있다. PBR을 중시하는 것은 장기적 관점으로 시장을 바라보는 것으로, 이는 시점을 선택하는 방식이 아니기 때문이다. 하지만 차트를 중시하는 투자자는 시점 선택에 중점을 두기 때문에 이를 이해하지 못한다면 투자에 혼선이 오게 된다. 시장 대응에 대해 명확하지 못한 상황에서 조언을 구하게 되면, 조언자의 입장과 자신의 입장이 달라 안그래도 혼란스러운 상황에서 더 큰 혼란을 맞게 된다.

"다른 사람의 방식을 자신의 방식에 접목시키려 하다간 두 방식의 최악의 단점만을 취하게 돼요."

(시장의 마법사들 / 잭 슈웨거 지음 / 임기홍 옮김 / 이레미디어 / P72)

그렇다고 성향이 다른 조언을 무시할 것은 아니고, 다른 관점이라는 것을 명확히 인식한 뒤에 그들의 의견도 참고해서 종합적으로 시장을 바라보는데 이용하는 것이 현명한 방법이라고 하겠다.

세 번째는 투자자가 자신의 성향에 맞는 조언을 선별해서 듣는다고 해도 그들의 이야기를 냉정하고 객관성 있게 받아들이는 것이 아니라, 자신이 듣고 싶은 이야기만 듣는 오류에 빠지게 된다는 것이다. 이는 보통의 사람들이 가지고 있는 일반적인 현상인데, 평소에는 이런 현상을 잊고 생활한다.

'듣고 싶은 것만 듣는다'는 말은 사람들이 사물을 있는 그대로 객관적으로 보기 보다는 자신의 경험과 지식수준 내에서 '걸러서' 보거나 이야기를 듣게 된다는 것을 뜻한다. 본인은 아무리 객관적이라 하더라도 이를 받아들이는 입장에서 자신도 모르게 선별해서 흡수하게 되는 것이다.

주식에 대한 조언을 구할 때는 투자자들이 듣고자 하는 바는 다른 어떤 조언을 구할 때 보다 명확한 면이 있다. 돈과 관련하여 자신이 궁금한 것이 확실하기 때문이다. 조언을 구한다는 것은 여러 의견을 통해 다른 면을 보고 자신의 생각과 비교하여 자신의 잘못된 점을 파악하고 다시 고려하기 위함이다. 그럼에도 불구하고, 은연 중 자신이 듣고자 하는 이야기만을 찾고, 듣게 되는 현상을 보인다. 주가가 빠지는 상황에서 만약 자신이 주가가 오르기를 기대한다면 아주 작은 부분이라도 주가가 오를만한 이유에 집중하고, 나머지는 애써 무시하게 된다.

이러한 점들은 투자자가 스스로 객관성을 버린 것으로 객관적인 투자를 방해한다. 따라서 투자자는 이점을 염두해 두고 조언을 들을 때 최대한 객관성을 유지해야 한다. 자신의 생각과 다른 생각은 오히려 더욱 경청하고, 그 이유를 찾으려 노력해야 한다. 그래야 심리적 오류를 방지할 수 있다.

7

투자와 투기 - 시장이 가진 성격이 아닌 내가 결정하는 것

주식을 매매하는 행위가 '투기'일까? 아니면 '투자'일까? 통상 주식을 매매하는 행위를 '주식투자'라고 부르지만, 많은 사람들이 주식을 매매하는 것은 '투기적 행위'라고 생각을 하고 있는 것이 현실이다. 그렇다면 여러분은 주식매매를 무엇이라 생각하는가? 그리고 투자와 투기는 어떻게 구분할 수 있을까?

사전적으로 투자와 투기는 분명 다른 행위인데, 주식매매 행위를 '투자'와 '투기'로 정확하게 구분하기는 쉽지 않다. 위대한 투자자 벤자민 그레이엄은 "주식투자에 있어서 투자와 투기의 구분은 항상 필요하고, 그것을 구분하지 못하면 문제가 발생한다."라고 이야기한다.

현실적으로 주식을 매매하는 행위는 투자적 요소와 투기적 요소를 모두 포함한다고 생각한다. 따라서 명확한 구분이 어려울 수 있다고 하더라도 이들에 대해 고민해 보는 것은 투자자를 위해 필요한 일 중의 하나이다. 막연하게 생각을 미뤄두기 보다는 이들을 한번 짚어 봄으로써 매매에 관한 자신의 태도를 명확하게 하는데 도움이 된다고 생각한다.

투자와 투기에 대한 사전적 의미는 다음과 같이 정의되어 있다.

투자(投資)

1. 이익을 얻기 위하여 어떤 일이나 사업에 자본을 대거나 시간이나 정성을 쏟음
2. 〈경제〉 이익을 얻기 위하여 주권, 채권 따위를 구입하는 데 자금을 돌리는 일

투기(投機)

1. 기회를 틈타 큰 이익을 보려고 함. 또는 그 일.
2. 〈경제〉 시세 변동을 예상하여 차익을 얻기 위하여 하는 매매 거래.

참조 : 네이버 사전

이 정의에서 각각의 첫 번째 문구들을 보면 투자는 시간과 정성이 들어가는 것이고, 투기는 기회를 이용하는 행위로 정의한다. 이를 통해서 보면 통상 우리가 생각하고 있는 것과 크게 다를 바가 없다는 것을 알 수 있다. '투자'라고 하면 합리적이고 체계적인 방법으로 리스크를 관리하면서 수익을 추구하는 것이고, '투기'라고 하면 비합리적인 희망에 기대를 거는 무모한 행위라는 것이다.(잠깐, 이에 견주어 여러분이 지금까지 해온 주식 매매 행위가 투자인가? 투기인가? 답은 스스로가 잘 알고 있을 것이다.)

"투자와 투기의 모호한 경계를 이야기하는 말이지만, 투기와 투자를 가르는 기준 중의 하나는 '노력'의 개입 가능성이라고 생각한다. 수익을 높이기 위해 투자자가 투입하는 노력이 성과로 이어질 수 있느냐는 말이다."

(대한민국 공시의 비밀 / 머니투데이 증권부 기자들 지음 / 거름 / P6)

세상 일과 마찬가지로 주식시장에서도 확실한 것은 아무것도 없다. 따라서 어느 누구도 1초 뒤의 일을 정확하게 예측할 수 없다. 주식시장은 항상 여러 변수들이 서로 영향을 주고 받으면서 가격이 움직이는 '변동성'을 가지게 된다. 이러한 변동성 때문에 주식시장을 투기적 시각으로만 보는 경향이 있는데 이는 잘못된 생각이다. 만약 주식시장에 변동성이 존재하지 않는다면 주식매매로 돈을 벌 기회를 좀처럼 잡기 어렵게 된다. 가치투자자가 안전마진을 확보하기 위해서는 일시적으로 시장이 가치를 반영하지 못하고 하락상태에 있어야 하고, 차트에 의한 투자를 위해서는 가격이 오르고 내리는 타이밍을 잡아야 투자자가 수익을 창출할 수 있게 되는 것이다. 따라서 투자자는 변동성을 주식시장이 가지고 있는 고유의 성질로 받아들여야 한다.

다시 이야기하지만 주식시장은 기본적으로 높은 변동성과 이에 따른 위험성이 연계되어 있어 투기적 요소와 투자적 요소를 모두 포함할 수밖에 없다. 이러한 변동성을 투자자가 어떻게 다루느냐에 따라서 '투자적 행위'와 '투기적 행위'로 구분할 수 있다. 그러므로 주식시장 즉, 시장의 본질만을 가지고는 '투자'냐 '투기'냐를 구분할 수는 없다고 생각한다.

"레저스포츠인 경마와 재산증식을 위한 투자수단인 주식 투자와의 닮은 점은 무엇일까? 먼저 베팅의 책임은 본인에게 있다는 것이다. 진짜와 가짜가 뒤섞인 루머가 무성하며, 정보를 확보하기 위한 한바탕 전쟁이 치러진다. 한쪽에선 건전한 투자로 위장한 작전세력이 존재하기도 한다."

(차트의 기술 / 김정환 지음 / 이레미디어 / P444)

주식 매매 행위가 '투자'냐 '투기'냐의 구분은 시장 성격에 따라서가 아니라 투자자가 주식시장에 어떻게 접근 하느냐에 따라서 달라진다고 봐야 한다. 투자자의 행위에 따라서 주식매매 행위가 '투자'가 될 수도 있고, '투기'가 될 수도 있다는 것이다. 즉, 투자자의 접근 방식에 따라서 투자와 투기가 결정되는 것이지 주식시장의 본질을 가지고 투자와 투기로 나눌 수는 없다고 생각한다.

많은 사람들이 투기를 '나쁜 것'으로 생각을 하는 것이 사실이다. 그래서 대부분 자신은 투기가 아닌 합리적이고 안정적인 투자를 원하고 또 그렇게 행동하고 있다고 생각하는 경우가 많다.

그러나 일부는 이러한 생각과 행동이 일치하지 않는 모순된 행동을 보이는 경우가 있다. 자신이 주식 매매를 하는 행위는 투자라 생각하면서, 다른 사람들에게는 '주식은 투기야'라고 하는 것이다. 이는 자신이 주식으로 수익을 내지 못해서 투기라고 매도하는게 위안이 되기 때문일 것이다. 이솝 우화 속 여우의 '신포도'처럼 말이다. 그리고 정작 투자를 어떻게 하는지 올바로 알지 못하는 경우도 많다. 그러한 사람들의 매매 행태를 보면 정보로 대박을 노리는 투기를 하고 있는 모습이 보이기도 한다. 이렇듯 투자자들은 투기와 투자 사이에서 혼란스럽게 움직이고 있다.

"'주식은 투기야'라고 후진국적인 투자발언을 하는 사람은 과거 주식투자로 큰 손해를 본 사람에 국한되어 있다는 사실을 확인할 수 있었고, 앞으로의 주식투자 수익이 보편화 되느냐가 주식투자의 문화로 정착할 중요한 요소로 판단된다."

(주식으로 적금 들기 / 윤한진 지음 / 경향미디어 / P131)

꾸준한 수익률을 달성하기 위해서는 투자와 투기를 명확히 구분하고 이러한 인식하에 투자를 해야 한다. 투기로 일순간 돈을 벌 수는 있지만, 꾸준히 돈을 모아 갈수는 없기 때문이다. 주식 매매를 하면서 단기 대박에 목표를 두는 것이 아니라, 꾸준한 수익을 추구하는 것이 바로 투자 행위라고 할 수 있다.

그럼 주식시장에 어떻게 접근하는 것이 투자적인 행위이고, 어떤 방식이 투기적 행위일까?

먼저 투기적 행위라 하면, 아무 노력 없이 주식매매를 통해 큰 수익(대박)만을 생각하는 것이다. 이를 위해 구체적인 매매 계획도 없고, 리스크 관리를 하지도 못하면서 위험성을 망각한 과도한 레버리지를 이용하는 등의 행위를 하는 것이다. 또 스스로 공부하여 종목을 선택하지 않고 정보에 매달리거나 테마주나 작전주 매매 등을 한다면 이는 투기적 행위라고 볼 수 있다. 하지만, 이러한 매매를 한다 하더라도 자신의 투자 리스크를 인식하며 투자자금을 효율적으로 관리하고 있다면 투자 행위로 볼 수도 있다.

그렇다면 투기는 다 나쁜 것, 해서는 안되는 것일까? 벤자민 그레이엄은 투자와 투기를 구분하여 잘 활용하라고 이야기를 했다. 그는 만약 투자자가 투기를 하고자 한다면 투자행위 속에 일정부분 즉, 최소한의 부분으로 투기행위를 부가하여 매매를 해야 한다고 말하고 있다. 그레이엄은 소위 '인기 있는' 종목을 사거나 그와 비슷한 방식으로 주식을 사는 사람들은 모두 투기나 도박을 하고 있는 것인데, 이런 투기는 언제나 매력적이고 매매를 하는 동안만은 굉장히 재미있을 것이라고 말한다. 투기는 불법적이거나, 비도덕적이지 않고 꼭 돈을 벌게 해주지 않는다는 점을 이야기하면서 그 속성을 정확히 알고 해야 한다는 점을 강조하고 있다.

"투기는 나쁜 행위가 아니다. 사실 주식을 사는 행위는 어떤 면에서 투기 행위다. 보유 기간이 아무리 길어도 주식을 사거나 공매도를 할 때는 추측을 한다. 이런 추측에는 아무런 잘못이 없다."

(주식시장의 17가지 미신 / 캔 피셔, 라라 호프만 지음 / 이건 옮김 / P71)

벤자민 그레이엄은 '투기'라고 칭하면서 남들을 따라 하는 행위를 지목하고 있는데, 눈길이 가는 것은 '남들을 따라서'라는 말이다. 이는 어떤 투자 – 가치투자든, 차트에 의한 투자든 자신의 주관없이 하는 매매를 총칭한다고 생각한다. 알다시피 그레이엄은 기업의 가치에 주목해서 투자를 했다. 따라서 그의 시각으로 본다면 정확한 판단없이 단지 시장만을 보고 매매하는 행위는 투기가 되는 것이다. 또한 제 2의 워렌 버핏으로 불리우는 세스 A 클라만은『안전 마진』에서 "만약 장래에 사업을 잘할 수 있다고 진심으로 믿는 기업의 주식을 매수한다면 투자를 하는 것이고, 다른 사람들이 곧 살 것이라고 믿는 주식을 산다면 이들은 투기를 하고 있는 것이다."라고 말하고 있다.

주식 매매를 하려면 합리적인 투자를 해야 하는데, 이는 올바른 노력과 계획에 의한 매매를 통해서만 가능하다. 계획은 자금의 배분, 종목의 변동성에 대한 대처방안, 시장에 대한 리스크 관리 등을 종합적으로 고려하여 수립되기 때문에 이러한 행위는 당연히 주식매매를 투자로 이끌게 된다. 주식매매행위가 투자가 되기 위해서는 투기적인 부분은 최소로 유지한 채, 불리한 결과에 재정적으로 심리적으로 대비하는 것이 더해져야 한다고 생각한다.

"투자자란 더 많은 돈을 창출하기 위하여 당장 쓸 곳이 없는 돈을 냉철하게 굴리는 사람이다. 투자 수익률이 매력적이지 않다면 바로 자금을 회수하기도 한다. 그렇기 때문에 투자 가치로서의 회사가격, 즉 주가는 끊임없이 변한다. 투자자들이 어떤 방법으로 투자 가치를 계산하는지 이해한다면, 그들이 어떤 행동 기준으로 투자 결정을 하는지가 보인다. 그 배경에 그들이 배워온 재무이론이 놓여 있다."

(밸류에이션 / 모리오 아키라 지음 / 유주현 옮김 / 이콘 / P30)

그렇다면 투자는 어떻게 해야 할까? 이를 위해서는 먼저 과도한 욕심을 버리고 현실 가능한 적절한 수익률 목표를 세워야 한다. 그 목표는 자신의 투자성향과 매매 방식, 그리고 자금의 성격과 규모, 향후 쓰임새에 따라서 냉정하고 합리적으로 결정해야 한다. 올바른 목표가 설정되어야만 구체적인 실천 방향이 나오게 되기 때문이다.

그리고 자신이 스스로 종목을 발굴하고 매매하며 관리하는 자신만의 기법을 확립해야 한다. 이를 위해서는 끊임없는 노력이 필요하다. 노력이 따르지 않으면 투기적 행위로 매매가 변질될 수 있게 된다.

또한 리스크 관리의 중요성을 인식하는 것이 필요하다. 매매과정은 항시 다양한 리스크가 발생하는데, 리스크 관리의 실패는 소중한 자금의 손실을 의미한다. 손절을 잘하거나 레버리지를 사용하지 않는 것만 리스크를 관리하는 것이 아니다. 리스크 관리는 다양한 변동성 속에서 나의 투자자금을 지키는 행위를 총칭하는 것이다. 따라서 투자자라면 이러한 기법을 배우고 익혀야 한다.

다시 강조하지만 투자와 투기는 매매행위 과정에서 구분되는 것으로 엄밀한 경계선은 없다. 중요한 것은 투자자가 두 차이를 가능한 한 명확히 인식하고 지금 내가 하는 행위가 투자적 행위인지 투기적 행위인지를 알고 있다면 시장에 대응하는 방법도 달라지고 매매 행위 또한 효율적으로 이용할 수 있게 될 것이다. 그러나 두 가지를 구분하느라 너무 스트레스 받지 마시길. 다시 강조하지만 여러분 자신의 주식매매 행위가 어떠한 것인지 인식하고 대응하면 되는 것이다.

8

전업투자에 대한 생각

직장생활과 병행하면서 다행히(?) 주식투자에 수익이 발생하면 일부 투자자는 스트레스를 받으면서 월급을 받는 것보다, 당당히 주식투자에 전념해 돈을 버는 것이 어떻겠느냐는 생각을 하기도 한다. 다시 말해 전업으로 주식투자를 통해 쉽게 돈을 벌면 어떨까 하고 생각을 하는 경우가 종종 있다. 실제로 일부는 뒤늦게 주식매매에 대한 자신의 재능을 인식하고 온종일 주식에 열중하면 더 큰 수익을 볼 수 있을 것이라는 강한 자신감을 가지고 과감히 직장을 그만두고 전업투자를 선언하기도 한다. 여러 곳에서 강의를 하다 보면, 그런 분들을 종종 만나기도 한다. 직장의 고용상태가 불안정해진 것도 전업 투자자를 생각하게 만들고 또한 이에 관심을 갖는 투자자들이 늘어나는 것 같다. 이들 중에는 정말 뛰어난 실력을 가지고 고수의 반열에 올랐다고 해도 과언이 아닐 정도로 꾸준한 수익을 내는 사람들이 있는가 하면, 반면 자신의 선부른 판단을 후회하는 사람들도 있다.

'전업투자!', 생각보다 상당히 어려운 길이다. 왜냐하면 전업 투자자가 되는 순간 투자 환경 자체가 바뀌게 되어 새로운 요소들이 투자에 영향을 미치기 때문이다. 주식투자가 직장생활과 병행일 때 투자는 '부가적인 일'이지만, 전업투자자가 되는 순간 주식투자로 돈을 꼭 벌어야 하는 '직업'으로 바뀌게 된다. 주식투자는 시간이 가면서 자동적으로 돈을 벌어다 주는 일반적인 직장생활과 180도 다르다. 자신이 주식시장에서 움직여 벌지 않으면 아무런 소득이 발생하지 않는다. 특히 꼭 돈을 벌겠다는 섣부른 매매로 인한 손실로 자금에 훼손이 올 수도 있다. 그럴 때 매매를 멈출 수도 없고 불안한 마음속에서도 어떻게든 주식투자로 돈을 계속 벌도록 노력해야 한다. 이렇듯 주식투자가 생계를 책임져야 하는 주업으로 바뀌면 마음가짐과 태도가 필연적으로 달라지게 된다. 따라서 전업투자자로의 전환을 생각한다면 여러 가지 사항을 심사숙고 후 상당히 조심스럽게 결정해야 한다.

직접적인 예로 평소 직장생활 중 매매를 통해 한 달에 300만원 이상을 꾸준히 벌 때와 어떠한 상황에서도 무조건 한 달에 300만원을 '꼭' 벌어야 한다는 것은 매매에 임하는 자세가 완전히 달라지게 된다. 이는 매매가 투자자에게 심리적 압박으로 작용하기 때문이다. 그렇게 되면 그 동안 투자자를 매매의 성공으로 이끌었던 기존의 매매방식이 더 이상 통하지 않게 될 수 있다.

매매에 임하는 자세에 따라 기존의 매매방식이 통하지 않는 이유는 심리와 자금문제 때문이다. 이들은 각각, 그리고 동시에 매매에 영향을 미치게 되는데 이로 인해 기존의 투자에 큰 변화가 생기게 된다. 월급을 받고 있는 상태에서 웬만한 투자의 실패는 극복할 수 있는 실수가 되지만, 급여 없이 주식투자만으로 생활비를 충당해야 하는 전업 투자자의 입장에서 투자실패는 과거와 다르게 심리를 크게 위축시켜 평소와 같은 매매를 불가능하게 만들 수 있다. 전업을 선언한 이후 손실에 대한 충격은 직장인으로 매매할 때와 당연히 같을 수 없다. 동일한 금액의 손실이라도 그 절박감이 다르게 다가오게 될 것이기 때문이다. 만약 연속해서 실패를 겪으면 심리적으로 주식투자에 대한 정상적인 상황판단이 어려워지게 될 수도 있다. 이렇듯 직업을 가지고 있는 상태에서 매매 실패가 생겼을 때와 직업이 없을 때 매매의 실패에서 오는 심리의 격차는 하늘과 땅 이상의 차이가 나게 된다.

주식시장은 항상 오르기만 하는 게 아니라, 상황에 따라 오르고 내리는 사이클을 그린다. 따라서 거의 모든 주식이 빠지는 하락장도 필연적으로 오게 된다. 만약 대세 상승장에서 돈을 벌었다는 자신의 기법에 도취되어 전업을 택한 후 대세 하락장을 만나면 속수무책으로 손실을 볼 수밖에 없다. 그래서 전업 투자를 선언하려면 최소한 상승과 하락을 몇 번씩 겪으면서 자신의 매매기법을 다양하게 검증한 후 일정기간 생활비를 준비하고 나서 결정을 해야 한다. 그 전까지는 직장생활에 절대적으로 충실해야 한다는 점을 강조한다. 그렇진 않겠지만 그저 욱하는 마음으로 전업을 택하는 우를 절대 범하지 말기를 거듭 강조한다.

"시장은 시장 나름의 방식대로 인간의 약점을 찾아내고 있다. 그러한 위기는 대개 우리가 준비되지 않은 바로 그 중대한 순간에 전형적으로 나타난다. 그리고 결국 그것은 우리에게 금전적 손실과 감정적 고통을 안겨준다."

(심리투자법칙 / 마틴 프링 / 이광희 역 / 국일증권경제연구소 / P9)

한편 전업 투자자가 되어 적극적으로 매매를 하면, 지금 보다 더 높은 수익을 낼 수 있을 것이라고 생각한다면 이 또한 잘못된 것이다. 평소 직장생활로 주식을 잘 보지 못하니까 전업 투자자가 되어 매일 주식시장을 보면 더 잘 할 것 같은 생각이 들 수도 있다. 하지만 '전업투자 = 시장과 붙어 있는 것'이라는 접근방법은 대단히 위험한 발상이다. 앞서 포커의 예처럼 시장에 참여할 때와 참여하지 않을 때를 구분할 줄 아는 현명함은 어느 투자자에게나 필요한 일이다. 주식시장에 자신의 방식이 통하지 않거나 주식시장이 하락장일 때에는, 작은 수익이라도 내고자 어떻게든 매매를 하기 위해 노력하기 보다는 시장과 잠시 떨어져 자기 계발을 할 용기가 있어야 하는데, 이는 전업 투자자라고 해서 결코 예외가 아니다. 투자는 매수와 매도, 관망, 이 세 가지가 적절히 조화를 이룰 때 성공의 가능성이 높아지게 된다. 관망 즉, 쉬는 것도 투자이다. 이를 잘 이해하지 못하고 전업 투자자가 된 이후 돈을 벌어야 한다는 생각으로 주식시장과 떨어지지 않고 매매를 거듭하다 보면 손실만 키울 수 있다.

그리고 통상 사업을 할 때도 1~2년의 여유자금을 가지고 시작하라는 말처럼 전업투자로 나선다면 최소한의 여유자금(약 1~2년 정도의 생활비)을 준비해두고 생각해봐야 한다. 이는 투자 자금과 별도의 자금을 이야기한다. 그래야 투자를 쉴 수 있게 되는 것이다. 만약 누군가 주택 자금을 빼서 전업투자를 하겠다고 하면 절대적으로 반대다. 자금에 대한 아무런 준비 없이 전업을 통해 생활비를 벌겠다는 것만큼 어리석고 무모한 행동은 없다. 생활비를 벌어야 한다는 강박관념이 앞서면 조급한 마음에 오히려 큰 손실을 보게 될 수 있다는 점은 앞서 이야기 했다. 다시 말하지만 주식시장에서 불황 사이클은 반드시 찾아오게 된다. 직장인이라면 이럴 때는 매매를 멈추고 다음 상승 사이클까지 일에 충실하면서 시간을 보낼 수 있지만, 여유 없이 전업을 택하면 기다리는 시간을 가질 수 없어 무리수를 두게 되고, 그러다가 큰일이 벌어질 수도 있게 되는 것이다.

주위에 성공한 전업 투자자는 2014년 하반기 주식시장이 약세를 기록하자 주식시장에서 떨어져 관망을 하면서 미뤄두었던 세계여행과 등산으로 재충전의 시간을 보내는 것을 보았다. 그는 일부 종목들의 작은 움직임에 절대 조급함을 보이지 않고 평정심을 유지하며 다음 시장을 기다리고, 그동안 충전과 공부를 게을리하지 않았다. 이를 보면서 고수는 역시 강세장에서 수익을 내는 것이 아니라 약세장에서 어떻게 행동하는 가가 중요한 것임을 다시 한번 깨닫게 되었다. 전업이라는 이유로 하락장에서 어떻게든 작은 돈이라도 벌려고 욕심을 부렸다가는 자칫 큰 손실로 이어져 다음 상승장에서 수익을 낼 수 있는 기회를 놓치는 불상사가 발생할 수도 있게 된다.

전업의 길은 여러분의 생각과 많이 다르다. 매우 신중한 결정이 요구되는 것이다.

II
증권시장의 특성을 이해하자

1

주식투자의 세계와 사회는 성공 시스템이 다르다

우리는 '사회'라는 공동체 생활에 익숙해져 있어 그 속에서 어떻게 생활해야 하는지 잘 알고 있고, 또한 어떠한 생활방식이 자신에게 맞는지도 잘 알고 있다. 주식시장은 우리가 살고 있는 여러 '작은 사회' 중의 하나다. 그래서 많은 투자자들이 자신에게 익숙한 사회시스템의 생활 방식과 생각을 가지고 주식시장에 들어오게 된다. 그리고 이미 자신에게 익숙한 생활방식을 적용하며 주식투자를 하게 된다.

하지만 주식시장은 투자자들의 이러한 생각과는 다르게, 우리의 생활과 다른 시스템으로 움직이는 독특한 성질을 가지고 있다. 우리가 살아가는 사회는 성실성을 바탕으로 풍부한 지식과 뚝심 등이 결합되면 성공의 가능성이 높아진다는 것이 일반적인 상식인데, 주식시장은 이같은 사회의 성공 방식이 그대로 통하는 구조가 아니다. 투자자는 이점을 이해하는 것이 중요하다. 이를 통해 투자자는 우리가 살아가는 방식과 다르게 주식시장에 접근을 해야 한다.

하지만 안타깝게도 대다수 투자자들이 주식시장의 독특한 특성을 모른 채, 일반적 사회의 성공방식으로 접근을 한다. 때문에 많은 부분에서 충돌이 생기고, 이를 극복하기 위해서는 새로운 것들을 배워야 하기에 주식시장을 어렵게 느끼게 된다.

"물론 재능은 필요해. 그러나 그걸로는 충분하지 않아. 학교에서는 설익은 재능을 가진 사람도 보통 쉽게 승리하지. 그러나 처음 프로를 상대로 자신의 행운을 시험하고 실패를 경험할 때, 그런 사람은 준비도 되어 있지 않고 어떻게 대처할지 모르는 거지. 가끔은 완전히 산산조각이 나 버려. 자신의 재능을 관리하는 방법을 배운 적이 없고, 더욱 중요한 것은 어려울 때 결정적인 다른 자질을 개발시키는 것을 배운 적이 없다는 것이야."

(골퍼와 백만장자 / 마크 피셔 지음 / 김호 옮김 / 디자인하우스 / P50)

하지만 이런 중요한 사실을 누군가 구체적으로 알려주거나, 배운 적이 없기 때문에 투자자들이 주식투자에 느끼는 혼란은 더욱 크다. 오죽하면 '세상에서 뜻대로 되지 않는 3가지가 골프와 자식과 주식투자' 라는 말이 나왔겠는가? 이는 주식투자에 대한 어려움을 나타내는 비유적인 표현이다.

그럼 구체적으로 어떤 점이 다른지 알아보자.

첫 번째로 사회에서는 일반적으로 공부를 많이 하면 그 분야에서 좋은 성과를 얻을 수 있게 되지만, 주식시장에서는 공부를 많이 한다 하여도 그에 비례해서 수익이 증가한다고 할 수 없다. 그나마 공부를 열심히 하려 하여도 다른 분야는 처음부터 커리큘럼이 잘 짜여 있지만 주식투자 공부법에 대해서는 어떻게 배움의 과정을 시작해야 하는지 일반인들이 쉽게 알지 못한다. 그래서 어쩔 수없이 독자적으로 알음알음 두서없이 공부를 시작할 수밖에 없다.

바쁜 직장생활 속에 시간을 쪼개어 기업을 분석하고, 책과 각종 리포트를 읽고, 각국의 다양한 경제상황을 살피며 열심히 공부했는데, 그에 준하는 성과가 나오지 않으면, 투자자 입장에선 큰 회의감과 절망감을 느끼게 된다. 더군다나 주변의 동료가 우연히 들은 정보로 매매한 종목에서 수익을 내는 것을 보면 커다란 허탈감과 배신감 등 여러 불쾌한 감정이 들게 된다. 이렇게 되면 어려운 공부는 때려 치우고, 손쉽게 정보를 찾아 매매하고픈 욕구가 생기게 된다.

이러한 점을 노리고 따라 하기만 하면 큰 돈을 벌 수 있다는 광고들이 투자자를 유혹하고 있다. 문제는 이러한 상황에 빠지게 되면 아무리 정보 매매가 위험하고, 공부만이 꾸준한 수익을 보장한다고 해도 쉽게 귀에 들어오지 않는다. 이렇듯 주식투자는 공부와 노력에 비례하여 수익이 꼭 생기지 않는다는 면에서 사회의 시스템과 다르다고 하겠다.

과거 한 투자자에게서 이런 상담을 받은 적이 있다. 그는 주식투자에 실패한 원인을 그동안 자신이 투자에 대한 공부를 하지 않았기 때문이라며 이제부터 독한 마음으로 3개월 동안 시중에 나와 있는 증권관련 책을 모두 읽고 오로지 밤낮으로 주식 공부에 매달려 그야말로 고수가 되고자 한다고 했다. 그때 3개월간 절치부심해서 공부를 해도 주식의 고수가 되는 것을 장담할 수 없다는 안타까운 상황을 설명했었다. 주식이 독한 마음으로 책을 읽고 공부해서 된다면 경영, 경제학 박사들은 모두 주식 투자로 부자가 되어 있어야만 한다.

공부와 수익이 꼭 일치하지 않는 이유는 여러가지가 있지만 가장 큰 이유는 주식시장은 기업의 실적과 더불어 시중의 자금흐름 그리고 투자자들의 심리 등이 복합적으로 작용을 한다. 상황에 따라서 한가지 요소가 다른 요소보다 더 강하게 영향을 미치게 되는데 그 영향은 그때그때마다 각기 다르게 움직게 된다. 주가는 기업 가치에 수렴한다는 것이 주식투자의 근간이다. 그러나 그 사이에는 주식의 가격은 시중자금과 심리의 영향을 크게 받으며 움직이게 되는데(변동성), 이 모든 부분을 투자자가 공부를 통해 그 규칙을 배우거나 예측할 수는 없다. 공부를 통해 배울 수 있는 것은 기업의 실적을 정확히 파악하는 것과 변동에 대응하는 매매계획 등을 수립하는 방법이다. 문제는 그마저도 수학 문제풀이처럼 정확할 수 없다는 점이다. 나머지는 예측과 대응의 영역으로, 아무리 공부가 뛰어나다 하더라도 다른 투자자의 심리(자신의 심리 포함)까지 꿰뚫어야 하기 때문에 공부를 통해서 주식투자를 잘 하게 되는 데는 한계가 있을 수밖에 없다.

"투자는 정확히 한가지로 이루어진다. 바로 미래를 상대하는 것이다. 하지만 미래를 아는 것은 불가능하다."

(투자에 대한 생각 / 하워드 막스 지음 / 김경미 옮김 / 비즈니스맵 / P78)

동일한 기업에 대한 투자자들의 반응(행동)을 통해서 보면, 한 투자자가 그 기업이 저평가되었다고 판단하여 적절한 시점에 투자를 잘 하였다고 하자. 그리고 그 기업을 외국인 투자자들과 기관 투자자들도 비슷한 시기에 같은 분석과 평가 – 올바른 공부를 했다면 좋은 기업을 보는 시각은 모든 투자자들이 비슷할 수 있기 때문에, 종목 매수에 동참하게 되어 주가가 본격적으로 상승하려 한다고 가정해 보자. 이때 기존에 그 기업 주식을 보유하고 있는 한 개인(큰 손)이 갑자기 자금이 필요하여 매도를 시작하게 되는 경우가 생길 수 있다. 이렇게 되어 급 매물이 출회되면 주가는 하락 압력을 받게 되고, 기업의 가치를 모르는 일부 투자자들은 하락에 대응하여 매도세가 강해질 수 있게 된다. 이러한 매도세가 강해지면 외인과 기관이 하락에 반응하느라 자체 로스컷 규정에 따라 매도를 할 수 밖에 없는 상황에 처해지며 주가는 하락을 부채질하게 된다. 이러한 경우는 시장에서 충분히 일어날 수 있다. 투자자가 이러한 상황까지 예측하는 것은 불가능하다. 상황이 이렇게 흐르면 개인 투자자는 자신의 매매가 잘못된 것으로 생각하게 되어 손절로 대응을 하게 되고, 이러한 매도가 일단락되면 주가는 보란 듯 다시 올라가게 된다. 이때 투자자는 내가 사면 빠지고, 팔면 오르게 되는 상황으로 받아들이게 되는 것이다. 물론 장기 투자의 경우에는 다르게 대응할 수 있지만 하락을 견딘다는 것은 생각보다 어렵고 투자 성향에 따라 다르게 반응하게 되는 것이다.

'공부가 증가하면 수익이 증가한다'라는 공식이 통하지 않는 또 다른 이유는 공부 접근 방식이 잘못된 면도 있다. 이는 매우 큰 부분임에도 불구하고 일반인들은 대체적으로 쉽게 간과하고 있다. 투자자들이 '주식투자에 대한 공부'라고 하면 재무제표를 통해 기업의 내용을 분석하는 '기본적 분석'과 주가의 움직임을 기록한 차트의 흐름을 이용하여 주가의 움직임을 파악하는 '기술적 분석', 그리고 이들을 통한 종목선정과 매매방식 등을 익히는 것이라고 생각하는 경우가 대부분이다. 여기에 덧붙여 국내 및 글로벌 경제 상황과 이와 연관된 환율, 금리 등 경제에 대한 공부를 추가시키면 주식관련 공부를 완성한다고 생각한다. 주식 공부를 어떻게 해야 하는지 모르는 투자자들 입장에서는 통상 알려진 이러한 부분만을 생각하는 것은 어쩔 수 없는 상황이라 하겠다.

하지만 주식에 대한 공부는 '문서로 이루어진 공부'와 '문서로 이루어지지 않은 공부'로 나누어 모두 해야 한다. 문서로 이루어진 부분은 앞서 예를 든 것들이고, 매매에 영향을 끼치는 다양한 심리와 이와 결합된 자금관리와 대응은 비(非) 문서적인 부분이라 할 수 있다. 올바른 공부를 하기 위해서는 두 부분이 병행되어야 한다. 궁극적으로 이 모든 것을 통합해서 자신만의 매매기법을 만드는 것이 공부의 최종 목표가 되어야 한다. 중요도를 따진다면 전자보다 후자의 공부가 더 필요하다고 생각한다. 자금관리와 심리가 오히려 주식투자에 대한 공부의 주요한 핵심이라고 강조한다.

심리가 중요한 이유는 여러 투자주체들의 움직임에 따라서 자신의 매매심리에 큰 영향을 받기 때문에 투자자는 자신의 고유한 심리와 타인의 영향으로부터 변화하는 모든 심리과정을 다스리는 방법을 공부해야 한다.

이러한 중요함에도 불구하고 이를 알고 공부하는 투자자는 소수이며, 그래서 문서 외적인 부분의 공부가 빠지게 되면, '완벽하지 않은 공부의 증가로 수익의 불안정성 증가'가 되기 때문에 투자자들의(일반적인) 노력에도 불구하고 공부와 투자가 일치하지 않는 것이다. 그래서 공부가 어렵고, 극단적으로 멀리하게 하는 원인으로 작용하게 된다. 즉, 잘못된 공부를 하면서 성과(수익)를 생각하기 때문에 노력과 성과에 괴리감이 생기면서 공부가 어렵게만 느껴지고 고통스럽게 되는 것이다.

주식투자가 주식시장에 대한 지식(기본적 분석, 기술적 분석) 만으로 되는 곳이 아니라는 것을 먼저 깨닫는 것이 성공투자를 위한 첫걸음이라 할 수 있다. 다시 강조하지만 주식투자에 대한 공부는 절대적으로 필요하다. 공부 → 수익의 증가는 아니지만, 올바른 공부를 하면 수익의 증가를 꾀할 수 있게 된다. 꾸준한 공부와 자금관리 및 심리관리는 투자자의 수익을 증가시키는 역할을 분명히 하게 될 것이다.

두 번째는 '투자의 수익이 증가하려면 꼭 공부를 해야 한다' 도 아니라는 점이다. 이런! 지금까지의 이야기와 너무나도 큰 반전인가?(지금 장난 하나!) 하지만 애석하게도 주식시장은 그런 곳이고 이는 모두가 이미 잘 알고 있는 명백한 사실이다.

세상 모든 일에는 분명 '운'이라는 것이 작용한다. 한 기업의 주가가 시장에서 다양한 이유로 오르거나 빠지는 변동성을 보인다고 가정해 보자. 이때 한 투자자가 자신의 노력으로 그 기업의 주식 가치를 평가하여 적절한 타이밍에 매수한 이후 그 기업의 주가가 오르게 되면 이것은 투자자 자신의 공부에 대한 성과가 되고 올바른 투자가 된다. 하지만 시장에는 여러 투자자가 존재하므로 동시에 다른 투자자가 그 기업이 좋다는 주변의 이야기만을 듣고 매수를 했는데 주가가 올라서 수익을 보게 되는 것은 순전히 운이 좋은 것이다. 이처럼 주식시장은 어떻게 접근 하느냐에 따라서 공부 없이도 수익을 볼 수 있는 곳이기도 하다. 결과적으로 과정이 어찌 됐든 두 투자자는 주식 시장에 들어온 목적을 달성했다.

이렇듯 주식시장은 수익을 내기 위해서는 꼭 공부를 하지 않아도 되는 접근법이 통할 수도 있다. 그렇다고 이러한 점을 일일이 문제 삼을 수는 없다. 그러나 주식시장의 목표가 꾸준한 수익이기 때문에 노력없이 수익을 보게 되는 상황은 생각을 좀 해봐야 한다.

우리는 주위에서 정보로 큰 수익을 낸 투자자 이야기를 들게 되는데, 그런 상황을 마주하게 되면 어렵고 힘든 공부보다는 소위 고급정보를 찾아 다니고 싶은 유혹에 빠지게 된다. 제법 많은 투자자들이 이러한 행태에 빠지는 것을 봐 왔다. 투자자가 이렇게 되는 것은 정보만 잘 얻으면 쉽게 돈을 벌 것이라는 생각과 함께 공부에 대한 부담이 사라져 마음이 가벼워지고, 큰 돈을 벌게 될 것이라는 근거 없는 희망에 휩싸이게 되기 때문이다. 더군다나 공부하기 귀찮은데 대한 나름 합당한 핑계거리가 된다.

이러한 마음이 투자자의 뇌리에 박히면 정보로 인한 대박 환상에서 쉽게 빠져나오기 어렵게 된다. 어렵게 공부할 필요도 없고 좋은 고급정보만 찾으면 되는데, 그것만 찾으면 되는데…… 그런데 정보를 찾는 투자자들은 여기서 한번 벽에 부딪히게 된다. 돈을 벌어줄 그 고급정보를 발견하기가 생각처럼 쉽지 않다는 것이다. 어쩌다 한 두 번은 몰라도 매번 고급정보를 찾는다는 것은 현실적으로 불가능하다.

잠깐! 지금까지 '정보'라고 한 것은 어떤 것을 지칭하는 것인가? 그것은 단기간의 시세 움직임을 통해 돈을 벌게 해주는 것을 지칭한다. 장기적으로 꾸준히 상승하는 종목에 대해서도 좋은 정보라고 표현할 수 있지만, 여기서는 단기간에 시세를 내주는 것에 한정해서 이야기하겠다. 즉, 이런 정보를 찾는다는 것은 투자자가 주식시장을 단기적인 시각으로 보고 있다는 반증이다.

여러분은 가끔 주위의 다양한 지인들에게서 특정종목에 대해 정보를 듣게 될 것이다. 이때 여러분들은 어떻게 대응을 하는가? 이러한 말을 쫓아 투자를 했다가 이익을 보거나 손실을 보기도 했을 것이다. 그냥 흘려보냈는데, 지나고 보니 소위 대박이 나는 종목이 되는 경우도 있었을 것이고, 반면 덥석 샀는데 주가가 빠져 손실을 본 경험도 있을 것이다. 문제는 지금 당장 어느 것이 대박이고 어느 것이 틀린 것인지 파악이 불가능하고, 시간이 흐른 후에야 그 사실을 알게 된다는 것이다. 만약 그 정보가 큰 수익이 났다면 투자자는 행운이 자신에게 왔다가 사라진 것을 한탄하면서 '그때 그 주식을 샀어야 했는데'라는 감정으로 그를 무시한 자신을 원망하게 된다. 그러면서 자연스럽게 그 정보를 준 지인에 대한 신뢰도가 한껏 높아지면서 다음 정보가 나오기를 학수고대하게 된다. 어떤 투자자들은 주위에서 처음 정보를 들으면 일단(나름 신중을 기한다고) 해당 주식을 지켜보면서 정보의 신뢰도를 평가하는 소위 검증의 단계를 밟기도 한다. 정보가 몇 번 맞는 것으로 확인되면, 다음 정보엔 해당 종목을 덜컥 사게 되고, 그러면 머피의 법칙이 작동하면서 기다렸다는 듯이 주가가 빠지는 현상이 일어나기도 한다.

여기서 정보 전달에 대해 투자자들이 잘 생각하지 못하는 고려가 필요하다. 주식시장의 정보는 시간이 지나가면서 정확도가 증가하기 보다는 오히려 떨어지는 성격을 가지고 있다. 이는 여러가지 의미를 갖는다.

정보는 '운'과 관련이 있다. 한 정보가 검증단계에서 연속해서 맞았다 하더라도 다음 정보에서 또 맞는다는 보장을 하기는 어렵다고 생각해야 한다. 주식시장에서의 정보가 맞을 확률은 동전던지기와 같은, 즉 연속성을 의미하는 것이 아니라 비연속적 행운이 생겼다는 것으로 봐야 하는 것이다.

또 생각해야 할 것이 투자의 컨셉은 수시로 변한다는 것이다. 주식 시장에서는 언제든지 다양한 형태의 주식이 오르게 되는데, 대체적으로 당시 시장에서 인기를 끌거나 이슈화 할 수 있는 종목군들이 다양한 이야기들 – 정보를 뿌리면서 주가가 상승을 한다. 하나의 테마가 강력 할수록 시장에 유통되는 정보의 양은 비례하여 커진다고 볼 수 있다.

이때는 많은 투자자들이 쉽게 정보를 접하게 되는데 이때가 바로 일반 투자자들이 조심해야 할 때이다. 평소 접하기 어려운 정보가 생각보다 쉽게 들어오고, 또 이로 인해 한두 번의 수익이 발생한다면, 정보에 신뢰를 가지고 정보를 찾기 보다는 오히려 반대로 이제 정보의 확률이 떨어질 것에 대비해야 하는 것이다. 즉 정보 과다에 대한 역발상 투자의 개념이 필요한 것이다. 성장주 투자자였던 윌리엄 오닐은 한 테마가 길어야 그 기간이 최장 1년 6개월이라고 말한 바 있다. 그러나 대부분의 투자자들은 계속 오를 것만 같은 착각 – 유혹에 빠지게 된다. 매우 위험한 현상이 벌어지는 것이다

시장에서 우선주가 이상급등을 보이면서 투자자들의 관심을 끌고 있을 때 지인으로부터 한 우선주를 강력 추천받아 덥석 산 경험이 있다. 이미 바닥에서 상당수 오른 뒤였지만 시류에 편승해도 별 무리가 없을 것으로 판단했다. 그 뒤 다행히도 주식

은 매일 상한가(당시 12%)를 기록하는 기염을 보였다. 하지만 매수가의 2배를 기록한 날 하한가를 기록한 후 점하(시초가부터 하한가를 나타내는 것)를 기록하여 결국 손절을 하였던 아픈 기억이 있다. 그전에는 우선주는 변동성을 보여도 다시 상승하여 하락을 크게 두려워하지 않았는데, 이미 몇 달 동안 진행된 우선주의 상승에 대한 정보가 내게 왔을때는 소위 테마의 '끝물' 이었던 것이다.

정보 매매의 단점은, 꾸준한 수익을 기대할 수 없다는 상식에서 출발하면 된다. 꾸준한 수익을 내기 위해서는 매번 돈을 벌어주는 고급 정보를 만나야 하는데, 이는 연속으로 매주 로또를 맞추는 비유가 적절할 듯하다. 이러한 정보를 찾는 투자자들을 유혹하는 것이 돈을 받고 정보를 알려준다고 광고를 하는 곳들이다. 수요가 공급을 창출한다. 이들은 일정금액을 받고 실시간 고급정보를 알려준다고 투자자들을 유혹하는데, 인터넷 등을 보면 단기간에 자신들이 제공한 정보로 큰돈을 벌었다는 자극적인 문구의 광고를 접하게 된다. 매달 적지 않은 금액을 내야 하지만, 향후에 생길 투자이익을 따져보면 별거 아니다 라고 생각할 수도 있다. 설마 이런 광고를 보고 가입하는 투자자들이 얼마나 될까 싶은데, 상담을 하다 보면 적잖은 투자자들이 호기심에든, 절박한 희망에서든 가입한 경험을 가지고 있다.

행운이 한 두번은 올 수 있다. 하지만 연속된 행운은 현실에선 불가능하다. 오직 올바른 공부를 통해 차근차근 실력을 쌓고, 수익을 모아가는 것만이 주식시장에서 꾸준히 돈을 벌 수 있는 유일한 방법이다. '월스트리트의 큰 곰'이라 불리는 제시 리버모어는 정보나, 소위 작전종목도 매매를 해도 된다고 했다. 단지 자신만의 기법을 적용해서 하라고 했다.(이 부분은 뒤에 자세히 다룬다) 다시 강조하지만 꾸준히 수익이 증가하기 위해서는 공부를 해야 한다.

세 번째로 주식투자는 '주식투자와 관련해 근면 성실하면 수익이 꼭 증가한다' 가 아니라는 점이다.

사회생활의 보편적인 상식은 한 분야(직장)에서 성공하기 위해서는 깊이 있는 지식을 쌓고, 이를 잘 활용하면 그 분야에서 성과를 이루게 되고 성공자(임원)가 될 확률이 높아지게 된다는 것이다. 그래서 이런 상식을 기반으로, 주식투자도 열심히 공부하며 근면 성실히 증권시장을 모니터링하면 수익이 증가할 것이라 생각하고 접근한다. 그러나 안타깝게도 주식시장은 이러한 방식이 말 그대로 통하지 않는 곳 중의 하나이다.

사회적 지위가 높은 이들 중 자신의 성공 방식으로 주식시장을 접근했다가 자신의 생각과 다른 주식시장의 움직임에 낭패를 보는 경우가 있다. 공부는 누구보다 자신 있고, 또 사회에서 성공을 이루는 과정에서 다양한 고난을 이겨낸 경험을 바탕으로 자신 있게 주식투자를 하다가 큰 곤혹을 치르는 경우다. 자신의 성공경험에 따라 주식투자를 쉽게(?) 생각하고, 나라면 당연히 투자이익이 날것이라고 접근했다가 오히려 투자손실을 보게 되어 무척 당황하게 되는 것이다. 이러한 경우일수록 자신의 투자 실패를 공부(지식)의 부족에서 찾고 주식관련 서적, 증권

관련 강연회 등에 더욱 열심히 매달리게 되기도 한다.

"투자 실수에 재빨리 대처하는 것을 어렵게 만드는 아주 복잡한 요인이 있다. 바로 우리 모두가 갖고 있는 자존심이다. 어느 누구도 자신이 틀렸다는 것을 스스로 인정하고 싶어하지 않는다."

(위대한 기업에 투자하라 / 필립 피셔 / 박정태 역 / 굿모닝북스 / P147)

자, 무엇이 문제이고 어떻게 해결해야 할까? '근면 성실'과 '공부'는 사회성공의 기본인데, 이를 열심히 한다고 꼭 성공하는 것이 아니라면 주식투자로 성공하려면 도대체 어떻게 해야 하는 것인가? 행복은(수익은) 성적순(공부량)이 아니다에 이어 근면성실도 수익을 부르지 않는다는 것이 정말 머리를 아프게 한다. 도대체 이게 무슨 말 장난도 아니고.

여기서 이야기하는 것은 투자 방법론의 이야기로 투자자는 이 점에 주목해야 한다. 당연히 근면성실 할수록 투자의 성공확률은 증가한다. 그러나 증권시장은 사회와 다른 방식의 근면성실을 요구한다. 직장 생활 열심히 하듯이 증권시세 앞에 오래 앉아 있는다고 성실한 것은 아니라는 것이다. 자신은 근면성실 하다 생각하는데도 불구하고 실패를 거듭하고 있다면 엉뚱한 곳에 에너지를 낭비하는 것으로 자신의 현재 상황을 냉정히 살펴볼 필요가 있다.

투자자가 가장 잘못 알고 있는 사항이 바로 장중에 시세의 움직임을 열심히 보고, 시장에 대한 다양한 뉴스 등을 검색하고, 관련 채팅방에서 열심히 활동하고, 또 저녁에도 비슷한 행동을 반복하면서 자신은 투자에 대해 근면 성실하게 노력하고 있다고 생각하는 것이다. 증권시장에 파묻혀 지속적으로 생활하는 것을 근면 성실한 것으로 잘못 이해하는 것이다. 주식시장을 많이 본다고 성공한다면, 가장 수익이 좋은 사람들은 증권 관련 종사자들일 것이다.

주식투자에서 근면성실은 투자할 기업을 스스로 찾고, 자신만의 매매기법을 성실히 적용하고 운용하는 것이다. 그런데 이는 직장생활처럼 매일 반복되는 것이 아니다. 투자자들은 이제 잘못된 방식이 아닌 올바른 '근면 성실'의 중요성을 이해하게 되었을 것이다. 그런데 여러분은 직장인으로서 주식시장과 일정한 거리를 둘 수밖에 없는데, 직장인에게 맞는 주식시장에서의 근면성실은 무엇일까?

누구나 처음 주식투자에 대해 공부 하게되면 자신의 방법을 찾을 때까지는 많은 시간투자가 필요하다. 시간이 없는 직장인이라고 결코 예외가 될 수 없다.(일부 직장인 중에 '공부할 시간이 없다'라는 말을 정말 많이 한다. 자신은 정말 다양한 이유-때론 어이없는 이유로-주식투자에 대한 공부를 할 시간이 없다는 것이다. 그러니 다른 방법을 알려 달라고 한다. 이 뜻은 그냥 정보만 달라는 것과 같다. 안타깝게도 다른 방법은 없다. 각자 알아서 어떻게든 시간을 내야 한다) 고통 없이 이루어지는 것은 없다. 그러면서 자신의 매매 기법을 다듬어야 한다. 어느 정도 단계가 되면 효율적인 시간 활용이 충분히 가능해진다. 직장인 투자자는 계속된 시간투자가 아니라, 벗어나기 위해 계획을 수립하는 것에 중점을 두어야 한다. 이러한 과정을 성실히 익히는 것에 중점을 두는 것이 근면성실한 투자 방안이라고 할 수 있고 여러분이 지향해야 할 목표점인 것이다.

네 번째는 '주식투자에 대해서 조변석개 하듯이 마음이 변화하는 것은 변덕스런 나쁜 행위가 아니다'라는 점이다. 우리는 마음이 자주 바뀌는 사람들에게 대체적으로 신뢰를 주지 않는다. 예를 들어 A와 B 둘 중 A가 좋다고 입에 침이 마르도록 이야기하다가, 잠시 후 B가 A보다 좋다고 하면, 이랬다 저랬다 하는 소위 줏대가 없다고 생각하게 된다. 그러나 주식시장에서는 그런 일들이 일상에서 항시 일어나는 당연하고 자연스러운 일임을 인정하고 받아들일 줄 알아야 한다.

이를 주식시장의 이해를 통해 생각해 보자. 주식시장은 시장에 영향을 미치는 다양한 요인들이 수시로 변하는 곳이다. 투자한 기업의 영업에 대한 실적 변화와 더불어 정부 정책의 변화, 환율, 유가, 투자자의 자금과 심리, 심지어 지구 반대편의 선거 결과에 따라서도 변화가 생기게 된다. 이러한 변수들을 투자자가 정확히 알고 예측하고 대응할 수는 없다. 또한 이 변수들이 주식시장에 영향을 미치는 경로는 다양하고 동일 내용이라도 시장에 미치는 결과는 수시로 변하게 된다. 어떤 때는 유가하락으로 주식시장이 오르고, 어떤 때는 빠지기도 한다. 실은 명확히 알 수 없는 것일 수도 있다. 누구도 주가 변동성의 이유를 정확히 알 수는 없다. 따라서 처음의 생각을 고집하면서 변화를 무시하게 되면 투자의 손실을 초래할 수 있게 된다.

그렇기 때문에 투자자는 상황에 따라 시장과 종목을 바라보는 자신의 마음이 언제든지 바뀔 수 있다는 유연성에 대한 생각을 가지고 있어야 한다. 이는 매우 중요한 것이다.

"주식시장에서 패배하는 사람들을 보면 공통점이 있습니다. 자신의 주장만 옳다고 고집하는 사람들입니다. 어느 주장과 다른 주장을 비교하여 이분법적으로 선택합니다. 언제나 맞고 옳은 이론은 없습니다. 산의 정상에 오르는 길은 수없이 많습니다. 인간이 아직 발견하지 못한 길까지, 이루 다 헤아릴 수 없지요."

(달리는 주식을 사라 / 백관호 / 에디터 / P76)

투자의 유연성을 기르는 방법 중 하나는 주식을 바라볼 때 항상 초심, 즉 주식 매수단계로 바라보는 훈련을 하는 것이다. 여러분이 한 기업의 주식을 매수하고자 결정했다면 다양한 내용을 바탕으로 합리적인 판단을 내린 결과일 것이다. 잠시 후 다시 그 기업을 볼 때는, 기존의 생각대로 해당 기업을 고집해서 보는 것이 아니라, 그 기업의 주식이 지금 나의 계좌에 없다 생각하고 다시 초심(매수할 것인가?)으로 바라보는 것이다. 그때도 똑같은 결론이 나오면 보유하거나 추가 매수하는 것이고, 반대로 다른 의견이 나온다면 매도를 고려하는 것이다.

"트레이딩 판단을 내릴 때 우리는 자신이 옳다고 절대적으로 확신해야 하지만, 시장에서는 틀릴 수도 있다고 인식해야 한다. 다시 말해서, 우리 판단은 시장에서 틀렸다고 밝혀질 때까지만 절대적으로 옳다는 뜻이다. 따라서 우리는 감정이나 희망이 아니라 규칙과 원칙에 따라 거래해야 한다. 거래할 때는 언제나 이렇게 자문해야 한다. '시장의 어느 지점에서 내가 틀린 것으로 밝혀질 것인가?'"

(전설의 프로 트레이더 빅: 월스트리트 거장의 기법 / 빅터 스페란데오, 설리번 브라운 지음 / 이건 옮김 / P32)

사회생활에서 성공하기 위해서 때로는 '뚝심'을 발휘해야 할 때가 있다. 그러나 주식시장에서의 뚝심은 양날의 칼이 될 수 있다. 성공을 부를 수도 있고 자신을 찌를 수도 있다. 주식투자는 뚝심과 유연성이 적절한 조화를 이룰 때 성공 가능성이 높아진다. 상황에 맞는 적용이 필요한 것이다.

이러한 점을 이해하지 못하고 주식시장에 들어오는 투자자들에게 시장과 종목에 대한 생각이 언제든 변할 수 있다고 인식시키는 것이 쉽지 않다. 주식시장의 중요한 특성임에도 불구하고 사회의 통념과 다르기 때문에 많은 설명의 시간과 과정이 필요하게 된다.

투자자는 종목 상황이 바뀌면 빠른 손절이 오히려 투자자의 이익을 지키는 행위임을 인식해야 한다.(뒷부분의 매도전략에서 투자이유가 바뀔 경우 가격과 상관없이 매도해야 함을 이야기 한다) 오히려 투자자가 뚝심과 자존심을 내세워 잘못된 투자를 고집하는 것이 상황을 더 어렵게 만들고 위험에 빠뜨릴 수 있게 된다.

"어떤 투자자가 특정 주식을 보유하고 있을 때, 다른 사람들에게도 그 주식을 추천 했다거나 매수에 동참하도록 동료들에게 권유했다면, 그는 자신의 투자의견에 집착할 수밖에 없다. 이것과 관련된 것이 바로 '확신의 함정'이다. 어떤 결정 이후에 우리는 그 결정을 지지하는 데이터에 대해서는 관대한 반면, 반대되는 자료들에 대해서는 거부반응을 보이거나, 부인하는 경향이 있다."

(미래의 투자 / 마이클 모바신 지음 / 정명수 옮김 / 위즈덤하우스 / P135)

주식투자 과정에서 문제가 있다고 생각되는 투자자는 밑도 끝도 없이 손절을 절대 안 한다고 생각하는 것이다. 자신의 원칙에 따라 주식을 들고 가는 것과는 달리, 한번 주식을 사면, 기업이 망하기 전까지는 무조건 들고 간다고 생각을 하는 것이다. 이는 주식을 팔아 손해를 확정하고 싶지 않아 팔 필요가 없다고 고집하는 것이다. 이들의 계좌를 보면 백화점식으로 종목을 가지고 있거나 혹은 수익이 일부 -80, -50%인 종목들도 존재하고 있다.

야구에서 3할대 타율이면 대(大) 타자라 부른다. 성공 확률이 30%만 돼도 훌륭한 것이다. 주식시장에서도 투자자는 완벽할 수 없다. 더군다나 여러분은 지금껏 항상 올바른 판단만을 하면서 살아왔는가? 잘못된 판단은 그 사실을 아는 순간 바로 정정해야 후회와 실패의 확률이 줄어드는 법이다. 잘못된 것을 알면서도 근거 없는 '자신만의 희망'으로 고집을 피우는 것은 미련하게 화를 더욱 키우는 행위라 할 수 있다.

주식투자에 성공하기 위해서는 유연한 마음가짐이 꼭 필요하다. 즉, 주식을 보는 시각을 바꾸는데 주저하면 안된다. 그러한 일은 자존심 상하는 일이나, 우유부단한 행위가 결코 아니다. 유연함을 가져야 하는 이유는 자신의 판단이 잘못될 수 있다는 것을 인지하고 개선하겠다는 의지인 것이며, 그 근본에는 시장의 변화가 자리잡고 있다. 그레이엄의 우울증과 조울증 비유에서 보듯이 주식시장은 '정신병'을 앓고 있는 비정상의 시장이라고 인식해야 한다. 여러분이 정상이라도 비정상 시장에서 활동하려면 정상만을 고집해서 되겠는가? 또 여러분도 솔직히 완벽히 정상도 아니지 않는가? 나도 완벽하지 않고 시장도 비정상이라면 판단을 바꾸는 것은 당연히 해야 할 일인 것이다.

지금까지 살펴본 상황을 잘 이해하고 활용법을 익히면 직장인 여러분들 만의 방식으로 증권시장에서 꾸준한 수익을 올릴 수 있는 초석을 발견할 것이다. 펀드매니저나 주식 전문가가 아니고 뛰어난 학벌과 정보 네트워크가 없어도 주식시장의 시스템을 이해하고 자신만의 방법을 찾아 꾸준히 공부하고 실천한다면 다른 투자자들 보다 큰 수익을 내며, 성공자의 반열에 오를 수 있다는 것이다. 주식으로 수익을 번 사람들의 특징을 보면 모두 '동일한 방식'으로 수익을 내지 않고, '자신만의 방식'으로 수익을 내고 있다. 그렇기 때문에 누구든지 주식으로 꾸준한 수익을 낼 수 있다는 희망을 가질 수 있는 것이다. 학력과 정보가 주식시장의 성공 조건이라면 대다수의 투자자들은 절망할 수도 있다. 하지만 주식시장은 그렇지 않기 때문에 정확한 시스템을 알고 공부하면 투자자를 성공으로 이끌 수가 있다. 이 방법을 여기서 잘 익히기 바란다.

2

주식시장은 나와 상관없이 움직인다

주식투자는 하나의 기업(주식)을 놓고 수많은 매매 주체들이 자신들만의 관점에서 자신들에게 가장 이익이 된다고 생각하는 방향으로 매매를 하게 된다. 그래서 자신의 이익을 위해 원하는 가격(호가)을 제시하기도 하고, 주어진 가격(호가)에 매매여부를 결정한다. 모든 투자자는 주식시장에서 호가를 제시하는 능동적 투자자인 동시에 호가에 순응하는 수동적 투자자 양면을 가지게 된다.

칼 월렌람은 『주식투자의 군중심리』(무엇이 똑똑한 투자자를 바보로 만드는가 라는 부제가 붙어 있음)라는 책을 통해 '인터시스템'이라는 가상 기업의 주가 움직임을 제시한다. 이 기업이 시장에서 움직이는 가격의 변동에 따라 다수의 투자자들이 자신에게 가장 유리한 매매가 되도록 '인터시스템'을 사고 파는 행동에 대한 이유와 모습을 자세히 묘사하고 있다. 이 책을 보면 다양한 이유로 각자의 입장에서 최선의 매매가 되도록 실시간 매매를 한다는 사실을 새삼 알게 된다.

당연히 투자자는 매매에 있어 자신의 입장만을 고려할 뿐 거래 상대방은 전혀 고려하지 않는다. 오히려 그들의 행태를 읽고 나에게 유리한 매매가 되도록 노력할 뿐이다. 그러기 위해 투자자는 각각의 입장에서 자신의 합당한 이유로 주식을 팔고, 또 다른 사람은 역시 자신만의 합당한 이유로 같은 주식을 사게 되는 것이다. 상대방 패턴을 읽고 그를 이용하여 내가 수익을 보겠다는 생각이 부딪히며 주가에 영향을 주는 것이다. 서로의 입장에 따른 매매는 나에게 이득이 되기도 하고 손실이 되기도 한다.

이러한 행위를 자세히 관찰해 보면 주가 움직임에 나의 의지나, 희망이 반영되지 못함을 알게 된다. 투자자는 주어진 시장의 가격을 보고(단지) 대응을 결정해야 하기 때문이다. 투자자는 시장에서 자신이 작은 존재임을 인식해야 한다. 그래서 자신만의 희망에 의해 주가 움직임을 바라보는 것이 얼마나 어리석은 것인가를 인식하며 시장을 있는 그대로 냉정히 봐야 하는 것이다. 투자자는 주식시장의 흐름을 따를 수밖에 없다. 윌리엄 오닐은 "당신이 할일은 당신이 시장의 흐름에 맞추는 것이지, 시장이 당신의 호흡에 맞추도록 하는게 아니다."라는 점을 강조하고 있다.

그러나 때론 이러한 점을 망각하고 주식시장과 싸우려고 드는 투자자들을 종종 보게 된다. 투자한 주식과 시장에 강한 확신을 가지고 소위 '네가 이기냐, 내가 이기냐 한번 해보자'라고 시장에 맞서려 드는 것이다.

투자는 항상 잘 되는 것만은 아니라는 점을 앞서 이야기했다. 또한 투자자 개인이 시장을 조정하기 어렵다는 점도 설명했다. 시장이나 주식이 자신의 판단과 다른 방향으로 움직일 확률은 50%가 넘는다. 따라서 자신의 판단이 잘못될 수도 있다는 유연한 생각을 가져야 하는 것이 당연함에도 불구하고 자신의 판단에 소위 '자존심'을 내세우면서 물타기 등으로 시장과 맞서는 것이다.

이러한 행동을 하는 근거는 '시장(다른 사람들)이 틀렸다'이다. 자신의 판단과 생각만이 옳고 시장은 멍청하다고 생각하는 것이다. 그래서 멍청한 시장은 결국 올바른 나의 판단을 반영하여 내가 생각한 바와 같이 움직일 것이라는 생각을 밑바탕에 깔고, 모든 비난을 시장에 돌리며 자신의 자존심을 내세우는 것이다. 이러한 자존심은 여러 면에서 해가 되는 감정이다.

"훌륭한 트레이더가 되고 싶다면 자존심을 버리고 더 겸손해져야 한다. 겸손한 마음이면 미지로 가득 찬 미래를 받아들이기가 더 쉬워진다. 겸손하면 미래를 섣불리 예측하려는 시도는 하지 않게 된다. 겸손하면 시장이 자신에게 불리하게 전개되는 바람에 손절매를 하게 된 상황에 대해 기분 상해하지 않는다."

(터틀의 방식 / 커티스 페이스 지음 / 이은주 옮김 / 이레미디어 / P336)

물론 시장이 틀렸을 수도 있다. 틀린다는 것은 기업의 가치를 제대로 반영하지 못하고 잘못된 심리에 지배당하고 있다는 것이다. 주식시장도 항상 기업의 가치를 정확히 반영하는 합리적인 시장이 아니기 때문에 때로는 그런 일들이 자주 발생하기도 한다. 하지만 그러한 사항도 사실로 인정해야 한다. 우리는 세상이 꼭 합리적으로만 움직이지 않는다는 것을 여러 생활을 통해 잘 알고 있다. 그럼에도 불구하고 왜 주식시장은 꼭 합리적이어야 한다고 생각하는가? 궁극적으로 주가는 합리적인 방향으로 수렴되겠지만, 때로는 시장이 합리적으로 변하는 시간이 투자자의 생각보다 훨씬 길어질 수도 있고, 아닐수도 있다는 점을 항상 생각해야 한다. 유연한 사고는 투자자의 생존력을 높여주게 된다. 만약 이러한 유연성을 발휘하지 못하면 홀로 고독히 시장과 맞서다 장렬히 전사할 수도 있다.

"한 남자가 개를 데리고 산책을 한다. 보통 개들이 그렇듯 주인보다 앞서 달려가다가 주인을 돌아본다. 그리고 다시 앞으로 달려가다가 자기가 주인보다 많이 달려온 것을 보곤 다시 주인에게 돌아간다. 그렇게 둘은 산책을 하면서 같은 목표에 도달하게 된다. 주인이 1킬로미터를 걷는 사이 개는 앞서가다 돌아오기를 반복하면서 약 4킬로미터를 걷게 된다."

(돈, 뜨겁게 사랑하고 차갑게 다루어라 / 앙드레 코스톨라니 지음 / 김재경 옮김 / 미래의 창 / P109)

우리의 인생도 주가도 일직선으로 움직이지 않는다. 한곳의 목표를 향해 걷지만 항상 일치하지 않는 시장에 대한 코스톨라니의 지혜로운 인식은 투자의 유연성을 높이게 된다.

주식시장이 나와 상관없이 움직인다는 사실을 인정하는 것은 주식시장에 쓸데없는 희망을 갖지 않게 해주게 된다. 세상을 살다 보면 어려운 시기가 반드시 한번씩은 생기게 마련이다. 이때 우리는 어려움을 해소할 여러 방법 중 주식투자에 희망을 걸기도 하는데, 주식시장은 투자자의 뜻대로 어려움을 들어주는 올바르고 선한 곳이 아니라는 것을 알아야 한다.

주식투자를 하면서 기도를 많이 하게 된다는 사람도 있다. 제발 이번만은 오르게 해달라는 기도일 것이다. 증권사 직원의 8할은 빨간색 넥타이를 매고 다닌다.(빨간색은 주가의 상승을 나타내는 색깔이다.) 미신인줄 뻔히 알지만, 중요한 매매가 있을 때 자신도 모르게 손이 가는 것은 어쩔 수 없는 인간인가 보다.

3

주식투자는 과학이 아니라 예술이다

주가의 움직임은 기업의 이익에 따라서 변화한다는 점을 대(大)전제로 하고 있다. 이를 공식화하면 EPS(주당순이익)×PER(주가수익비율)로 표시할 수 있다.

이를 바탕으로 기업의 이익과 주가의 연계성을 구하는 것이 모두 숫자와 공학적인 공식으로 이루어져 있어 외견상 주식투자는 매우 과학적인 것으로 투자자들이 인식하게 된다. 기업의 현황이 숫자로 기록된 재무제표를 다양한 공식으로 분석하고 이를 바탕으로 이익과 성장성을 추정 비교하는 모든 것들이 체계적이고 과학적인 방식으로 정립되어 있기 때문에 정량적 분석에 의해 정확한 가치 분석과 투자가 가능한 것으로 생각하게 된다. 또한 주가의 움직임을 나타내는 차트를 분석하는 것도 다양한 수학적 기법과 공식이 동원되므로 이를 분석하는 과정 또한 역시 매우 과학적인 방식으로 인식되게 된다. 이러한 방식이 결합되어 다양한 수식을 프로그래밍한 시스템 트레이딩 기법도 발달하고 있다.

이에 투자자는 주식투자를 공부하는 과정에서 다양한 분석기법들을 배우고 익히고 실전에 적용하기 위해 많은 시간과 노력을 들이게 된다. 기본적 분석과정에서는 매출액과 영업이익 증가율을 보고 기업의 실적 변화 등을 분석하게 된다. 또한 부채비율과 유동비율, 설비투자의 결정과 감가상각에 따른 이익의 변화 그리고 PER, PBR(주가순자산비율), EV/EBITDA(기업가치/세금·이자지급전이익) 등 각종 수식을 공식에 의해서 계산하여 투자지표로 활용하도록 하고 있다. 기술적 분석에서도 이동평균선 골든 크로스와 볼린저밴드 등 각종 보조지표들을 공식에 의해 계산하여 시장의 과열 여부 등의 평가 및 이에 따라 투자시기의 결정 등 매매에 활용하고 있다. 각종 경제상황을 나타내는 이자율의 변화와 실업률, BSI(기업경기실사지수) 등도 매우 체계적이고 과학적인 수치로 표시되어 투자자들이 쉽게 활용할 수 있도록 구성되어 있다.

주식에 투자하기 위해 기업과 경제 상황 등 여러가지를 다양한 방법으로 정확히 분석하는 과정은 결코 쉽지 않다. 그런데 이러한 분석과정을 힘겹게 익히고 또 공들여 분석해도 실제 투자를 시행하는 과정에서 투자자는 현실적인 혼란에 직면하게 된다. 투자가 과학적 데이터 분석에 의해 정확하게 일치하지 않기 때문이다. 분석결과가 완벽하다 하더라도 그 결과를 가지고 투자자가 어떻게 받아들이고 해석하고 판단하느냐에 따라서 투자자별로 각기 다른 행동을 하게 되는데 이는 투자의 결과, 즉 수익률의 차이를 가져오게 된다. 즉, 계산과 행동이 항상 일치하지 않아서 문제가 발생하는 것이다. 이러한 상황이 발생하는 가장 큰 요인은 과학적인 투자가 인간이라는 투자자별 상황과 심리가 영향을 미치는 비과학적 영역으로 넘어가기 때문이다.

"단기적으로 그리고 중기적으로 심리학은 증권시장의 90%를 결정한다. 증권시장에서 심리학은 매우 섬세한 손가락 끝 감각으로 운영되어야만 하는 하나의 '학문'이며, 그것은 거의 예술에 가깝다. 증권시장에서 가장 흔히 사용되는 단어들은 '어쩌면', '바라건대', '가능한 한', '~일 것이다.' '그럼에도 불구하고', '~할지라도', '더욱이', '내 생각으로는', '내가 믿기로는', '그러나', '아마도', '나에게 보여지기로는' 등이다. 사람들이 믿고 말하는 모든 것들은 다 제한이 있고 따라서 완전히 다르게 볼 수도 있는 것이다. … 중략 …. 증권시장은 오늘날에도 여전히 불투명하다고 흔히들 말한다. 그러나 만약 증권시장이 투명하다면 그것은 더 이상 증권시장이 아니다."

(투자는 심리게임이다 / 앙드레 코스톨라니 지음 / 정진상 옮김 / 미래의 창 / P18~19)

케이블 TV에서 인기리에 방영되었던 '오늘 뭐 먹지'라는 요리 프로그램이 있다. 이 프로그램은 한 가지 요리에 대한 전문가를 초빙하여 스튜디오에서 동일한 시간에 동일한 재료를 가지고 전문가의 행동을 따라서 두 출연자가 동시에 요리를 한다. 재미있는 사실은 전문가의 디테일한 지시 속에 그의 행동을 보고 따라 하지만, 두 출연자 모두 제 각각의 요리를 만들어 낸다는 것이다. 방송은 시청자들도 따라할 수 있도록 정확한 레시피를 통해 요리를 만들기 때문에 과학적 요소로 본다면 전문가와 출연자는 동일한 음식을 만들어 내야 한다. 그러나 자세한 지시에도 불구하고 요리는 천차만별로 다르게 만들어 진다.

우리는 또한 다이어트를 하기 위해서는 적게 먹고 많이 운동해야 한다는 교과서적인 내용을 잘 알고 있다. 하지만 동일한 행동도 체질에 따라 다른 결과를 초래한다. 그리고 같은 상황에서도 실천하는 의지의 사소한 강도에 따라서 전혀 다른 결과가 나오게 된다. 우리는 내용을 정확히 알아도 실천이 생각과 다르게 얼마나 어려운 문제인지 잘 알고 있다.

이처럼 주식투자도 이론이나, 대가들의 가르침과 분석처럼 항상 동일하게 움직이지 않는다. 보통 주식은 살 때 보다 높은 가격에 팔아 이익을 취해야 하는 것이지만, 때론 손절로 더 큰 손실을 줄이는 것도 돈을 버는 방안으로 주식시장에서 꼭 실천해야 하는 중요한 방식 중에 하나이다. 둘 다 근본 이론은 논리적이지만, 이의 적용은 과학처럼 정확히 이루어지지도 적용하기도 쉽지 않다. 시장의 상황과 투자자의 성향에 따라 투자 방법도 달라져야 하기 때문이다.

요즘 운동경기를 보면 기록관이 보편화되어 있는데, 이들은 경기의 모든 상황에 대해 과학적으로 분석을 하고 경기력을 최대한으로 끌어올리는 일을 하고 있다. 과거 경험과 투지에 의해서만 이뤄지던 운동경기에 이러한 과학적 접근방식이 도입되면서 보다 합리적이고 체계적으로 발전하고 있다. 우리는 2002년 월드컵을 통해 경기력 향상과 승리에 과학적 접근이 얼마나 중요한지 눈으로 확인한 바 있다.

하지만 과학의 바탕에도 불구하고 운동경기가 꼭 데이터대로 움직이는 것은 아니라는 것도 잘 알고 있다. 2008년 베이징 올림픽 야구 경기에서 우리나라는 왼손타자는 왼손투수에 약하다는 과학적 데이터에도 불구하고 승부처에서 왼손타자를 내세워 상대의 허를 찌르는 방법으로 승리를 일궈낸 바 있다. 이처럼 때로는 그때그때 상황에 맞게 최선의 방법으로 대응하는 것이 필요하기 때문에 오랜 경험에서 오는 소위 '감'이 과학적 대응보다 더 큰 영향을 미치게 되는 경우가 생긴다. 우리는 살면서 말로 명확히 설명하기 어려운 '감'이라는 것이 생기고 그로 인한 행동이 정확히 맞는 경우를 보게 된다. 이는 경험과 연륜이 쌓이면서 생기게 되는 현상이라 할 수 있다.

주식을 보다 보면 타이밍에 대한 '감'이 올 때가 있는데, 소위 고수는 이러한 감에 대한 정확도가 높다고 할 수 있다. 초밥의 달인은 초밥을 만들 때 마다 매번 저울에 밥을 재서 초밥을 만들지 않는다. 그냥 밥을 손에 쥐어도 동일한 무게의 초밥이 만들어 지는 것이다.

달인은 자신만의 방법(기법)을 완성할 때 비로소 되는 것이다. 달인이 되기 전까지는 기계적인 대응을 해야 한다. 초밥의 달인이 설거지부터, 쌀 씻고 밥 짓는 과정을 거치듯이, 여러분도 주식의 기본공부를 오랜 시간 해야 한다. 그러한 과정 없이 '어설

픈 감'은 경계해야 한다.

인간은 심리에 약한 존재이다. 돈이 움직이는 주식시장에서 희망, 공포 등으로 자신의 원칙을 지킨다는 것이 생각보다 어렵다. 그래서 실력이 중급 이하라면 무조건 원칙을 기계적으로 따라야 한다. 중급 이상이 되면 '감'을 다룰 줄 알게 될 것이고 그때 다양한 변형기법의 구사가 가능해진다. 실력이 안되는데, 자신의 감에 의해 변형 기법을 구사한다면, 자신을 스스로 찌르는 결과가 될 수도 있다.

"최고의 고수, 전문가는 느낌이 올 때까지 지루한 반복을 합니다. '반복'이 '반전'이 되는 순간 절정고수로 비약하는 것입니다. 반전이 오기까지 무수한 반복이 필요합니다. 반복이 반전을 만나는 순간 말로 표현할 수 없는 달인의 경지에 올라서는 것입니다. 느낌이 오지 않으면 더 연습하라는 것입니다."

(생각지도 못한 생각지도 / 유영만 지음 / 위너스 북 / P162)

우리가 고수에게 주식을 배워도 그들처럼 되기 어려운 이유가 바로 그들의 '감'까지는 배울 수 없기 때문이다. 한 후배는 차트를 잘 보는데, 수익률도 상당히 좋은 편이다. 자신의 기법으로 매일 10개의 종목을 선정하는데, 그 중 3종목은 꼭 오른다고 그는 말한다. 30%의 대단한 확률이다. 10개 종목을 선정하는 방법은 시스템화 해서 기계적으로 할 수도 있지만 결국 오를 3개 종목은 자신의 감으로 밖에는 설명을 못하는데, 제 3자는 아무리 설명을 들어도 명확히 알 수 없었다. 투자자는 고수의 의미만 받아들이고 감은 스스로 개발해야 하는 것이다.

"이제는 나도 브리지 게임을 하듯이 불완전한 정보를 바탕으로 숨은 사실을 추론한다. 브리지 덕분에 나는 어느 분야든 완벽한 이해가 불가능하다는 사실을 깨달았다. 우리는 회사 내부에서 진행되는 일을 절대 알 수 없으므로, 확률추론을 할 수밖에 없다."

(워렌 버핏과의 점심식사 / 가이 스파이어 지음 / 이건 옮김 / 이레미디어 / P186)

평생 무사고 운전을 한 사람과 사고를 자주 내는 사람의 운전 실력의 차이는 아주 작은 '감'에서 온다고 생각한다. 교통사고는 나만 조심한다고 되는 것이 아니기에, 사고방지를 위해서는 양보나 스스로 조심하는 방어운전이 필수다. 나만 고집해서는 자칫 사고로 이어지게 된다.

"이동평균이나 다른 기술적 기법을 사용할 때 누구나 저지르기 쉬운 가장 큰 잘못은 그 기법과 사랑에 빠지는 것이다. 다시 말해서, 당신이 '모든 규칙을 종결하는 규칙'을 발견했다고 생각해서는 절대 안된다는 뜻이다. 그런 규칙은 세상에 존재하지 않는다. 모든 시장은 끊임없이 변화하므로, 근본적으로 변화를 고려하지 않는 기법은 틀릴 수밖에 없다."

(전설의 프로트레이더 빅: 월스트리트 거장의 비밀 기법 / 빅터 스페란데오, 설리번 브라운 지음 / 이건 옮김 / P152)

주식시장에서는 과학적으로는 설명하기 어려운 비합리적이고 비 논리적인 요인들이 많이 작용한다. 앞서 주가와 기업의 가치가 항상 일치하지 않는다고 설명했는데, 이러한 점들이 바로 과학적으로 분석할 수 없는 현상이다. 투자자는 항상 주가의 변동성에 대한 이유를 알고 싶어한다. 주가가 왜 오르는지, 왜 빠지는지, 그 이유를 선명하게 알고 싶어 하는 것이다. 그러나 그 이유를 명확히 알기는 불가능에 가깝다. 언론 등은 설명하기 좋은 이유 몇 가지를 가져다 쓰는 것일 뿐이다. 따라서 금리인상이 경제에 긍정적이어서 주가가 오르고, 금리인상이 경제에 부정적이라서 주가가 빠진다는 식의 설명을 할 수밖에 없다. 실상은 어떤 펀드의 리밸런싱이 일어난 것일 수도 있고, 한 투자자가 기분이 좋아 주식을 사서 주가가 오르고, 하루는 기분이 나빠서 주식을 팔아 주가가 빠질 수도 있다. 이렇듯 다양한 의미와 내용을 파악하여 설명한다는 것은 불가능하다.

"격렬한 주가 변동의 원인을 살펴본 결과, 전체의 약 1/4 이하만이 정치 혹은 경제적인 사건 사고로부터 직접 영향을 받았다는 것을 발견할 수 있다. 그리고 이런 사실은 주식시장의 움직임을 예상하는 일이 얼마나 힘들며, 더 나아가 시장이 얼마나 예측 불가능한지를 확인시켜 준다."

(주식에 장기투자하라 / 제레미 시겔 지음 / 이건 옮김 / 이레미디어 / P321)

완벽한 것은 없다.

4

외국인 및 기관 투자자에 대한 생각

많은 투자자들이 외국인 및 기관 투자자들의 매매동향에 관심을 갖고 있다. 아무래도 시장에 대한 정보나, 주식을 보는 면에서 일반인들 보다는 유리하고 그로 인해 합당한 이유로 주식을 선택했을 것이라는 생각을 하기 때문에 그들의 움직임에 많은 의미를 부여하는 것이다. 이들은 때로는 실제 큰 자금을 바탕으로 시장의 흐름을 좌지우지하기도 한다. 따라서 투자자들은 자신의 주식을 외인 및 기관이 매수에 나서면 다소 안심을 하게 되고, 때론 그들이 사는 종목 중에서 매수할 종목을 선택하기도 한다.

적잖은 투자자들이 투자에 도움을 받고자 외국인 및 기관의 움직임을 선제적으로 알았으면 하는 바람을 가지고 있는 것이다. 하지만 그들의 움직임은 주식시장이 끝나고 나서 최종적인 집계가 되기 때문에 사전에 정확하게 알 수는 없다. 주식시장 중에 발표되는 내용은 각 증권사별로 가(假)집계되는 수치로 정확도는 장담할 수 없다.

우리가 외국인 투자자나 기관 투자자를 볼 때 그들이 하나의 주체로 보이지만, 속을 들여다보면 작은 여러 단위들이 모여 이루어져 있다. 따라서 이들은 동일하게 움직이는 것이 아니라 각기 자신의 입장에서 시장을 바라보고, 각자의 시각에서 매매를 하고 있다. 큰 기관의 경우는 같은 회사 내에서도 운용하는 부서에 따라 동일 종목도 서로 다른 시각으로 사고 파는 매매를 하기도 한다. 그래서 많은 투자자들의 바람처럼 외국인이나 기관의 움직임을 사전에 파악하는 것은 불가능에 가깝다.

1) 외인과 기관의 신뢰에 대한 경계 – 원숭이도 나무에서 떨어진다

많은 투자자들이 외인 및 기관의 움직임을 살피게 되는 것은 아무래도 전문가들이 투자를 하는 것이기 때문에 자신보다 좋은 투자를 하게 될 것이라는 기대감 때문이다. 간혹 언론에서 투자주체별 수익률을 계산하여 기사화하는데, 대체적으로 외국인이나 기관들이 개인들 보다는 높은 수익률을 내고 있는 것으로 나타나고 있어 이들 매매를 추종하는게 심리적인 위안을 받게 되는 하나의 근거가 되고 있다. 그러나 문제는 그들이라고 모든 매매에서 항상 성공하는 것은 아니라서 그들의 매매를 참고는 하되 절대적인 추종과 안심은 위험할 수 있다는 것이다. 이들도 보통의 사람이 투자를 운용하기 때문에 분명한 한계를 가지고 있다. 그럼 투자자들이 알아야 할 것들에 대해서 살펴보도록 하겠다.

첫째, 이들의 투자 기간이 과거에 비해 짧아지는 경향을 보이고 있다. 보통 외국인이나 기관은 장기적 관점에서 매매를 하고 있다고 투자자들에게 인식되어 있다. 액티브 펀드를 제외하고는 대체적으로 가치를 기반으로 투자를 하기 때문에 장기적인 관점에서 주식시장을 접근한다고 생각을 하는 것이다.

그러나 최근 이들의 움직임을 보면 많은 자금의 투자 기간이 짧아지는 경향을 나타내고 있다. 여러가지 이유 중 하나는 세계경제의 저성장과 불확실성 확대로 기업의 장기적인 실적증가에 대한 전망이 어려워지고 있다는 것이다. 그래서 과거와 같은 중장기 투자가 상대적으로 쉽지 않은 것이 그 원인으로 보인다. 미국의 70~90년대와 같이 장기 투자로 시장을 보기에는 세계 경제 상황이 변했다는 것이다.

또 다른 이유는 자금을 운용하던 단체들의 운용방식 변경에서 찾을 수 있다. 특히 국내 기금들은 과거엔 스스로 운용부서를 두고 자금을 운용해 왔지만, 최근엔 외부 전문 자산운용사에 위탁을 주어 자금을 운용하는 형태로 바뀌어 가고 있다. 그러면서 수익률을 1~2년 단위로 평가하여 수익률이 저조한 운용사를 가차없이 바꾸는 형태를 취하고 있다. 운용사 입장에서는 비교적 짧은 1~2년 이내에 수익률을 평가받게 되어, 시장 수익률을 따라가지 못하면 추후 자금운용을 못하게 되는 상황이 발생할 수도 있는 현실에 직면하게 된다. 그러다 보니, 운용사 입장에서는 짧은 시간에 상대적으로 높은 수익률을 달성해야 하므로 다소 공격적인 운용을 할 수밖에 없게 된다. 그래서 종목 교체주기가 짧아지는 경향을 보이게 된다. 이는 변동성 확대 요인이 되는 것이다. 투자자는 기관들의 동향을 나중에 알게 되기 때문에 그들의 매수에 원칙 없이 편승하는 것은 위험을 초래할 수 있다.

또한 이들의 매매기간이 짧아지는 것은 일부 투자자의 성향 때문이기도 하다. 개인 투자자들 또한 장기간 펀드에 가입하여 펀드 매니저로 하여금 장기 투자를 할 수 있도록 만들어 줘야 하는데, 일부 단기 수익률에 민감한 고객들은 다른 펀드대비 수익률을 비교하여 수시로 펀드 교체에 나서기도 한다. 바턴 빅스의『투자전쟁』에서는 이처럼 펀드 매니저들의 소신 있는 행동을 가로막는 다양한 사례들을 볼 수 있는데, 저자는 2004년 석유 공매도에서 결국 자신의 투자가 맞았지만, 빗발치는 투자자들의 항의와 자금의 회수로 결국 고뇌 끝에 투자를 중단할 수밖에 없었던 사례를 들고 있다. 이렇듯 비교적 짧은 1년 단위로 수익률을 평가하여 자금 운용처를 바꾸는 마당에 어찌 매번 소신 있는 투자가 가능하겠는가?

"우리는 매일 새로운 전략을 수립하거나 기존 전략으로 이익을 내려 고심하지만, 기존 또는 잠재 투자자들은 한결같이 '이번 달 성과는요?' 또는 '지난 달은 어땠나요?' 하고 물을 뿐이다."

(헤지펀드의 진실, 펀드매니저의 고백 / 라스 크로이저 지음 / 박경락 옮김 / 새로운 제안 / P154)

둘째, 기관과 외인이 매수를 하면 주가 상승에 분명 도움이 되겠지만, 주식시장이 하락세로 돌아서면 고스란히 물량부담이 된다. 앞서 기관의 로스컷(Loss Cut) 규정을 이야기한 바 있다. 펀드 매니저는 외부변수나 업종이익 전망치가 하향되어 증시가 하락세를 나타내면 규정상 물량을 처분할 수밖에 없고 이러한 현상 때문에 매물이 매물을 부르게 된다. 이에 따라 중·소형주 투자자는 외인 및 기관의 비중이 높다고 무조건 안심할 것이 아니라, 변동성 확대 시 이들 물량이 출회될 수 있음을 대비해야 한다. 로스컷이 아니더라도 이들의 판단이 매수에서 매도로 바뀌면 순간 수급이 꼬이게 된다. 만약 이들이 빠져나간 이후에 다시 주가가 상승하기 위해서는 누군가가 이들의 공백을 다시 메꿔줘야 하는데, 이는 결코 쉬운 일은 아니다. 통상 다른 기관이나 외인의 매수가 등장할 때까지 상당 기간이 필요하게 된다. 따라서 투자자는 이러한 장단점을 분명히 인식하고 있어야 한다. 또한 하락뿐만이 아니라 상승 시에도 짧은 매매로 수익이 발생하면 물량을 털고 나오는 경향이 잦아지기 때문에 주의 깊은 관찰이 필요하다.

셋째, 기관과 외인은 과거보다 세분화된 다양한 투자 기법을 구사하고 있다. 과거엔 대부분 대형주를 중심으로 매매를 했는데, 소형주는 이익에 대한 안정성이 떨어지고 이들의 시가총액 또한 쉽게 매매를 할 만한 자금 규모가 되지 않았기 때문이기도 하다. 경제가 고도 성장기일 때 대형주는 국내외 산업을 이끄는 성장 동력이기에 이들의 움직임이 상대적으로 더 좋았기 때문이다. 또한 투자자금의 성격도 주로 '주식형 펀드(인덱스 펀드 포함)'로 의 유입이 대부분이었다. 따라서 주식형 펀드는 벤치마크 즉, 주가지수대비 수익률을 추구하며 펀드로 편입된 자산의 70% 이상을 주식으로 매수해야 하므로 관행적으로 지수관련 대형주를 편입시켜 왔다.

하지만 최근엔 다양한 투자를 지향하는 외인 및 기관들이 등장을 했고 이들에게 자금이 몰리고 있다. 가장 큰 변화가 자문형 랩의 등장과 헤지펀드를 들 수 있다. 자문형 랩은 주식형 펀드와 달리 절대 수익을 추구하고 있어 시장과 종목을 가리지 않고 적극적인 매매를 하고 있다. 또한 국내 소형주들의 수익성과 성장성이 좋아지면서 투자하기에 좋은 종목으로 변모한 것도 이들 매매 변화에 한 몫을 하고 있다.

펀드에도 스타일 투자전략이 가미되면서 특정 섹터에 집중투자 하는 펀드들이 만들어 지고 있다. 예를 들어 헬스케어 펀드나 배당주 펀드 등이다. 이런 펀드에 자금이 유입되면 관련주를 중심으로 매수가 되면서 가격 등에 영향을 미치게 된다.

또 다른 변화는 헤지펀드의 활성화를 들 수 있다. 이들의 등장으로 절대 수익 추구를 위한 모든 매매 방식이 동원되고 있다. 가장 큰 것이 '공매도'를 활용한다는 점이다. 즉 모든 방향에 매매를 할 수 있다는 것이다. 일반 투자자 입장에서는 대체로 한 방향 – 상승에만 매매를 할 수 있기 때문에 불공정하다는 생각을 갖게 하지만, 현재 규정이 그러하기 때문에 투자자는 그 부분을 받아들여야 한다. 따라서 이들을 따라 한다는 것이 점점 어려워지고 있다.

넷째, 기술 발달에 따른 관련주들의 빠른 변화와 시장상황에 대해서는 그들도 예측과 대처가 쉽지 않다는 점이다. 펀드 매니저는 투자종목을 선정함에 있어 여러 리서치 자료와 해당 기업의 탐방 등을 통해 종목을 선정한다. 그러나 기술주는 기술의 발전과 실생활의 적용 사이에 현실적인 괴리감이 자주 발생하기 때문에 발빠른 대처가 필요하다. 그러나 펀드 매니저들 또한 이에 대한 즉각적인 대처가 쉽지는 않다. 2014년 기술주의 하락으로 펀드의 수익률이 상대적으로 악화된 것은 이러한 현상을 설명하고 있다.

또한 시장의 과열과 침체에도 효율적으로 대처하기 쉽지 않다. 펀드매니저들 역시 시장에 소속되어 있기 때문에 냉정하게 시장을 바라보면서 매매를 하기가 어렵다. 그래서 시장의 심리에 지배를 받게 되고, 과열과 침체에 정확한 대처가 어려운 것이다.

다섯째, 소형기관의 경우 펀드 매니저 성향에 따라 수익률 차이가 나는데, 그들도 일반 투자자들과 같은 실수를 할 수 있다는 것이다. 펀드 매니저도 사람이다. 냉정히 그들 모두가 뛰어난 투자자는 아니고 그들의 실력도 천차만별인 것이 현실이다. 따라서 그들의 투자를 일방적으로 추종하는 것은 잘못된 길을 따라가는 행위가 될 수도 있다는 것을 고려해야 한다. 그래도 그들은 자신의 판단이 잘못되었다면 과감히 손절로 대응을 한다. 또한 이러한 행위로 인한 전체적인 자금에 미치는 부정적인 영향이 크지 않을 수 있다. 그러나 이를 추종한 개인 투자자가 대응을 하지 않을 경우 오랫동안 고생을 하게 된다. 결국 이들의 매매를 참고는 하되 자신만의 매매방식, 즉 자신의 투자계획으로 대응해야 하는 것이다.

여섯째, 펀드 매니저들은 그들만의 군중심리가 존재한다. 그들은 수익률 경쟁으로 다른 펀드 매니저 보다 뛰어난 수익을 추구하지만 때로는 독자적인 움직임을 꺼려하는 양면성을 가지고 있다. 소신 있는 투자가 성공을 이끄는 경우 두각을 나타내겠지만, 그 행동이 잘못될 경우 이를 빌미로 큰 추궁을 당하기 때문이다. 따라서 일부 펀드 매니저는 은근히 소신 있는 투자 보다는 대중적인 투자를 선호하기도 한다. 앞서 이에 대한 비유로 랄프 웬저의 '얼룩말 현상'을 이야기한 바 있다.

"펀드 매니저도 다수의 다른 펀드 매니저들이 어떤 주식을 샀는지 관심을 갖고 따라 사는 경향이 있다. 대다수 펀드 매니저들이 공통적으로 갖고 있는 주식은 주가가 떨어져도 크게 추궁당하지 않는다. '그 주식을 다른 펀드매니저들도 다 가지고 있다'고 변명할 수 있기 때문이다. 다른 펀드매니저들이 갖고 있는 주식을 따라 사면 수익률을 비교할 때도 안심이 된다.

(가치투자의 비밀 / 크리스토퍼 브라운 / 권성희 역 / 흐름출판 / P33)

외인 및 기관의 동향은 증시에서 일종의 방향을 제시하는 든

든한 등불처럼 보인다. 그러나 그 등불을 잘못 따르다가는 자신을 태울 수도 있다. 믿기 때문에 선뜻 리스크 관리를 못해서 더 큰 손실을 볼 수도 있는 것이다. 그들도 우리와 같이 서로 영향을 주고받는 한 투자 주체일 뿐이다. 절대적인 신뢰는 경계해야 한다.

2) 외국인 및 기관의 동향을 파악하는 법

외국인과 기관은 하나의 주체가 아니다. 따라서 이들의 움직임을 통일된 행동으로 예측하는 것은 불가능 하다는 것은 앞서 이야기했다. 그러나 미약하게나마 이들의 흐름을 파악하는 몇 가지 방법이 있는데 이를 살펴보겠다.

외국인과 기관 중 특정 자금, 예를 들어 외국의 국부 펀드나 국내 특정 기금 등의 투자활동에 대해서는 일반인들이 쉽게 알기는 어렵다. 그들은 정책적으로 움직이기 때문인데, 일반 투자자들이 그러한 정책을 알 수는 없기 때문이다.

일반 투자자가 알 수 있고 관심을 가지고 살펴봐야 하는 것은 '펀드자금의 유 · 출입 동향'이다. 외국인과 기관의 자금 중 일부는 펀드 자금으로 이루어져 있는데, 펀드에 자금이 유입되면 매수에 나서게 되고, 펀드에서 자금이 유출된다면 주식을 매도해야 하는 상황으로 이해하면 된다. 여러분들 중 일부는 주식형 펀드에 가입해 본 경험이 있을 것이다. 만약 여러분이 중국 펀드에 가입을 했다면 그 자금은 중국 증시에 유입되어 중국 주식시장에 영향을 끼치게 된다. 마찬가지로 미국의 투자자가 아시

아귄 펀드나 한국 펀드에 가입하면 그 자금은 외인자금 성격으로 국내 증시에 유입되는 것이다. 그래서 펀드 자금의 유·출입을 파악하는 것이 중요한 의미를 갖게 된다. 이러한 자료들은 증권사에서 주간 단위나 월간 단위로 집계를 해서 보여주기 때문에 쉽게 구할 수 있다.

즉, 외국인들은 글로벌 펀드 흐름, 특히 MSCI이머징 지수 등 아시아 이머징펀드와 한국을 대상으로 하는 펀드에 영향을 받는다. 이들에 대해 자금이 유입되고 있다면 국내에 외국인 매수세가 이어지게 되는데, 이를 추종하는 펀드가 매매를 하고 있기 때문이다.

또한 환율의 변화도 외국인 매매에 영향을 주기 때문에 정기적으로 살펴야 한다. 일반적으로 환율이 강세로 간다는 것은 국가 경쟁력이 강화되는 것이고, 그렇다면 기업의 수익성은 개선되고 있다는 반증이다. 또한 외국인들은 환율강세에 따라서 추가적인 환차익까지 생기기 때문에 외인들의 매수세가 적극적으로 들어오게 되는 것이다.

이렇듯 외국인들의 흐름을 살필 때는 국내 상황만 보지 말고 글로벌 상황을 전체적으로 같이 보는 것이 투자에 도움이 된다. 돈은 수익을 따라 움직이기 때문에 글로벌 투자가 지금 어느 섹터(예를 들어 원자재나 금 등), 어느 국가(신흥국과 선진국의 자금 흐름 등)에 유입이 되고 유출이 되는지 큰 시야로 파악을 하고 있으면 투자전략을 수립하는데 도움을 많이 받을 수 있다.

국내 기관의 흐름도 마찬가지로 펀드 자금의 유·출입을 통해 파악할 수 있다. 자금이 유·출입에 따라 기관의 매수 매도가 결정되기 때문이다. 만약 유출입에 큰 변화가 없다면 이미 시장에 자금이 머물고 있으면서 종목에 따라 자금이 움직이게 될 것이다.

펀드플로

[머니투데이 정인지 기자]

국내 주식형 펀드의 자금이 하루 만에 순유입을 기록했다.
8일 금융투자협회에 따르면 지난 4일 기준 ETF(상장지수펀드)를 제외한 국내 주식형 펀드에서는 83억원이 순유입 됐다. 개인 비중이 높은 공모펀드에서 114억원이 유출됐고, 사모펀드에서 197억원이 들어왔다.
해외 주식형 펀드는 538억원이 줄어 12거래일째 순유출을 기록했다.
채권형 펀드는 124억원이 증가해 닷새째 순유입을 기록했다. 국내 채권형 펀드는 174억원 증가했고, 해외 채권형 펀드는 51억원 줄었다.
단기금융상품인 MMF(머니마켓펀드)는 533억원이 축소돼 3일만에 자금이 순유출됐다.
이에 따라 전체 펀드 설정원본은 전일 대비 549억원 증가한 395조6923억원으로 집계됐다.

공매도를 바라보는 시각

통상적인 주식투자에서의 손익은 주식을 '매수한 후 매도한 가격 차이'에서 발생하게 된다. 즉, 주식이 상승해야만 이익이 발생한다.
반면 공매도는 주식을 '매도한 후 매수'를 하는 것으로 통상의 순서를 반대로 하는 것이다. 주식의 하락이 예상될 때 주식을 매도한 후 생각과 같이 주가가 하락하면 다시 매수하여 그 차액을 이익으로 취하는 매매기법인 것이다. 그런데 공매도 후 주가가 생각과 반대로 하락하지 않고 상승하면 공매도에서는 손실이 발생하게 된다.
외국은 공매도 제도가 잘 발달되어 있어 개인 투자자들도 활발하게 매매를 할 수 있지만, 우리나라는 도입초기 외국인 투자자에게만 허용되었다가 점차 기관 투자자에게 허용되었고, 지금은 개인 투자자에게도 허용이 되고는 있지만 매우 제한적이고 까다롭다. 때문에 현실적으로 개인 투자자가 활용하기는 쉽지 않다.
일단 우리나라는 어떤 투자자든 보유한 주식에 대해서만 공매도를 허용하고 있다. 미국은 주식이 없어도 공매도가 가능하지만 우리나라는 공매도를 하기 위해서는 먼저 주식을 꼭 보유하고 있어야 한다. 그래서 없는 주식을 공매도 하고자 하는 경우 다른 투자자들에게서 주식을 빌려서 공매도를 시행할 수밖에 없다. 즉 '대차거래'라는 주식을 빌리는 행위를 공매도 전에 먼저 하게 되는데 이는 일부 증권사가 그 업무를 대행해주고 있다.(이때 주식을 빌려주는 입장에서는 소정의 이자를 받게 된다.) 따라서 공매도를 위해 주식을 빌리는 대차거래를 하고자 한다면 사전에 증권사가 해당 주식에 대한 수량을 확보하고 있는지와 서비스 가능 여부를 체크해야 한다.
대차거래와 공매도 내역은 그를 집계하여 다음날 수치를 공개하고 있다. 공매도를 하기 위해서는 대차거래가 선행되어야 하기 때문에 대차잔고의 증감을 보면 향후 공매도에 대해 대략적으로 추세를 참고할 수 있다. 물론 대차잔고 = 공매도는 아니다. 일단 빌리기만 하고 공매도 시점을 기다리면서 안 할 수도 있기 때문이다.
공매도는 주식투자에 관한 여러 방법 중 하나의 방법임에도 불구하고 주가 하락기간 동안 수익을 챙긴다는 것 때문에 일반 투자자들이 공매도를 바라보는 시각이 매우 불편한 것이 사실이다.

"행동경제학에서는 자산의 가격이 떨어져야 수익을 올릴 수 있는 숏(short)의 특성이 거래를 제약한다고 한다. 사람이란 본능적으로 이득보다는 손실에 민감하게 반응할 뿐만 아니라 남의 불행에 의하여 돈을 벌게 될 때 미안함이 본성에 내재되어 있기 때문이다. 다른 사람의 불행으로부터 어떤 사람이 돈을 벌게 되면 도덕적으로 불미스러운 일처럼 보이는 경향이 있다."

(돈은 어떻게 움직이는가 / 임경 지음 / 생각비행 / P44)

공매도는 해당 주식을 들고 있는 투자자들 입장에서 자신의 피해를 증가시키는 행위가 된다. 그래서 일부는 공매도를 소위 '악의 축'으로 규정하고 이를 규제해야 한다고 목소리를 높이기도 한다.

공매도를 '하락에 베팅하는 것이니까 나쁘다'라고 하는 시각은 일부 편향된 시각이라 할 수 있다. 채권투자의 경우는 경제가 나빠져서 금리가 떨어져야 채권가격이 올라가고 이를 통해 돈을 벌게 된다. 즉, 경제의 하방에 돈을 거는 행위인데, 이와 비교하면 왜 채권투자는 나쁘다라는 생각을 하지 않는가?

공매도는 또한 시장의 과열을 방지하는 등 나름대로 긍정적인 역할도 하고 있다. 공매도 물량은 나중에 반드시 상환되어야 하기 때문에 기업에 긍정적 요인 발생시 공매도 세력이 오히려 강력한 매수세력으로 작용하게 되어 주가를 끌어 올리게 된다. 공매도를 현실적으로 막기 위해서는 기업이 올바른 성장세를 나타내도록 투자자들이 요구해야 할 것이다. 성장 기업에 하락 베팅 할 수는 없기 때문이다.

투자의 세계는 선한 곳이 결코 아니다. 투자자는 수많은 투자 규칙을 정확히 익히고 그 규칙에 따라야 하는 존재일 뿐이다. 투자자 자신의 생각에 따라 시장의 규칙을 바꿀 수는 없다. 자신의 주식을 비싸게 사줄 투자자를 원하면서 주식을 파는 투자자를 비난하는 행위는 투자의 규칙을 무시하는 것이고, 스스로 모순에 빠지는 행동이라 할 수 있다.

투자에 대해서 여러가지 생각을 가질 수는 있지만 그 방식이 완전히 잘못된 것으로 판명 나기 전까지는 규칙을 쉽게 바꿀 수 없다. 나와 다른 여러 이해 당사자가 맞물려 있기 때문이다. 따라서 자신의 생각보다는 정해진 규칙 속에서 합리적으로 수익을 극대화할 수 있는 방법을 강구하는 것이 현명하다 하겠다.

III
직장인에 맞는 투자 공부법

1
주식투자 관련 공부법

주식투자로 꾸준히 수익을 내기 위해서는 많은 공부가 필요한데, 직장인 투자자는 누구보다 시간이 한정되어 있으므로 시간 활용을 잘해야 한다. 따라서 공부의 방향과 시간을 처음부터 잘 조절하는 것이 특히 중요하다. 그러기 위해서는 올바른 방법 제시가 중요하다 하겠다. 여기서는 그러한 방법을 같이 고민해 보겠다. 이를 통해 자신의 상황에 맞는 방법을 현명하게 찾아 가길 바란다.

1) 주식투자에 관한 공부를 해야 하는 이유

증권시장에 알려진 통념 중에 하나가 '주식투자의 수익률은 공부와 비례하지 않는다'는 이야기이다. 애석하게도 일부 맞는 말이기도 하고 정확하게 말하면 '꼭' 비례하지는 않는 것이 현실이다. 앞서 일반사회가 돌아가는 시스템과 증권시장의 시스템이 다르다는 점을 설명한 바 있다. 그러나 주식시장에서 꾸준한 수익을 내기 위해서는 공부를 꼭 해야 한다는 점에서는 사회의 시스템과 같다고 할 수 있다. 투자자가 공부를 하지 않고 수익을 낸다는 것은 연속적인 행운에 기대야 하기 때문에 거의 불가능에 가깝다고 봐야 한다. 무슨 일이든 그 지식을 익히고 활용하는 기본 지식을 배워야 한다. 그렇지 않으면 그 일을 꾸준히 실행할 수는 없게 되는 것이다.

"모두 전문지식과 기술을 통달하려면 상당한 훈련이 필요한 직업이다. 아무런 훈련도 받지 않고 병원에 들어와서는 '오늘 뇌수술을 해볼까 합니다' 라고 말할 순 없다. 뇌 수술을 하려면 16년 동안의 기본교육에 4년 동안 의대를 다닌 후에, 인턴을 거쳐 레지던트까지 마쳐야 한다. 의사로 활동하려면 엄청난 헌신과 몰입이 필요하다. 트레이딩을 보자. 몇가지 서류를 작성하고 증권계좌를 개설하고 입금한다. 트레이딩에 진입하기가 이렇게 쉽다. 이런 식으로 트레이딩하는 사람은 아무런 준비도 없이 뇌수술을 하는 것과 동일한 결과를 얻는다. 환자가 죽는 것이며, 트레이딩의 경우 계좌가 사망선고를 받는다."

(슈퍼 트레이더 / 반 K. 타프 지음 / 신가을 역 / 이레미디어 / P51)

혹자는 주식투자에 대한 공부를 너무 쉽게 생각하는 경우도 있다. 소위 전문가로 불리는 사람들, 즉 주식투자를 해본 유 경험자들에게 잠시 배우면 되는 것 정도로 생각하는 것이다. 그래서 그런지 역설적으로 의대 공부와 비교들을 많이 한다. 그만큼 어렵고 신중히 공부를 해야 한다는 점을 우회적으로 표현하고 있다.

직접적인 예로 트레이더이자 투자코치인 로버트 코펠은 그의 저서 『투자와 비이성적 마인드』에서 지독하게 매매가 풀리지 않은 날 퇴근 길 엘리베이터에서 만난 의사 이야기를 하고 있다. 그 의사는 최근 주식에 관심을 갖기 시작해서 CNBC와 경제 신문을 틈틈히 보고 있는데, 이번주 토요일 오전에 잠시 짬이 나니 자신에게 주식 투자 전반에 대해 가르쳐 달라는 제안을 한다. 이에 코펠은 '오케이' 라고 말한 뒤 자신이 최근 의료드라마를 즐겨 보면서 외과 수술에 관심이 생기는 데, 그날 오후에 수술을 가르쳐 달라고 이야기를 하고 이에 그 의사는 입을 다물고 상황이 종료되는 장면이 나온다. 주식투자는 잠시 배워서 할 수 있는 분야가 절대 아니다.

하지만 공부를 하고 싶어도 주식투자에 대한 체계적인 커리큘럼이 특별히 정립되어 있지 않아서, 특히 시간이 많지 않은 직장인들의 경우 어디서부터 어떻게 공부를 해야 하는지 잘 모르겠다는 분들이 꽤 많다. 경우에 따라선 책 서너권 읽는 것으로 공부를 끝냈다고 생각하기도 하고, 인터넷 등의 정보를 짜집기하여 공부를 하고 있다고 생각을 하기도 한다. 혹은 다 귀찮다고 시장의 정보 찾기에 집중하는 경향을 보이기도 한다. 그러나 그러한 행위로는 장기적으로 주식시장에서 살아남을 수 없다는 것을 본인도 잘 알고 있을 것이다.

투자에 대한 방식도 시대에 따라서 변하고, 가치에 대한 평가 방식과 이를 활용하는 방식 등도 많은 연구가 지속되면서 새로운 방안들이 계속 나타나고 있다. 이와 관련된 투자 서적도 하루가 멀다 하고 다양하게 쏟아지고 있는데, 최근엔 점점 가속도가 붙는 느낌이다. 그렇기 때문에 공부를 하지 않고 과거의 경험적 투자방식을 고집 하다간 투자에서 소외를 당하게 될 수 있다. 이는 투자수익률의 저하 문제로 나타나게 된다.

투자자가 새롭게 인식해야 하는 것이 국내 증시는 글로벌화 되어 과거와 다르게 투자 수익률이 공부량과 점차 비례해 가는 상황이 되고 있다는 점이다. 이는 시장의 구성원 변화에서 찾을 수 있다. 외국인 투자자들은 말할 것도 없고, 시장의 큰 주체인 기관들이 세분화되면서 젊은 펀드매니저들의 비중이 커지고 있다. 이들은 국내외에서 체계적으로 공부를 해왔다. 이들의 영향력은 점점 커지고 있다.

지금은 많은 투자자들이 올바른 공부를 통해 기업의 가치를 평가하고, 이에 대한 시장의 컨센서스가 형성되면서, 매수세가 이어져 주가가 상승하여 수익이 나는 시대로 들어섰다고 판단한다. 또한 다양한 투자기법들이 공유되며 복합적으로 매매가 이루어지기 때문에 이를 모른다면 혼자만 눈뜬 장님이 될 수도 있다.

우리나라 주식시장은 외국인 투자비중이 매우 높은 증권시장 중 하나이다. 이는 곧 주식의 가격이 기업의 실적을 따라 움직인다는 기본전제가 맞는 시장이 되었다는 것을 뜻한다고 할 수 있다. 이러한 증시환경은 더 이상 주먹구구식의 작전이나 정보에 의해 움직이는 시장이 아니라 기업의 실적에 바탕을 둔 합리적인 환경에서 주가의 움직임 예측이 가능한 시장이 되었다는 것을 확인시켜 준다고 할 수 있다.

즉, 이제 공부가 필수인 시대가 되었다고 자신 있게 말할 수 있다. 이에 대한 정확한 인식 후 공부를 한다면 분명 공부 없이 투자를 하는 그룹보다 월등한 수익을 창출할 수 있는 기회를 얻게 될 것이다. 아직도 주식시장은 작전이 횡횡하고, 주식시장에서 돈을 벌려면 고급 정보를 남보다 빨리 알아야 한다고 생각한다면, 주식투자를 재고해 보기 바란다.

"가장 좋은 투자기회는 가장 많이 배운 사람이 차지하는 반면, 가장 위험하고 나쁜 기회는 재무적으로 가장 배우지 못한 투자자에게 돌아간다."

(부자 아빠 가난한 아빠 / 로버트 기요사키 / 안진환 역 / 황금가지 / P62)

최근 증권사의 지점 직원들이 투자할 기업을 직접 보고 확인하는 '기업 탐방'이 유행처럼 자리를 잡아가고 있다. 탐방은 필요한 일 중 하나이지만 많은 시간이 소요되어 현실적으로 본점의 애널리스트들을 중심으로 이루어지고 지점 직원들이 다니기에는 여러 한계가 있었다. 그러나 이들이 일상화되고 있는 것이다. 유망기업의 경우 탐방 날짜가 밀려서 한참을 기다려야 하기도 한다. 최근엔 개인 투자자들에게도 탐방을 연결해주는 업체까지 생겨났다. 그만큼 여러 투자자들이 직접 기업을 눈으로 확인하고 투자를 하고 있고, 이를 통해 기업의 내용이 시장에 상당히 정확하게 전달되고 있다. 이는 과거 애널리스트의 리포트에만 의존해 냉정히 기업을 바라보고 투자하기 어려웠던 환경에서 투자자들의 다양한 의견이 시장에 전달되어 투자에 도움을 주고 있다.

다양한 공부를 통해 시장과 기업을 보는 눈이 생기면 이를 통해 자신만의 투자방법을 수립할 수 있게 된다. 어느 것도 마찬가지지만 공부가 없는 주식투자는 지속적인 수익을 보장하지 못한다. 주식투자에 대한 공부는 처음부터 올바른 방식으로 시작해야 한다. 그렇지 않고 이상한 방식이 굳어지게 되면 운동처럼 그 방법을 고치기가 쉽지 않게 된다.

주식투자에 대한 공부는 몇 가지로 나눌 수 있는데, 이것들이 고루 이루어져야 한다. 즉 기본적 분석 및 기술적 분석과 더불어 자금관리와 심리에 대한 공부가 더해져야 한다. 이를 통해 소중한 자금을 지키고 심리영향을 최소화하면서 높은 수익률을 기대할 수 있게 된다. 앞서 지적한 바와 같이 기본적 분석과 기술적 분석에 대한 공부를 통해서 수익이 안정적으로 나지 않는 이유는 투자에 있어서 가장 중요한 두 가지 공부 – 심리 및 자금 관리에 대한 공부를 해야함을 모르고 이를 하지 않았기 때문이다.

① 우량기업의 가치를 찾아내는 기본적 분석
② 종목의 매매타이밍을 잡는데 필요한 기술적 분석
③ 투자자금을 분배하고 리스크를 관리하는 방법
④ 주식시장의 변동성에 따라 변화하는 심리를 다스리는 방법

이 네 가지 기둥으로 공부의 토대를 쌓아야 무너지지 않는 튼

튼한 주식투자 방법론을 세울 수 있게 된다. 여기에 더 나아가서

⑤ 경제 상황의 큰 그림을 그리는데 필요한 경제공부까지 그 영역을 확장시켜야 한다.

언제 다섯가지 분야 공부를 하나 벌써부터 머리가 아픈가? 특히 기본적 분석은 재무제표를 공부해야 하므로 배우기도 어렵고, 배워도 어떻게 적용하는지, 그리고 적용을 한다고 또 100% 맞지도 않고 등 여러 이유로 공부에 엄두조차 내지 못하는 경우도 생긴다. 그래서 주식공부라 하면서 대부분의 투자자들이 달랑 기술적 분석에만 매달리는 경우를 많이 보게 된다. 차트로 이루어진 기술적 분석은 시각적이어서 상대적으로 이해하기 쉽고, 타이밍을 잘 이용하면 쉽게 수익과 연결될 것처럼 보이는 등, 즉시 활용이 가능해 보여 많은 투자자들이 대부분의 시간을 차트 익히는데 할애한다. 한편 경제공부는 경제라는 거시적 단어에 이미 기가 질리고, 자금관리 및 심리공부는 그런 것이 왜 필요한지, 필요해도 어디서 어떻게 공부해야 하는지 알지 못하는 투자자들이 대부분일 것이다. 어쩌면 이 책을 통해 그런 것도 공부해야 하나라고 처음 알게 된 투자자도 있을 것이다.

그렇지만 해야 한다. 주식으로 수익을 내고자 한다면 반드시 다섯가지를 공부해야 하고, 이를 위해서는 스스로 시간을 쪼개 방안을 찾아야 한다. 냉정히 이야기해서 공부할 자신이 없으면 직접투자를 하지 않는 것도 하나의 방안일 수 있다. 주식투자는 제시 리버모어의 말처럼 결코 게으른 사람의 게임이 아닌 것이다.

2) 주식공부 시간 활용법 - 몰아쳐 공부하기

직장인들이 주식투자에 대한 공부를 지속한다는 것은 생각만큼 쉬운 일이 결코 아니다. 그러나 공부 없이 좋은 투자를 하기 어려운 상황을 계속 설명했다. 따라서 효율적인 시간관리를 통해서 공부할 수 있는 방안을 찾아야 한다. 본업인 직장생활에 충실하면서 자투리 시간을 이용하여 주식관련 공부도 해야 하고 투자도 해야 하므로 효율적인 관리가 이루어지지 않으면 소위 죽도 밥도 되지 않게 된다.

직장인들의 특성상 본격적인 공부는 주말을 활용하는 방법이 가장 효율적이다. 자신만의 편안한 기법을 찾을 때까지 일단 주말을 희생한다는 각오가 필요하다.(가까운 지인은 대학원에 등록했다 생각하고 일정 기간 공부를 하겠다며 가족들에게 양해를 구했다고 한다.) 그 다음엔 조금씩 짬을 내면 된다.

커리큘럼을 작성하여(혼자 하기 어려우면 전문가의 도움을 받는 것도 좋다. 공부의 피드백을 받을 수 있기 때문이다.) 순서대로 책을 읽고 한 종목, 한 종목 알아 간다는 생각을 가지고 공부를 시작하기 바란다. 익숙치 않은 분야이기 때문에 시작하기가 무척 어려울 수 있다. 처음엔 책 한권 읽는 것도, 한 종목을 공부하기도 쉽지 않을 것이다.

그러나 이 과정을 넘어서는 것이 매우 중요하다. 많은 투자자들이 처음에는 공부를 해야 한다는 당위성을 인식하고 공부를 시작하지만, 곧바로 주말에도 쉬지 못하는 현실적인 어려움에 직면하면서 상당수가 포기하고 만다. 그리고 정보를 찾아 매매하는 쉬운 길 또한 많기 때문에 많은 투자자들이 그 유혹에 굴복하곤 한다.

이를 방지하기 위해서는 굳은 마음으로 최소 6개월 이상 고생할 각오를 권한다. 적(종목)을 알고 나(나의 지식, 심리, 자금관리)를 알아야 싸움(투자)에서 이길 수 있는 법, 적을 알아가는 과정은 꼭 필요하다. 그리고 공부가 일정 수준 완성되기 전까지는 성급히 매매를 시작하지 말자. 성급한 매매는 실패로 이어질 확률이 커지는데, 이는 심리에 진 것이라 할 수 있다. 조바심을 버리는 것도 공부 중 하나다. 조급한 마음을 가라 앉히고 어느 정도 주식시장을 배울 때까지 모의 투자나 소액투자를 하면서 '공부에 집중하겠다'라고 마음을 먹어야 한다. 더군다나 지금까지 잘못된 방식으로 매매를 했던 투자자라면 새로 시작한다는 마음으로 올바른 공부를 실천함으로써 재정비의 과정을 고려해 보기 바란다.

지금까지 주식투자에 관한 공부 이야기를 하면서 일반적으로 투자자들이 생각하는 방식과 다른 점을 발견했는가? 여기에는 매일매일 시장을 보거나 그날그날 시황과 종목에 대해 관찰하라는 이야기가 없다. 이는 많은 투자자들이 주식투자를 시작한 이후, 마치 일과처럼 되어 있을 것이다. 일부 투자서적들은 그러한 점에 중점을 두고 이야기를 하기도 한다. 그러나 여기서는 그러한 이야기를 언급하지 않았다.

앞서 직장인 투자자는 주식시장과 떨어지는 법을 배워야 한다고 이야기한 바 있다. 그런 방법은 매일매일 시장을 관찰하지 않아도 되는 방법을 찾는 것이다. 올바른 투자를 위해서 매일

매일 시장을 보는 습관을 줄이고, 주말 등에 이성적으로 차분하게 집중해서 공부하고, 한 주 한 주 투자계획을 수립하고 실천하는 방안을 찾는 것이다.

책 읽기

주식투자를 분야별로 배워야 하는 것들에 대해서는 많은 것들을 앞서 언급했는데, 그 배움의 일환으로 가장 손쉽고 먼저 해야 할 일이 – 증권방송이나 정보를 찾는 것이 아니고 – 증권관련 좋은 책을 잘 선정해 읽는 것이다. 책은 대가들이 많은 노력을 들여 주식시장을 분석하여, 실제 투자를 하기 위한 철학과 노하우 등이 녹아 있어 투자자들에게 좋은 길잡이가 된다. 이를 통해 많은 것을 배우고 이를 토대로 실천해 가면 자신만의 투자법을 찾을 수 있게 되고 또한 이를 더욱 공고히 할 수 있게 된다.

그러나 적지 않은 투자자들이 책 한권 읽는 것도 부담스러워 하며 잘 읽지 않는 것이 현실이다. 주말 시간이나, 지하철 등에서 시간활용을 하면 읽을 수 있음에도 불구하고, 실천하기가 말처럼 쉽지 않다. 그러나 주식으로 수익을 내려면 없는 시간도 쪼개야 한다고 생각한다. 노력 없이는(한 두 번의 행운은 있겠지만) 꾸준한 수익은 없기 때문이다. 과정이 힘들수록 성과는 크기 마련이다.

시중에는 많은 책들이 나와 있어 투자자의 수준별, 성향별로 공부할 수 있는 책은 충분히 있다. 직장인이라는 특성상 없는 시간을 쪼개야 하므로 그 많은 책들 중 자신에게 꼭 맞는 책을 선정해서 읽는 것이 필요하다. 그러나 여기저기 참고를 해봐도 어떤 책부터 어떻게 읽기 시작해야 할지 판단하기 어려운 것이 현실이다.

워렌 버핏을 필두로 유명하고 다양한 국내외 펀드매니저, 나는 이렇게 돈을 벌었다는 식의 책, 그리고 다양한 매매 기법을 이야기하는 책 등 분야도 다양하고 종류도 많아서 혼란을 느끼게 된다. 증권관련 서적을 선정하기 어려운 이유는 주식투자 공부에 대한 커리큘럼이 특별히 없다는 것도 한몫하고 있다.(다양한 책들 중 투자자별 상황에 필요한 책을 조언 해주는 멘토가 없다는 것이 안타까운 현실이다. 이러한 멘토가 되려면 많은 책을 읽어야 하는데, 책을 많이 읽은 조언자들이 많지 않기 때문이다.)

초급자일수록 어디서부터 시작을 해야 하는지 더욱 막막하기만 하고 혼란을 느낄 것이다. 이는 주식투자를 오래했어도 비슷하다. 그래서 대부분 이름을 들어본 대가들의 책부터 손이 먼저 가게 된다. 아니면 광고에서 인기있다는 책에 - 자신의 투자관과 다르다 하더라도 - 손이 가기도 한다. 그러나 무조건 대가들의 책을 두서없이 읽는 것은 자신의 투자 정체성을 찾아가는데 크게 도움을 주지 못한다.

한편 대가들의 책은 기초지식이 없으면 제대로 이해하기 쉽지 않은 경우가 많다. 워렌 버핏이나 벤자민 그레이엄, 피터 린치 등의 책들은 꼭 읽어 봐야 하지만, 그들의 뜻을 정확하게 이해하지 못하면 실제 매매에 적용하면서 그들의 방식과 우리가 할 수 있는 투자의 방식이 다르다는 현실적인 괴리를 많이 느낄 것이다.

직장인은 유명인사들이 돈을 많이 벌었다고 해서 그들을 따라 하는데 주안점을 두고 책을 보기 보다는 전체적인 체계를 잡아서 공부를 한다는 생각으로 순서를 정해 차근차근 읽는 것이 중요하다. 또한 주위에서 좋다고 권하는 책을 무조건 읽기 보다는 자신에게 맞는 수준인지 확인하고 읽는 것이 중요하다. 소개해준 사람과 자신은 투자에 있어서 여러 차이가 있을 수 있기 때문이다.

또한 자신의 부족한 부분을 보완해줄 책을 스스로 직접 살펴보고 자신에게 맞는지 확인하고 결정하는 것이 필요하다. 그래야 자신에게 맞지 않는 책을 끙끙대며 읽는 시행착오를 줄일 수 있다.

증권관련 책은 크게 다음과 같은 분야별로 나눌 수 있다.

① 기본적 분석에 관한 책

② 기술적 분석에 관한 책

③ 가치 투자에 대한 책

④ 성장주 투자에 대한 책

⑤ 차트를 이용한 투자에 대한 책

⑥ 매매심리를 다룬 책

⑦ 위대한 투자자들의 경험을 담은 책

⑧ 산업과 업종에 대한 이해를 다룬 책

⑨ 사회의 트렌드 변화를 이해하는 책

⑩ 경제를 분석하는 책

⑪ 글로벌 경제를 이해하는 책

⑫ 환율, 금리, 채권 등에 대한 책

⑬ 해외 증시를 분석한 책

⑭ 테크니컬(데이트레이딩 등)한 트레이딩을 다룬 책

⑮ 선물, 옵션, ETF 등 파생투자에 대한 책

⑯ 퀀트 투자와 시스템트레이딩에 대한 책

다소 많은가? 분야를 구분하는 것은 책 읽기의 중요한 출발점이 된다. 주식관련 책들을 올바로 구분하고 인식해야 자신의 수준에 따라 어떻게 책을 읽어 나갈지에 대한 계획을 세울 수 있기 때문이다.

복잡해 보이지만 16개 정도의 카테고리로 책 읽기의 분야를 정리할 수 있다. 비록 구분이 명확하지 않더라도 각 부분을 나누어 생각하는 것은 매우 중요하다. 이러한 노력이 선행되어야 현재 자신이 어떠한 분야의 책을 읽고 공부를 하고 있는지 알게 된다. 책은 각 파트별로 균형 있게 읽는 것이 중요하다. 가능한 한 모든 분야의 책을 최소한 한권 이상씩은 읽어서 전체적인 감각을 키우고 그 다음에 자신의 성향과 투자방법에 맞는 책을 집중적으로 읽어가는 방식을 권한다.

시작은 투자의 기초가 되는 기본적 분석과 기술적 분석의 책을 먼저 읽고, 대가들의 경험과 실전 관련 내용 등을 익히면서 마지막으로 매매에 있어 가장 영향을 미치는 심리에 관한 부분 순서로 읽기를 권한다. 그후 다양한 분야로 확장해야 한다.

처음부터 한 부분 만을 너무 깊게 들어 가거나 다른 부분을 무시해 버리면 나중에 균형감각을 찾는 데 오히려 방해가 될 수 있다. 간혹 우연히 읽은 한 대가의 방식이 자신의 마음에 든다고 그 부분만 집중 하는 투자자들이 있는데, 이는 조심해야 한다. 투자자는 일단 시장에 나와 있는 과정을 차근차근 배우고 나서 자신에게 맞는 부분을 집중해서 공부하길 바란다.

투자자들에 종종 듣는 이야기가 책을 좀 읽으니 오히려 혼란이 온다고 하는 경우이다. 이 책을 읽으니 이렇게 투자하라 하고, 다른 책을 보니 다르게 투자하라 하고, 심지어 바로 전에 읽었던 투자내용을 지금 보는 책에서는 잘못된 방식이라고 부정하니, 도무지 어떻게 해야 하는지 헷갈리고 방향을 잡을 수 없어서 책을 안 보니 만 못하다고 이야기하는 것이다.

자기가 주식에 대해 너무 몰라서 그런 것 아닌가 하고 걱정하기도 하는데, 이러한 현상은 주식투자에 관해 공부를 시작하는 투자자라면 대부분 겪는 일종의 '통과의례'라 할 수 있다. 책을 읽고 혼란이 생겼다는 것은 책을 통한 투자의 지평을 넓히기 직전에 와 있는 것이라고 생각해야 된다.

주식투자는 알다시피 다양한 투자방법이 있다. 책은 저자의 투자 성향에 따라서 가치투자를 중심으로 기술되어 있거나, 성장주 투자나 차트를 선호하는 투자 등 각자 방식을 중점으로 기술된다. 이러한 각자의 투자방식을 강조하다 보면 다른 투자 방식에 대해 비판적인 시각의 기술이 되기도 하는 것이다. 그래서 두서없이 몇 권 보기 시작하는 단계에서는 일관된 이야기를 읽을 수 없어 혼란을 느끼게 되는 것이다. 대략 5~6권 내외의 책을 읽은 분들이 이런 혼란에 마주하게 되는 것 같다. 대부분의 투자자들이 책을 잘 안 보는데, 혼란을 느끼는 분들은 그나마 책을 보겠다고 하는 분들이다. 그런데 애석하게도 여기서 혼란을 느끼며 책 읽기를 그만 두는 경우가 생기게 된다. 그래서 책을 처음부터 분야를 구분하여 읽어야 함을 강조했다. 구분을 통하여 이 책은 '이런 분야를 중점적으로 설명하고 있구나'라고 이해하게 되어 혼란을 최소화할 수 있기 때문이다.

책을 읽는다는 것은 다양한 투자방법을 익히고, 그 중에서 자신에게 맞는 투자방법을 찾아가기 위함이다. 혼란이 온다고 책 읽기를 그만 둬서는 절대 안된다. 오히려 더욱 열심히 다양한 책을 읽어야 하고, 그러다 보면 어느 순간 주식에 대한 시야가 갑자기 넓어지면서 전반적인 체계가 잡히게 된다. 임계치를 넘어야 하는 것이다. 나는 최소한 10권 이상의 책을 읽기 까지는 혼란을 충분히 감수하라고 이야기한다. 최소한 이를 넘어서야 전체적인 윤곽이 들어오고 하나의 몸통에서 가지가 뻗어 나와 표현만 다르다는 것을 느끼게 되기 때문이다. 이러한 수준이 되면 어떤 책을 손에 잡든지 책에서 중점을 두고 말하고자 하는 바를 알게 되고 자신에게 필요한 부분이 집중적으로 눈에 들어오게 된다.

"고기 잡는 방법은 고기 잡는 책만 읽는다면 알 수 없다. 그러므로 주식투자법에 관한 책만 본다고 투자를 잘할 수는 없다. 시행착오를 겪으며 배우는 실전지식이 무엇보다 중요하다."

(100만원으로 시작하는 실전가치투자 / 지윤석 지음 / 중앙경제평론사 / P44)

한편 독서의 장점을 아무리 강조해도 실제 책을 읽는 투자자의 수가 많지 않다. 다양한 이유가 있겠지만 이론서이다 보니, 안 읽던 책을 갑자기 보기가 현실적으로 쉽지 않고 책 읽을 시간 내는 것이 쉽지 않을 것이다. 시간이 없는 점은 누구나 마찬가지이다. 한때 팟 캐스트의 진행을 위해서 약 2주 간격으로 새로운 책을 읽어야 했었다. 일 속에서 어떻게든 방송이라는 이유 - 목적이 있으니까 시간을 내서 읽었던 것이다. 난 주로 지하철에서 책을 읽었다. 시간은 각자 만들어야 한다.

"하고자 하면 방법을 찾고, 하기 싫으면 핑계를 찾는다."

(누군가에게서 들은 격언)

최근에 투자자들이 꼭 읽어야 한다고 생각하는 좋은 책들이 판매부진으로 조기에 절판되는 상황을 보면 안타깝기 그지없다. 주식으로 돈을 벌겠다고 다짐한 분들이 책조차 읽지 않는 것을 보면 어떻게 받아들여야 할지 난감할 따름이다.

신문 몰아 보기

요즘은 뉴스를 스마트폰 등을 통해 보기 때문에 종이신문을 보는 분들이 많지 않다. 그러나 주식투자를 하겠다고 마음먹은 이상 경제신문을 구독해야 한다고 생각한다. 경제 및 산업 흐름에 대한 전체적인 분위기를 한 눈에 파악할 수 있고, 심지어 광고조차도 관심기업의 변화를 파악하는데 도움을 주기 때문이다. 그리고 주요 테마나 정부 정책 등에 대해서는 스크랩 등을 통해서 깊게 공부하는데 도움을 받을 수 있다.

신문은 회사에서 쉽게 볼 수도 있겠지만, 가능하면 개인 비용으로 집에서 구독할 것을 권한다. 그래야 마음대로 기사 스크랩과 보관 등 자유롭게 활용할 수 있기 때문이다. 과거 직장을 다닐때는 매일 출근시 집으로 배달된 신문을 들고 가서 사무실에서 개략적으로 봤다. 중요 부분에 밑줄도 그으면서 편히 보고, 다시 가지고 퇴근하여 보관해 두었다가 주말에 한번 더 봤다.

매일매일 신문을 보면 일상적인 일이 되어 그때그때의 단편적인 지식만 머리에 남고 큰 그림이 잘 그려지지 않는다. 특히 경제적인 이슈나 다소 복잡한 흐름은 웬만한 경제 지식이 없는 경우 짧은 시간에 잘 이해하기 힘들다. 또한 정독이 필요한 긴 분석 기사는 근무시간과 맞물려 사무실에서 오랜 시간 차분히 볼 수 없는 현실적인 어려움도 한 몫한다. 그래서 신문을 모아 주말에 다시 보는 것을 권한다.

주말에 시간을 두고 다시 신문을 보면 다양한 사항에 대해 큰 그림을 그리는데 많은 도움이 된다. 하나의 이슈가 발생하면 신문은 몇일을 두고 기사를 만들기 때문에 이를 모아서 한번에 몰아 보면 어떤 방식보다 수월하게 좋은 지식을 습득할 수 있다. 신문을 전부 다시 볼 필요는 없고, 기획 기사나 이슈 등을 매일 스크랩하고 주말에 몰아보면 좋은 정리가 된다. 또한 세계경제 동향이나 산업의 흐름, 이슈 등 기사를 몰아보면 웬만한 책보다 깊이도 깊고 현실적인 시야가 넓어지는 경험을 하게 된다.

한편 투자자가 경제신문을 볼 때 가장 관심이 가는 부분이 '증권면'이 되어서는 안된다. '증권면'보다는 '산업면'을 중심으로 해서 경제, 특집기사 등을 중점으로 보아야 한다. '증권면'은 단순히 증권시장의 흐름을 파악하는 정도로만 가볍게 보고, 언급된 종목들도 특이사항 정도로만 이해하고 넘어가야 한다. 가장 오해하는 부분이 '증권면'에 언급된 종목을 무턱대고 매수하는 것이다. '증권면'은 증권시장의 이슈를 다루는 곳이지 추천종목을 알려주는 곳이 아니니다.

투자자들에게 가장 도움이 되는 섹터는 산업면이다. 사업의 전반적인 흐름을 이해할 수 있고, 새로운 기술 개발이나 산업의 변화를 알 수 있기 때문에 실제 투자에 도움을 많이 받게 된다.

3) 전자 공시 읽기

투자자는 자신이 투자하는 기업의 변화 내용을 주의 깊게 잘 살펴야 하는데, 이를 위해서는 금융당국이 공개적으로 모든 투자자들에게 발표하는 '공시자료'를 자주 살펴봐야 한다. 상장기업은 기업의 실적과 기업 내의 주요변동사항을 투자자들에게 의무적으로 '공시(公示)'하도록 규정하고 있다. 공시 자료는 금융감독원 전자공시시스템(http://dart.fss.or.kr)에 가면 언제든지 무료로 열람할 수 있다.

잘 알려진 바와 같이 워렌 버핏은 각종 회사 보고서를 집에 싸들고 가서 읽는다라고 하는데 이때 그 보고서는 증권사에서 나오는 기업분석 리포트가 아니라 바로 기업이 공시한 공시 보고서이다.

"주식투자 실력을 키우기 위해서 무엇을 해야 하냐고 필자에게 질문한다면, 주저없이 전자공시 시스템의 기업실적 보고서에 있는 사업내용을 자세히 그리고 꼼꼼히 읽으라고 추천한다."

(주식 고수들만 아는 애널리스트 리포트 200% 활용법 / 김대욱 지음 / 스마트비즈니스/ P133)

공시자료는 개인이나 기관, 외국인 투자자 등을 차별하지 않고 투자자 모두에게 동시에 발표되는 사항으로 이는 기업내부에 대해 다양하고 중요한 정보들을 많이 담고 있다. 특히 기업이 회계 마감 후 일정 기간 이내에 발표하는 실적을 나타내는 보고서〈분기(45일 이내), 반기(45일 이내), 연간(90일 이내)〉는 꼭 챙겨봐야 하는 자료라 할 수 있다.

공시자료에는 회사의 개요와 사업의 내용 그리고 실적을 나타내는 각종 재무제표 등이 자세히 나와 있다. 사업의 내용은 국내외 사업영역, 매출 구조, 점유율 등 회사를 속속들이 들여다볼 수 있는 자료를 포함하고 있다. 또한 재무제표와 이를 자세히 설명한 주석사항은 회사의 영업활동에 따른 현재의 재무상태를 파악할 수 있게 해 준다. 그리고 회사에 중대한 영향을 미치는 사항, 즉 매출 및 영업이익의 변화, 영업실적, 각종 증자 및 M&A 등 경영상 중요한 변동 등에 대해서도 정기공시 이외에 수시공시를 통해 투자자에게 제공하고 있다.

관심이 가는 회사의 내용을 파악할 때, 먼저 공시자료에서 회사의 전반적인 내용을 파악한 후 증권사 리포트를 통해 애널리스트의 분석의견 등을 참고하여 종합적인 판단을 하기 바란다.

처음 공시자료를 읽기에는 시간이 다소 소요되므로 주말에 관심 있는 한두 기업 정도씩 보는 방법이 효율적이다.(한 눈에 안 들어오면 프린트를 해서 읽는 것이 좋다. 장수가 많은데, 웬만한 기업도 A4 기준 수십장은 족히 된다.)

최근 공시제도가 법적으로 더욱 강화(투명)되면서 회사가 기업의 실적을 미리 담당 애널리스트나 기관 투자자들에게 흘리지 못한다. 따라서 기업의 공시자료는 모든 투자주체들이 발표시점에 공정하게 동시에 접하게 된다.

중요하게 생각해야 할 것이 일반투자자들이 공시자료 보기를 게을리하면 다른 투자에 비해 스스로 정보와 멀어지게 된다는 점이다. 동일하게 공표가 되기 때문에, 개인 투자자가 이를 챙기지 않으면 기관 등에 비해 정보가 뒤처지게 되는 것이다. 특히 실적 등의 변화를 민감하게 받아들이지 못해 주가 하락의 원인을 다소 늦게 파악할 수도 있게 된다. 최근엔 이러한 문제점에 대해 거래소에서 '앱'을 개발하여 관심종목을 등록해 두면 해당기업의 공시가 나올 때 '알리미' 서비스를 제공하고 있으니 참고하기 바란다.

애널리스트들은 공시 자료를 토대로 기업 리포트를 작성하므로 이를 잘 읽으면 애널리스트의 의견을 독해하는데 도움이 되어 기업 리포트를 참고 자료로 잘 활용할 수 있게 될 것이다.

4) 증권사 리포트 활용

증권업계에는 업종과 개별기업 그리고 경제상황 등을 분석해서 투자의견을 제시하는 '애널리스트'라는 독특한 분야가 있다. 애널리스트는 전문적인 지식을 바탕으로 각각 담당 분야를 끊임없이 관찰, 조사하고 기업 및 현장에 대한 탐방 등을 실시하여 분석 업무를 수행한다.

이들은 소속된 증권회사를 통해 자신의 담당 분야에 대한 분석 자료를 주기적으로 발표한다. 업종 및 기업에 대한 실적 예측과 더불어 투자의견과 목표가도 제시하기 때문에 높은 신뢰를 바탕으로 일반 투자자들은 물론 외국인 및 기관 투자가들도 이들의 리포트를 많이 참조하게 된다. 불확실한 증권시장에서 믿을 만한 자료가 증권사에서 나오는 다양한 형태의 리포트라 할 수 있다.

증권사에서 발표하는 리포트는 크게 경제 상황에 대한 리포트와 업종 및 기업(종목)에 대한 리포트로 구분할 수 있다. 이들 리포트는 투자자들이 활용을 달리해야 한다. 따라서 그 활용법을 살펴보겠다.

경제상황에 대한 리포트를 내는 애널리스트를 '이코노미스트'

라고 부른다. 그들은 거시적인 관점에서 글로벌 및 국내 경제상황을 체크하여 큰 그림을 그리도록 해준다. 개별 종목과 관련된 리포트는 아니지만, 항상 경제의 흐름을 정확히 이해하고 있어야 그로부터 파생되는 개별 종목의 흐름을 알 수 있기 때문에 이 또한 빼놓지 말고 살펴봐야 한다. 개별 이슈가 부각되면 이에 대한 리포트를 봐야 하겠지만, 그렇지 않으면 한달에 하나 이상은 꼭 정독하여 큰 흐름을 파악할 것을 권한다.

다음은 투자자들이 가장 관심을 가지는 기업(종목) 및 산업에 대한 리포트이다. 종목 및 산업 리포트는 해당업종과 기업의 주요 영업활동에 대한 내용과 전망, 회사의 전략과 최근 각 분기별 실적, 이를 토대로 향후 전망 등을 분석하고 기업의 주가 향방을 고려하여 애널리스트가 나름대로 선정한 목표가를 제시하고 있다. 아무래도 기업에 대한 분석시간과 능력이 부족한 직장인 투자자들은 이들의 보고서를 참고하고, 그 목표가를 기본으로 매매에 참여하게 된다.

그러나 리포트의 매수 추천과 더불어 해당 기업의 목표가와 현재가의 괴리율(차이)을 보고 매수에 나섰다가 주가의 움직임이 다르게 움직여서 혼란스러웠던 경험을 가진 적이 있을 것이다. 분명 리포트에 의하면 '매수의견'임에도 불구하고 주가가 장기간 움직임이 없거나, 빠지는 경우도 있다. 이러한 경험을 하면 어디까지 리포트를 신뢰해야 하는지 고민에 빠지게 된다. 소위 전문가의 의견을 무시할 수도 없고, 무작정 따라 하자니 주가는 항상 오르는 것도 아니고. 이러한 상황을 몇 번 경험하고 나면 아예 리포트를 불신해 안 보게 되는 경우도 생긴다. (리포트를 읽는 것도 쉬운 것이 아니기 때문이다)

이는 리포트의 특성을 다소 잘못 이해해서 생기는 시행착오라고 할 수 있다. 특히 주식을 시작한지 얼마되지 않을수록 리포트에 강한 의지를 한 나머지, 마치 모든 사항이 리포트에 나온 것과 같이 흐를 것이라고 생각하게 된다. 따라서 투자자는 리포트의 특성을 정확히 이해하고 활용하는 법을 아는 것이 중요하다. 증권사의 다양한 리포트는 소중한 참고 자료이긴 하지만 절대적인 자료로 신봉할 수 있는 것은 아니다. 애널리스트들의 분석을 폄하하는 것은 아니다. 다만 현실적인 상황을 알고 이용하자는 것이다.

"불확실한 상황에 처한 사람들은 자신이 사용할 수 있는 정보를 근거로 과신하는 경향이 있다. 따라서 정보가 증가하면 실제로 나타난 수치는 변화가 거의 없지만 자신의 판단이 훨씬 더 정확해졌다고 믿는다."

(데이비드 드레먼의 역발상 투자 / 데이비드 드레먼 지음 / 신가을 역 / 이레미디어 / P121)

그러면 리포트의 특성과 그 이용 방법을 구체적으로 생각해 보자.

먼저 리포트는 '객관적'이거나 '절대적인 것'이 아니라는 점을 인식해야 한다. 리포트는 경제 및 기업에 대한 애널리스트의 '분석'과 '의견'이 담긴 글이다. 따라서 100% 객관성을 유지한다고 볼 수 없다. 애널리스트도 인간이기 때문에 자신만의 '의견'과 '시각'이 들어갈 수밖에 없다. 물론 그들의 의견은 다른 어떠한 분석보다 깊이가 있고 정확성이 높은 것이 사실이지만 애널리스트의 시각에 따라선 똑같은 현상(회사상황)을 두고도 분석이 달라질 수 있는 것임을 알아야 한다. 분석이라는 것이 앞서 이야기했듯이 예술적 영역에 속하기 때문에 절대성을 부여해서는 투자자가 혼동에 빠질 수 있게 되는 것이다.

한편 애널리스트는 직접 시장에 투자를 하는 펀드 매니저 입장이 아니라 분석을 하고 자신의 의견을 발표하는 입장이라는 점도 알아야 한다. 애널리스트의 분석의견을 참조하여 투자를 시행하고 시장의 변동성에 대응하는 것은 투자자의 몫이다. 그러므로 투자자는 리포트의 논리를 따라 가되, 다양한 외생변수를 감안하여 투자자 자신의 의견을 덧붙여 활용해야 한다.

"목표주가와 적정주가는 사실 비슷한 개념이지만 차이를 설명하자면 '목표주가에는 애널리스트의 주관적 판단이 더 많이 개입돼 있다'고 볼 수 있다. 현 주식시장에 대한 애널리스트 개인의 판단과 수급, 경영진에 대한 평가, 투자자들의 해당 기업에 대한 인식 등 주가에 영향을 줄 수 있는 모든 요소들을 애널리스트가 종합해 봤을 때 이 목표가격이 가능하다는 논리다. 또 목표가가 주로 매수 종목에 대한 투자의견을 제시할 때 사용되는 반면 적정주가는 의미상 시장수익률이나 매도 의견에 사용되는 경우가 많다."

(애널리스트 따라잡기 / 정광재 지음 / 매일경제신문사 / P45)

리포트의 또 다른 특징은 현실적으로 '매도의견'이 거의 없다는 것이다. 이것은 투자자들이 평소에 생각하는 가장 큰 불만 사항이기도 하다. 이 점은 애널리스트와 상장 기업과의 관계에서 비롯된 사항으로 이해해야 한다.

모든 기업의 영업활동이 항상 좋을 수는 없다. 즉, 호황과 불황의 사이클을 그리는데, 영업이 불황일때 그런 내용이 알려지는 것을 좋아하는 기업은 당연히 없다. 여기서 애널리스트의 고민이 시작된다.

기업의 영업활동이 주춤해지면 애널리스트도 그 사항을 알 수 있게 된다고 볼 수 있다. 만약 그러한 사항을 리포트를 통해서 공표하고 매도의견을 내게 되면 대체적으로 해당기업에서 큰 반발을 한다. 심하면 소속 증권사에 항의를 하거나 해당 애널리스트의 기업출입에 제한을 주어 원활한 분석 활동을 방해 하기도 한다. 그렇다고 안 좋은 것을 모른 척하고 리포트를 쓰기엔 애널리스트도 곤혹스럽다. 이러한 항의는 해당기업만 하는 것이 아니다. 일부 투자자들의 경우 보유주식에 대해 안 좋은 리포트(어찌 보면 냉정히 평가한 리포트)를 발간한 애널리스트에게 항의하여 업무를 마비 시키기도 한다. 이렇듯 투자자 스스로 애널리스트가 객관적인 분석을 하지 못하도록 방해하고 한편으론 기업의 부실과 주가 하락의 원인으로 애널리스트에게 화풀이(?) 하는 것이다. 서로의 이해 관계 속에서 고민이 될 수밖에 없는 것이다.

"애널리스트는 자신의 의견을 마음대로 피력할 수 없다. 증시상황에 대한 서로의 의견을 지속적으로 교환하고 조율해야 하기 때문에 혼자서만 엉뚱한 의견을 내기도 어렵다. 만약 그들이 특정종목이나 업종, 시장에 대해서 부정적 전망을 하게 되면 관련기업의 영업사원이나 임직원, 기관 투자자들에게 아쉬운 소리를 듣게 된다. 때로는 일반투자자들까지 나서서 항의 전화를 걸기도 한다."

(주식시장의 불편한 진실 / 홍기환 지음 / 필맥 / P260)

다음은 실제 2016.3.31 연합뉴스 기사의 일부이다.

연합뉴스/ 김경림 기자

상장사 IR팀이 회사의 투자 의견을 하향한 애널리스트에게 '탐방 금지령'을 내려 논란이 일고 있다. 31일 금융투자업계에 따르면 한 증권사의 A 애널리스트는 전일 B 기업 IR팀장에게서 이같은 연락을 받았다. 최근 A 애널리스트가 분석 보고서를 통해 이 회사의 투자의견을 기존 매수(Buy)에서 트레이딩 바이(Trading Buy)로, 목표 주가를 20만원에서 11만원으로 내린 데 대한 항의 차원이다.

…….

애널리스트의 기업 탐방을 막는다는 것은 아예 보고서를 쓰지 못한다는 의미다. 지난해에도 C백화점 부사장이 회사 전망을 부정적으로 제시

한 애널리스트에게 협박 전화를 가하는 사건이 있었다. 당시 C백화점 부사장은 또 다른 중소형 증권사의 D 애널리스트가 대기업 면세 후보자들이 받을 점수를 분석한 것과 관련해 항의했다. 이 부사장은 2일 내에 보고서를 홈페이지 등에서 내리고 보고서 내용을 인용한 기자들에게 연락해 하나하나 제거, 보고서 분석이 잘못됐다고 사과문을 게재할 것을 요구해 물의를 일으켰다.

…….

국내 증권사의 한 애널리스트는 "기업들이 애널리스트의 독립적인 판단에 영향력을 행사하려고 한다면 더 이상 제대로 근무하기는 어려울 것"이라며 "시장의 환경과 문화가 먼저 바뀌어야 애널리스트들도 제대로 기업 가치 분석을 하고 제 목소리를 낼 수 있을 것"이라고 말했다.

따라서 애널리스트는 현실적인 방법으로 행간을 이용하여 기업의 변화된 내용을 전하는 경우가 있다. 가장 쉽게 드러나는 것이 목표가의 조정이다. 즉 '목표가 하락'이나 '보유의견'으로 바꾸는 것이다. 예를 들어 현재 주가가 35,000원인 A 기업에 대해서 애널리스트가 매도 사인을 투자자에게 주고 싶다면

'Buy. 목표가 50,000원' → 'Buy. 목표가 40,000원',

'Buy. 목표가 50,000원' → 'Buy. 목표가 미제시',

'Buy. 목표가 50,000원' → 'Hold' 라는 유형의 방식을 대체적으로 이용한다. 이러한 상황이 되면 투자자는 매수를 멈추고 해당 기업을 잘 살피고 필요하면 매도를 고려하라는 의견으로 고민해 봐야 한다. 물론 의견이기 때문에 정확히 들어맞는 것은 아니

지만, 일반적으로 의심스러운 눈으로 살펴보라는 암시로 인식해야 한다. 이때는 그 기업을 분석하는 애널리스트가 여러 명이라면 한 명의 의견에 전적으로 의존하기 보다는 여러 의견을 종합적으로 살펴보는 것이 좋다.

최근에는 과감히 매도의견을 내겠다는 증권사들도 나타나고 있지만 대부분 선언과는 다르게 슬그머니 일반적인 형태로 돌아오는 경우가 많다.

리포트를 활용하는 또 한가지 방법은 기업의 영업실적에 대해 증권가의 전반적인 의견, 즉 컨센서스를 파악하는데 도움을 준다는 것이다. 투자는 기업의 실적을 반영하여 실행하게 되는데 그 실적은 애널리스트들이 추정하는 것을 참조하게 된다. 이러한 부분은 시장의 컨센서스 형태로 나타나게 되고, 만약 실적과 컨센서스에 차이가 발생하면 '어닝 서프라이즈'나 '어닝 쇼크' 등이 발생하여 주가의 변동성을 가져오게 된다. 아무리 애널리스트가(최선의) 추정을 한다고 하더라도 기업내부 조정을 거쳐 발표되는 실적까지 정확히 예측할 수는 없다. 투자자는 기업 실적발표 시즌에는 해당기업의 컨센서스를 미리 체크하여, 실제 실적발표 차이가 발생할 수도 있는 상황에 대비하고 있어야 한다. 기업의 활동 및 재무상황에서 어떤 점이 다른지 빠르게 파악하고 대응하는 것이 이러한 노력을 하는 투자자와 아닌 투자자의 투자수익률 차이를 가를 수 있기 때문이다

리포트는 기관 및 외국인들의 종목 매매 근거로 활용된다

는 점을 앞서 이야기한 바 있다. 이러한 점을 잘 이해하는 것이 중요하다. 저성장 시대에는 성장이 돋보이는 기업이 상대적으로 적게 되고, 따라서 그런 기업은 시장의 스포트라이트를 쉽게 받게 된다. 우량종목이 슬림화 되는 현상이 일어나고 있는 것이다. 그렇게 되면 투자자들이 동시에 몰리면서 단기간에 주가의 상승을 시현하게 된다. 이렇기 때문에 실적 전망에 대한 훌륭한 보고서는 기관과 외국인의 관심을 받게 되어 그들의 투자를 유발하게 되므로, 개인 투자자들도 잘 활용하면 비교적 짧은 시간에 좋은 수익을 얻을 수 있을 것이다.

2

나만의 투자방법 찾아가기

주식투자로 일시적이지 않은 꾸준한 수익을 내기 위해서는 끊임없는 노력과 더불어 자신만의 방법이 꼭 있어야 한다는 점을 계속 강조했다. 물론 자신만의 방법이 있다고 모두가 꾸준히 수익을 내는 것은 아니지만, 중요한 것은 꾸준한 수익을 내는 사람치고 자신만의 방법이 없는 사람을 지금까지 본 적도 들은 적도 없다는 사실이다. 수많은 음식점 중에 맛집으로 성공한 곳은 맛과 서비스에서 자신만의 독특한 방식으로 고객을 끌어 모아서 성공을 이루고 있는 것과 같다고 할 수 있다.

그렇다면 자신만의 투자방법, 특히 직장인 투자자에게 적합한 투자방법을 만들기 위해서는 어떻게 해야 할까? 여러 증권서적과 매체에서 다양한 방법들을 이야기하고는 있지만, 여전히 많은 투자자들이 참 막연하다고 느끼고 있을 것이다.

자신만의 투자 방식을 찾기 위해서는 증권시장을 잘 알아야 하고, 여러 매매방식을 배우고 그 중에서 자신의 성향과 맞는 방법을 찾아서 이를 토대로 매매의 성공 확률을 높여가야 한다. 하지만 정작 자신은 다양한 투자방식이 뭔지 잘 모르고, 일부 안다 해도 이를 실전에 적용하는 과정을 잘 알지 못한다. 또 성공 매매보다는 실패가 더 많아서 계좌가 마이너스인데, 무슨 수로 나만의 방법을 수립할 수 있는가 라고 오히려 되묻고 싶을 것이다. 특히 다른 투자자들과 달리 '직장인 투자자'라는 특수한 사항을 고려한 방법을 찾아야 하는데 이는 더욱 어렵게 느낄 것이다.

주식투자는 여러 가지 방법이 존재하는데, 이제 공부를 시작하여 투자의 틀을 잡아가려고 하는 투자자들에게 이 중 한가지 방식만이 옳다고 처음부터 강조할 수는 없다. 시중에 나와 있는 다양한 투자방식들은 각자 그를 발견한 투자자들이 방향을 제시하는 표지판의 역할만 할 뿐이므로, 투자자는 이를 토대로 직접 스스로의 길을 개척하려는 의지와 목표를 가져야 한다. 당연히 많은 투자자들이 그토록 찾는 완벽한 스승이나 차트, 투자 프로그램, 쪽집게 방식 등은 존재하지 않는다.

자신만의 방법을 찾기 위해서는 몇 가지 과정이 필요한데, 우선 주식시장에 존재하는 많은 성공 투자방식을 배우고, 그것을 익히는 과정을 겪어야 한다. 앞선 투자자들이 부단한 노력으로 성공투자를 위해 발견해 낸 검증된 방식들을 직접 해 보고 자신의 성향과 매매 방식에 어떻게 접목시킬 수 있는지를 고민하고 실천해봐야 하는 것이다. 물론 이들의 방식이 여러분들에게 똑같이 적용될 수는 없다.

"그대로 따라 하는 것은 거의 불가능하다. 왜냐하면 오랜 시간 한 가지 투자방식으로 투자를 해 봐야 그 방식에 대한 확신이 서는데, 다른 사람에게서 주어진 방식은 그런 과정이 없기 때문에 이해도의 세밀함에서 떨어질 수밖에 없기 때문이다. 이는 투자실패를 자처하는 일이다.

나의 조건이나 성향에 맞는 투자방식을 만들었다 하더라도 시장에서 몇 번의 상승기나 하락기를 겪으며 상당기간 수정과 보완의 과정을 거쳐야 나만의 투자방식이 신뢰를 가질 수 있다."

(주식투자 어떻게 해야 하는가? / 송동근 / 행간 / P113)

이러한 점을 고려하지 않고 엉뚱하게도 성공한 투자자들의 매매 방식이 자신과 맞지 않다는 생각을 하고, 배워봤자 소용이 없다는 핑계로 배우기를 중단하는 경우도 종종 있다. 배운다는 과정은 꾸준한 노력과 더불어 시행착오가 필요한데, 주식시장에서의 시행착오는 투자손실과 관련이 있게 된다. 그래서 주식시장이 가진 또 다른 측면, 즉 쉽게 돈을 벌 수도 있다는 핑계(현혹)를 대면서 배우려 하지 않는 것이다. 이는 매우 어리석은 생각과 행동이다.

예를 들어 초밥의 달인에게 배운다고 하면, 달인은 '이렇게 하며 된다'라고 쉽게 대답할 것이다. 그러나 그 말에 따라 해도 처음엔 당연히 잘 되지 않는다. 그래서 또 물으면 '쉬운데 왜 못해'라며 타박하고, 제자는 어찌해야 되냐고, 서로 이야기가 되돌이표처럼 돌게 되고 달인이 비법을 감추고 가르쳐 주지 않는다고 뒤에서 원망을 하게 된다. 이제 상황이 보이는가? 달인은 분명 초밥 만드는 법을 가르쳐 주었다. 그렇지만 달인이 원리를 실행하는 과정에서 밥 짓고, 생선을 다루는 실행 속에 터득한 미묘한 것들은 한번에 쉽게 전수되는 것들이 아니다. 최소 일정한 노력과 과정을 겪으며 인내하고 시행착오를 겪어가면서 이를 통해 나만의 방식을 찾아 가겠다고 다짐하는 것이 아주 상식적인 판단이라 할 수 있다.

유명한 골퍼인 최경주 선수가 TV에서 초보자를 위한 스윙폼을 알려 달라는 문의에, 기초를 설명하면서 지나가는 말처럼 '지금까지 설명한 것은 자신만의 감이므로 다른 사람들은 스스로 익혀야 한다'고 말하는 것을 봤다. 대가가 할 수 있는 중요한 말이라는 생각이 들었다.

전남 담양에 돼지갈비로 유명한 소위 '대박집'을 역시 TV에서 보았다. 그 집은 비법을 알려 달라고 찾아오는 모든 사람에게 흔쾌히 그 비법을 전수해주고 있었다. 어렵게 터득한 비법을 왜 쉽게 알려주느냐의 질문에 사장님은 '어떤 일을 하려면 최소한 사리가 나올 정도로 매진해야 한다'며, '그 과정을 겪겠다는 독한 마음이 없다면 아무리 알려줘도 성공할 수 없다'는 점을 강조했다. 지금까지 많이 가르쳤지만, 결국 자신처럼 하는 집은 전국에 두어 군데 밖에 없다는 것이다. 결국 남들이 성공했다고 하면 그를 배우려는 사람은 많지만 굳은 의지로 실천하겠다는 사람은 소수라는 것이다.

위대한 투자자인 조엘 그린블라트는 단순하지만 뛰어난 아이디어가 돋보이는 '마법공식'을 개발하여 큰 수익을 거두고 그 방법을 책을 통해 발표했다. 국내에 그를 추종하여 매매를 하고자 하는 투자자들이 많이 있다. 그러나 그가 말한 '자본수익률'과 '이익수익률'이라는 개념의 명확한 해석을 두고 서로 다른 의견을 제시하는 글들을 인터넷상에서 보게 된다.

투자자들은 대가들이 하고자 하는 말 뜻을 헤아려서 매매를 해야 함에도 불구하고 단지 그 말에 얽매여 매매를 하는 경우를 종종 보게 된다. 그러다 보니 국내와 다른 환경의 외국 사례다, 혹은 과거 사례다, 펀드매니저의 방식과 개인 투자자는 다르다 등의 다양한 이유로 이들을 멀리하고 그들의 방식을 스스로에게 맞게 적용하는 것을 꺼리기도 한다. 하지만 대가들이 말한 정답, 즉 그들의 방식을 통해 수익을 내기 위해서는 그들의 방식을 바탕으로 투자자 자신에게 맞는 방식을 찾아야 하는 것을 명심하기 바란다. 대가들 모두 다른 방식으로 수익을 거두었다는 사실에 주목하면서.

투자자들이 주식시장을 대처하는 방식은 쉽게 바뀌지 않는다. 지금은 우습게 보이는 1600년대 네덜란드 튤립의 광기는 1999년 그리고 현재에도 계속 반복되고 있다고 말할 수 있다. 우리가 역사를 배우는 것은 인간 삶의 방식이 근본적으로 동일하기 때문에 과거를 통해 현재의 시행착오를 줄여, 변화된 삶을 살기 위함이다. 위대한 투자자들은 감사하게도 그러한 길들을 열어줬고 다양한 방식을 통해 우리에게 전하고 있다. 우리는 그들이 개척해 놓은 길을 따라 걸으면서 스스로에게 맞는 길을 만들어 가면 좀 더 수월하게 수익의 길을 걸을 수 있게 될 것이라고 생각한다.

자신만의 길(방법)을 찾기 위해서는 가장 먼저 현재 자신의 매매상황을 냉정하게 살펴봐야 한다. 본인의 매매수익률 곡선이 중 · 장기적으로 우 상향하지 않고, 변동성이 심하거나 하향세를 그린다면 분명 잘못된 매매를 하고 있는 것이다. 또한 심리적으로 매우 불안한 상태에서 매매를 하고 있다면 그 또한 문제가 있는 것이다. 즉, 자신이 선택한 방법이 효과가 있다는 것을 자신에게 납득시킬 수 있어야 하고, 그 방법을 사용하는데 편안함을 느껴야 한다. 타인의 방식은 나의 방식을 만드는 과정이지 그 자체로써 절대적인 권위를 갖는 것은 아니라는 점 역시 알아야 한다.

트레이더와 투자자는 실행하는 기법과 투자의 방법은 다르다. 이것은 단거리 선수의 훈련이 마라톤 선수와 다른 것과 마찬가지이다. 목표가 다르니 다른 전략이 필요한 것이다.

"주식시장의 잦은 실수는 스스로를 퇴출로 모는 것이다. 누구나 주식시장에서 성공할 수는 없다. 그러나 누구나 커다란 실패를 할 수는 있다. 문제는 실수를 반복한다는데 있다. 흔히 성공을 하려면 깡통을 몇 번 차야 가능한, 즉, 수업료를 내면 가능하다는 류의 이야기를 한다. 변화하지 않고 수업료를 낸다는 것은 아무 의미가 없다. 기존 방식 즉 습관을 버려야 성공의 길로 갈 수 있다."

어떤 투자자

투자자는 자신만의 방법을 찾기 위해서는 먼저 결정해야 하는 사항들이 몇 가지 있다. 가장 중요한 것은 자금의 성격과 그에 따른 투자기간이다. 월급을 통한 잉여자금흐름을 꾸준하게 투자할 것인지, 아니면 여유 목돈을 가지고 투자를 할 것인지, 그리고 어느 기간 투자할 것인지를 먼저 고민해야 한다. 이는 전체적인 윤곽으로 연 몇 %의 수익률을 원하는지와도 관련이 있다. 또한 자신의 성향을 고민해야 하는 것이고 그를 중심으로 맞는 방식들을 찾아 가야 하는 것이다.

1) 장기투자 vs 단기투자

주식시장은 단기적으로 기업의 가치와 주가가 일치하지 않을 수 있지만, 장기적으로 주가는 기업의 가치를 반영하는 곳이라는 대 전제에 대한 믿음을 가지고 시작해야 한다. 이러한 믿음 하에 가치를 반영하는 기간(얼마가 될지는 모르지만)에 투자를 할 것인가, 아니면 가치를 특별히 중시하지 않고 변동성만 집중해서 투자를 할 것인가가 결정될 수 있다.

"가격과 가치의 차이를 인식하지 못하면 '가치투자'라는 용어는 군더더기가 되고 만다. 진정한 가치투자가 되려면 가격과 가치 사이의 관계를 평가해야 한다. 가격과 가치를 비교하지 않는 전략은 절대 가치투자가 될 수 없다. 단지 가격이 상승하리라 희망하는 투기에 불과하다."

(주식 말고 기업을 사라 / 워렌 버핏 지음 / 로렌스 커닝햄 엮음 / 이건 옮김 / 서울문화사 / P23)

많은 직장인 투자자들이 단기의 변동성을 이겨내고자 가치에 기반한 장기투자를 선호하는 경우가 늘어나고 있다. 상담을 하면서 '어떤 투자방식을 선호하는가'라는 질문에 약 90% 이상이 장기 가치투자를 원하다고 대답을 하기 때문이다.

그런데 좀 더 이야기를 하다 보면 많은 투자자가 가치투자의 개념과 장기투자의 개념을 잘못 알고 있음을 느끼게 된다. 즉 정확한 이해 없이, 무분별한 트레이딩과 대비되는 개념으로 장기투자를 선호한다고 말한다는 인상이 강하게 느껴지는 것이다.

장기투자 → 안전투자 → 성공투자 → 좋은 투자라고 생각하고, 단기 투자는 불안정한 투자 → 성공할 수 없는 투자 → 나쁜 투자 라는 이분법적인 말을 하는 경우가 많다. (그런데, 장기투자를 원한다고 해서 장기투자를 할 종목을 권해주면 주식을 못 고른다고 -남들은 단기간에 잘 오르는데, 자신의 종목은 지금 안 오른다고 화를 내는 분들이 있다. 꽤 된다, 정말로!!!) 또한 '가치투자 → 장기투자'라고 오해하는 경우도 많다. 이러한 오해들을 하나하나 살펴보자.

투자자들 중 흔히 장기투자라고 하여 '절대적 긴 시간'을 이야기하는 분들이 있다. 성공확률을 높이기 위해서 시간적으로 무조건 장기투자를 해야 한다고 생각하는 것인데, 예를 들어 4~5년이면 장기, 그 이하이면 단기라는 식으로 나누기도 한다. 하지만 이는 옳은 방식이라고 할 수 없다. 장 · 단기의 구분은 단순히 절대적인 시간이 아니라 투자자의 성향과 투자에 대한 인식에 따라 구분되어야 한다.

일반적으로 가치투자는 먼저 기업의 적절한 가치를 평가한 후 그 기업의 주가가 기업의 가치보다 저평가(낮게) 되었을 때 주식을 매수하고, 주가가 그 기업의 가치만큼 평가를 받거나 혹은 고평가(높게) 되었을 때 주식을 매도하는 전략을 말한다. 그 가치가 무엇이냐에 대한 논의는 많이 있을 수 있다. 이 중 어떤 가치에 중점을 두는가는 투자자 자신이 정해야 하며, 기본개념은 적정가치 이하에서 매수, 적정가치 이상에서 매도하는 전략이다.

다시 말해 장기투자는 절대시간을 이야기하는 것이 아니다. 현재 주식시장에서 일치하지 않는 기업의 가치와 주가가 언젠가 서로 일치하는 데까지 걸리는 기간으로 인식해야 하는 것이다. 이러한 기간은 투자자의 판단보다 빠르게도, 혹은 느리게도 올 수 있다. 그래서 언제 올지 모르는 불확실성에 따라 최대한 여유의 시간을 가지고, 즉 장기적인 관점에서 투자를 하는 것이 장기투자의 올바른 자세이다. 장기투자를 각오했지만 시장 상황에 따라 아주 짧은 시간에(시장의 비 이상적인 과열 등으로) 주가가 기업의 가치를 즉시 반영하는 경우도 있다. 더군다나 과열(오버슈팅)이 일어나 주가가 기업의 가치를 추월할 수도 있다. 이럴 때 투자는 장기라는 시간을 따질 것이 아니라 짧은 기간이라도 목적달성(가격=가치)에 따른 수익을 챙겨 매도를 해야 한다. 즉 '가치투자 = 장기투자' 가 되지는 않는다는 것이다. 정리하면 가치투자 → 장기투자가 될 수 있지만, 장기투자 → 가치투자가 꼭 되는 것은 아니다.

주식 투자의 목적은 기업의 가치 변화와 그것의 시장 반영 상황을 활용해서 수익을 내는 것이므로 투자자는 기업의 상태변화를 가장 먼저 주목해야 한다. 최근엔 기업 분석에 대한 연구와 소통이 활발해 지면서 기업 실적에 대한 투자자들의 반응이 과거보다 빠르게 나타나는 경향을 보이고 있다.(인터넷이 발달하지 않았던 70~90년대와 분명상황이 다르다) 즉, 시장의 저평가 국면이 해소되는 시간이 과거보다 빠르다. 이에 따라 투자자는 시간의 계획보다는 투자하고자 하는 종목의 분석을 통해서 목표가격(목표가치)을 설정하고 이를 어떻게 실현할 것인가에 대한 계획을 세워 두는 것이 필요하다. 가치주 투자라면 가치가 시장에 반영되는 시점에 매도 계획을, 성장주라면 성장의 훼손에 따른 매도, 차트를 본다면 트레이딩 스탑 등에 대한 계획을 세우는 것이 매우 중요한 것이지 일방적으로 시간을 정해 투자를 하는 것은 지양해야 한다.

"내가 어떤 회사에 관해 낙관적인 결론을 내리고 주식을 샀을 때와 매도한 때는 크게 두 가지뿐이다. 첫 번째는 주가가 처음 샀을 때에 비해 과도하게 올라 그 회사의 실질가치 보다 훨씬 더 비쌀 때이다. 두 번째는 회사경영이나 영업에 예상치 못한 문제가 생기는 등 여러 가지 이유로 회사의 미래가치가 하락할 것으로 판단될 때다."

(왜 주식인가 / 존리 지음 / 이콘 / P37)

여기서 또 다른 오해를 이야기하면 장기투자는 '주식을 사서 기다리기만 하면 된다'라는 생각으로 즉, 기업의 주가가 통상 쌀 때 사서 기다리다가 비쌀 때 팔면 되는 편한(?) 투자라고 생각을 한다는 것이다. 장기투자는 편안하고, 쉽고, 안전한 방식으로 인식을 하는 경우가 있는데, 이는 잘못된 생각이라 할 수 있다. 오히려 장기투자는 대단히 어렵고, 힘들며 때론 고통스럽고, 매우 위험할 수도 있다. 장기투자를 하기 위해서 투자자는 가치의 변화에 대한 많은 공부와 꾸준한 관리가 필요하다. 또한 시시각각 변하는 투자심리에 대해서도 익혀야 한다. 정확한 내용을 익히지 못하면 올바른 투자를 할 수 없게 된다.

돈의 가격인 금리는 일반적으로 장기 금리가 단기 금리보다 높게 형성된다. 이는 시간이 길어질수록 불확실성이 커지기 때문이다. 주식도 마찬가지이다. 장기 투자자는 긴 미래를 보기 때문에 높은 변동성에 휩싸이기 쉽다.

이를 견디기 위해서는 먼저 기업의 미래 가치를 정확히 판단하는 능력이 필요하다. 이 능력은 기업의 가치보다 현재 주가가 할인되어 있음을 파악하는 것과, 현재의 성장이 꾸준히 이루어져 장기 성과물을 주주에게 나누어 줄 수 있음을 파악하는 것 등이다. 이러한 전제 없이 무턱대고 아무 주식이나 장기투자 한다는 것은 어불성설이다. 또한 기업의 가치를 파악했다 하더라도 다양한 영향으로 변동성을 보이는 주식시장의 흐름을 견딜 수 있는 뚝심이 있어야 한다. 변동성을 이기지 못하고 자그마한 이익에 만족하거나, 언론 등에 의해 조성된 불안감이 휩싸이게 되면 장기 투자는 애초에 불가능하다.

제 2의 워렌버핏으로 불리우는 세스 A. 클라만은 그의 책『안전마진』에서 "가치투자는 엄청난 강도의 노동과 엄격히 지켜야 할 원칙뿐 아니라 장기적인 시각을 요구한다. 가치투자자가 되는데 드는 시간과 노력을 감당할 능력과 시간이 되는 사람은 그리 많지 않다. 오직 그들 중 몇 몇 만이 성공을 위한 마인드를 지닐 뿐이다."라고 투자의 어려움에 대해 이야기하고 있다.

"어떤 주식이 가격보다 가치가 더 높다고 확신하고, 그 회사의 장래를 상당히 낙관 한다면, 투자자는 그 주식을 보통주 포트폴리오에 편입할 수 있다. 이 기법을 실행하는 방법은 두 가지 이다. 하나는 계량적 가치기준으로 측정하여 시장이 전반적으로 낮은 수준일 때 사는 것이다. 다른 하나는 저평가된 개별종목을 발굴하는 기법인데, 시장이 전반적으로 낮은 수준이 아니더라도 사용할 수 있다. 어떤 경우든지, 주식을 내재가치보다 낮은 가격에 매수하는 '안전마진'을 확보해야 한다."

(증권분석 제 3판 / 벤저민 그레이엄 & 데이비드 도드 / 이건 옮김 / 리빙리더 / P519)

또한 투자한 기업에 대해 매수 후 그냥 기다리기만 하는 것이 아니라 끊임없이 관찰을 해야 한다. 기업의 영업환경은 갈수록 치열해지고 있어 다양한 변수의 영향을 받아 처음 투자자가 주목한 사항이 변할 가능성은 매우 높기 때문이다. 이렇듯 장기투자는 결코 쉬운 작업이 아니다.

단기투자의 개념도 좀 더 세분화시켜 이야기할 수 있다. 1~2년의 시간을 두고 매매를 하는 것에서 극단적인 짧은 시간 투자인 데이트레이딩과 스윙트레이딩 등 여러 가지로 나눌 수 있게 된다. 여기서 데이트레이딩 등은 직장인 투자자들에게는 적합하지 않는 방식으로 일단 제외하고 그 이유는 뒤에서 자세히 다루겠다.

투자자가 단기투자를 한다는 것은 시장의 흐름, 즉 투자자들의 단기 심리변화에 따른 시세의 움직임에 따라 투자를 하는 것으로 이해하면 된다. 이 역시 시간이 절대적인 기준이 되는 것이 아니다. 따라서 시간이 아닌 다른 투자자의 심리변화에 맞는 투자 전략을 수립해야 한다.

이는 시장의 변동성을 견뎌낼 수 있는 강한 심장과 발빠른 대처를 요구한다. 모든 투자가 마찬가지이지만, 특히 단기 투자에서 대응은 가장 중요한 요소라 할 수 있다. 단기 투자가 대응을 하지 못하고, 엉뚱하게 장기투자로 변질되면 그때부터 주식투자는 잘못된 길로 들어서게 된다. 변동성을 견딜 마음가짐과 대응할 기술과 능력을 갖추지 못한 상태에서 단지 빠르게 수익을 챙기고 싶다는 욕심으로 단기 투자를 한다면 결코 좋은 성적을 달성할 수 없다. 이는 많은 투자자들이 꼭 명심해야 한다.

이처럼 장·단기 투자는 각각의 특색이 있다. 주로 투자자들이 인식하지 못하고 있는 단점에 중점을 두고 이야기했다. 이는 정확한 인식 속에 투자 방식을 결정하라는 의도이다. 여기서 이야기한 단점들을 충분히 숙지하고 자신이 극복할 방법을 고민한다면 분명 좋은 투자로 이어질 수 있을 것이다.

2) 가치 중심의 투자 vs 기술적 분석에 의한 투자

주식투자에 접근하는 방식은 기업의 분석과 대응하는 방식면에서 크게 기본적 분석에 의한 방식과 기술적 분석에 의한 방식으로 구분하여 볼 수 있다. 기본적 분석에 의한 투자는 기업의 본질가치에 중점을 두는 투자방식으로 가치 변동에 초점을 맞춰 매매를 하는 방식이고, 기술적 분석에 의한 방식은 주가의 움직임을 표시하는 차트를 이용하여 과거와 현재의 움직임에 대한 패턴 등을 분석하여 향후의 움직임을 예측하여 투자를 하는 방식이다. 모두 오랜 세월 많은 투자자들의 주목을 받으며 다양한 투자방정식을 만들어 왔다. 이에 투자자는 자신의 성향에 맞는 방식을 취사 선택하기만 하면 된다. 중요한 점은 투자의 계획 단계에서 이를 결정해야지, 매매 중간에 투자 방식을 바꾸면 안된다는 점이다.

"투자자는 직접(by the Investor)투자를 해야 하며, 자신의 원칙과 지식을 바탕으로(of the Investor) 투자를 해야 한다. 그러므로 투자자의 지식, 믿음, 투자목적이 분명해야 한다. 그러한 바탕 위에서 돈이든 돈이 아니든 투자자가 소유한 자원을 잘 활용하여 가치가 증가하는 자산을 구입한 후, 충분한 시간동안 보유하는 것이 가치투자의 기본 골격이다."

(100만원으로 시작하는 실전 가치투자 / 지윤석 지음 / 중앙경제평론사 / P123)

물론 둘을 섞어서 사용하는 방법도 최근엔 관심을 받고 있다. 중요한 것은 자신이 어디에 중요도를 더 두고 집중해서 매매를 하고 있는지 정확히 알고 투자를 해야 한다는 점이다. 그러기 위해서는 기본적 분석에 대한 투자는 가치에 중점을 두는 것이고 기술적 분석에 의한 투자는 주가의 움직임에 중점을 두는 것임을 알아야 한다.

이 두 방식은 영역이 서로 다르다. 주가가 하락하게 되면 가치투자자는 매수관점 - 안전 마진 확보 개념에서 주가를 바라보게 되고, 차트 투자자는 차트가 돌아서기 까지는 매수를 보류하고 오히려 추세에 편승한 매도를 고려해야 한다. 반대로 주가 상승시 차트 투자자는 그 추세에 편승하여 매수를 하게 되고, 가치 투자자는 가치의 반영 정도에 따라 매도를 고려하게 되는 것이다.

문제는 이를 구분하거나 인식하지 않고 투자자가 그때 그때 시장을 바라보며, 투자자 자신의 생각에 따라 투자를 하려 하는 것이다. 차트에 투자하는 투자자라면 차트가 변하면 반대의 포지션으로 대응을 하는 것이 기본적인 원칙이다. 즉, 상승 추세를 그리던 주식이 추세를 이탈하면 매도를 해야 하는 것이다. 주식 매수의 이유가 상승추세에 편승하는 것이었기 때문이다. 그러나 이 시점에서 일부 투자자는 주식을 매도 하지 않고 주가의 가치를 따지는 가치투자자로 순간 변신하기도 한다.

반대로 가치 투자자는 주식의 가치가 훼손되지 않았으면 보유를 지속해야 됨에도 불구하고 시장의 하락추세에 두려움을 느끼고 - 시장의 조울증 현상을 망각하고 - 불안감에 싸여 주식을 매도하기도 한다.

서로의 영역에 대한 구분이 없는 투자자는 장기적으로 올바른 투자를 하는데 다양한 방해를 받게 된다. 지금까지 많은 투자자들이 이런 명확한 구분없이 상황에 따라 임기응변식으로 매매를 해서 문제가 되었던 것이다. 자신이 지금 어떤 투자를 하고 있는지 그때그때 달리 했다는 것이다. 이 점을 인식하고 고치지 못한다면 훌륭한 투자자가 될 수 없다.

3) 집중투자 vs 분산투자

장 · 단기 투자가 투자자금의 활용에 관한 문제라면, 집중과 분산투자는 투자자들의 자금 분배에 관한 문제이다. 이러한 분배에 대해서도 역시 각각의 장단점을 파악하여 투자자의 성향에 가장 적합한 방식을 정해야 한다.

집중투자는 소수종목의 영향력이 크므로 이에 따라 수익률이 커질 수 있지만, 리스크도 상대적으로 커지게 된다. 즉, 하이 리스크 하이 리턴의 방식이다. 집중투자는 소수 종목 움직임에 따라 전체 자금에 미치는 영향력이 크기 때문에 더 많은 집중과 관리를 필요로 하게 된다.

주식투자에서 수익을 '리스크 프리미엄'의 취득이라는 개념으로 본다면 집중투자가 가지는 의미는 상당하다. 뛰어난 펀드매니저인 이준혁씨는 『좋은 주식에 집중 투자하라』에서 집중투자의 효율성에 대해 이야기한다. 그는 집중투자의 의미는 한 두 종목만 투자하는 하는 것이 아니라, 대략 5종목 이내에서 투자하는 것도 집중투자의 영역에 포함시켜야 한다고 말하고 있다.

반면 '계란을 한 바구니에 담지 말라'는 증시 격언은 분산투자의 중요성을 강조한 말로 분산투자는 종목의 확대를 통해 개별종목의 리스크를 흡수하여 전체 자산의 안정적인 수익을 추구하는 전략을 말한다. 그러나 분산투자도 시장 리스크를 피할 수는 없기 때문에 딱히 리스크가 적다라고 할 수는 없지만, 집중투자에 비해서는 '로우 리스크, 로우 리턴'의 전략으로 볼 수 있다.

"최소한 내가 내 투자 포트폴리오에 대해 가진 견해는 그렇다. 각각의 선택에 자신감이 크면 클수록, 나는 더 적은 수의 기업으로 포트폴리오를 구성한다. 하지만 대부분의 투자자들은 주식과 포트폴리오 구성을 별개로 생각한다.

어떻게 된 영문인지, 기업의 소유권이 미스터 마켓의 기분에 따라 가격이 오르락내리락하는 지분으로 나뉘게 되면, 개인 투자자와 전문 투자자는 이상한 방식으로 생각하고 측정하기 시작한다. 단기적인 사고와 복잡한 통계가 개입되면, 당신이 잘 알지도 못하는 기업들을 많이 소유하는 편이 양질의 사업과 예측 가능한 미래와 염가를 갖춘 5~8개 기업의 지분을 소유하는 것보다 더 안전하게 보이기 시작하는 것이다. 요약하자면 정상적인 수익을 예측하고 개별회사 주식의 가치를 평가할 수 있는 능력과 지식, 시간을 가진 소수의 사람들에게는 더 적은 수의 기업을 소유하는 편이 사실 더 높은 수익과 더 큰 안전과 더 많은 즐거움을 가져다 주는 것이다."

(주식시장을 이기는 작은 책 / 조엘 그린블라트 지음 / 안진환 옮김 / 알키 / P227)

'빨리 가고 싶으면 혼자 가고, 멀리 가고 싶으면 함께 가라'는 격언을 주식시장에 적용하면 빠른 수익을 위해서는 집중투자, 장기투자를 위해서는 분산투자가 적합하다고 바꾸어 볼 수 있다. 이 말의 의미를 잘 새겨보면 집중투자가 잘못되면 멀리 갈 수 없고(파산), 분산투자는 빨리 가지 못할 수 있다(저수익)는 이야기로 봐야 한다.

"이 같은 상한선(종목분산의 상한선)을 높이게 되면 마치 제한속도 이상으로 자동차를 모는 것과 비슷하다. 이렇게 차를 몰면 그렇게 하지 않을 때 보다 목적지에 좀 더 빨리 도착할 수 있을 것이다. 그러나 속도가 높아진 만큼 운전자는 더 긴장하고 경계심을 늦추지 않아야 한다. 이점을 명심하지 않으면 목적지에 더 빨리 도착할 수 없을 뿐만 아니라 자칫 영원히 그 곳에 못 갈 수도 있다."

(위대한 기업에 투자하라 / 필립 피셔 / 박정태 역 / 굿모닝북스 / P204)

집중과 분산의 문제를 정확히 알고 고민한다면 자신에게 적합한 방법을 찾는데 도움이 될 것이다. 주식투자의 시작단계에서 집중과 분산의 방법을 놓고 고민하는 투자자라면 다음의 단계를 밟아갈 것을 권한다.

집중과 분산은 자신의 스타일을 따져서 정하기도 하지만, 그 전에 자신의 매매실력을 기준으로 나누는 것도 중요하다. 투자실력이 중급 이하라면 분산투자를 권하고, 이후 실력이 쌓인다면 집중투자로 나서도 된다고 생각한다. 즉, 투자의 실력이 쌓여서 주식시장의 리스크를 다스리는 실력을 갖추었느냐에 따라 분산투자와 집중투자를 다르게 접근해야 한다.

이런 이야기에 일부 투자자는 투자자금이 작기 때문에 다소 위험하다 하더라도 집중투자로 소위 한방을 노리고, 이후 투자금액이 커지면 그때 분산투자를 통해 리스크와 수익률 관리로 자금을 지키면서 매매를 하겠다고 이야기하기도 한다. 이런 생각을 가진 투자자는 집중투자가 높은 수익달성 가능성이 있지만 그에 따른 리스크의 위험성이 있다는 점과 분산투자는 안정성과 리스크 부담이 적기 때문에 직장인 자신은 분산투자를 해야 한다는 것을 잘 알고 있다고 생각한다. 그래서 자신의 투자방식의 목표를 궁극적으로 분산투자에 두고 있는 것이다.

하지만 이는 잘못된 생각이다. 벌어서 분산투자를 하겠다는 생각은 자금을 조급하게 키우고자 하는 욕심으로 이는 주식투자를 하는 것이 아니라, '희망'에 투자를 하려고 하는 것이기 때문이다.

직장인 투자자는 올바른 분산투자를 통해서 리스크를 관리하면서 장기투자를 해야 한다고 생각한다. 자신의 실력에 대한 냉정한 판단 없이 욕심만으로 집중투자를 하면 돈을 빨리 버는 것이 아니라, 빨리 시장에서 퇴출될 수 있음을 명심해야 한다. 또한 투자의 목표를 수익률이 아닌 절대금액에 맞추게 되면, 마음이 조급해지고, 투자가 힘들어진다. 현재 자신의 상황에 맞게 꾸준히 투자할 생각을 해야지 급하다고 해서 결코 투자가 생각처럼 풀리는 것이 아니다. 분산투자는 이러한 조급한 마음을 비울 수 있게 도움을 준다.

골프를 배울 때 어깨 힘을 빼고 스윙 하는 것을 강조한다. 초보자는 공을 멀리 보내고 싶다는 욕심(고수익)에 힘을 잔뜩 주고(집중투자) 채를 휘두르기 때문이다. 그러나 생각과 다르게 공은 멀리 나가지 않고, 옆구리 통증(투자손실)만 느끼게 된다. 그렇게 되면 몸이 아프니 힘을 줄 수 없어 욕심을 버리고 힘없이(분산투자) 스윙을 하게 되는데, 이때 자신의 생각과 다르게 공이 멀리 날아가는 것(수익)을 보면서 비로소 그 이치를 깨닫게 된다. 대부분의 골퍼들은 이러한 과정을 통해서 올바른 스윙방법을 배우게 된다. 그러나 주식투자자들은 빨리 돈을 벌고 싶다는 생각에 리스크 관리를 할 줄도 모르면서 처음부터 집중투자를 한다. 돈을 잃고 나서도 분산투자의 중요성을 깨닫는 것이 아니라, 오히려 손실을 만회하겠다고 더욱 큰 리스크를 짊어지는 투자를 하곤 한다. 정말 안타깝다.

최근 증시의 흐름을 보면 과거보다 주가 변동성이 커지는 것 같다. 이는 증시의 투명성 확대 및 정보전달 속도의 증가에 따른 기업정보의 반영과정에 인한 것으로 판단된다. 논란의 과정 중에 있는 '합리적 시장가설'이 최근 들어 오히려 그 의미가 높아지고 있다는 것이 나의 생각이다. 시장의 정보가 매우 빠르게 주식시장에 반영되고 있다는 것이다. 그러나 이러한 점이 오히려 직장인 투자자들에게는 불리하게 작용될 수 있다. 정보 반영의 즉시성은 시장과 항상 접하고 있는 투자자들에 해당되는 이야기이지, 시장과 떨어져 있는 투자자들에게는 그 불합리함의 강도가 클 수 있기 때문이다. 집중투자는 이러한 리스크에 노출될 확률이 높기 때문에 더욱 투자에 유의해야 하는데, 직장인의 경우는 대처가 느릴 수밖에 없기에 집중투자 보다는 분산투자로 대응해야 한다고 생각한다.

그러면 '분산투자는 어떻게 해야 할까?' 아니 '올바른 분산투자는 어떻게 하는 걸까?'라고 질문을 바꾸어 보겠다. 투자자들 중 일부는 투자종목을 단순히 나누는 것만 생각하기도 하는데, 이는 분산의 의미를 정확히 알지 못하고 있는 것이다.

분산투자를 하기 위해서는 먼저 업종분산을 해야 한다. 만약 10개 정도의 종목으로 분산투자를 한다고 했을 경우 IT기업으로 10개 종목을 구성하거나 제약 업종으로 5종목을 분산하는 것은 올바른 방식이 아니다.

분산투자는 자금계획 → 업종분산 → 종목분산의 순서로 이루어져야 한다. 투자자는 먼저 자금을 몇 개의 업종에 몇 %씩 투자할 것인지에 대한 큰 그림을 그려야 한다. 대략 3~4개 내외의 업종분산이 적당하다고 생각한다. 너무 많은 업종으로 분산하면 관리도 어렵거니와 자칫 '인덱스 펀드'처럼 될 수도 있기 때문이다. 그 속에서 대략 5~15 종목 내외의 분산투자 계획을 세우는 것이 적당하다. 분산종목이 만약 20개가 넘어가면 이 또한 관리가 현실적으로 어렵게 된다. 종목을 매수하고 관리한다는 것은 해당 종목(기업)의 내용을 파악하고 그 변화를 추적 관리한다는 의미이다. 종목수가 많아지면, 특히 직장인의 입장에서는 일일이 체크하기가 더욱 힘들게 된다.

"너무 많은 종목을 관찰하다 보면 시간에 쫓기게 되는데, 그렇게 되면 다른 유망주를 지속적으로 찾아내는 일을 할 수 없게 된다. 물론 다른 유망주를 찾아내기 전까지는 기존의 포트폴리오에 들어 있는 주를 관찰하며 자금의 여유가 있는 한 계속 그 주식을 매수해야 한다. 그러나 조사도 완벽하고, 성장주라는 확신도 있는데다, 더 이상 기다리다가는 기회를 놓칠 것 같은 시기가 오면 기존의 포트폴리오에 들어 있는 주식과 비교해 보고 더 나은 쪽을 보유하기로 결정 내린다. 즉, 바꿔치기를 할 수 있어야 한다는 것이다."

(행운의 투자클럽 / 테리 본드 지음 / 최기철 옮김 / 미래의 창 / P120~121)

분산투자를 하다 보면 매력적인 종목이 생길 때 마다 계속해서 투자종목수가 늘어나는 투자자도 있다. 종목이 늘어나다 보면 투자금액의 비중도 줄어들어 관리도 되지 않게 되고, 투자 절대금액도 작아져서 방치되는 종목이 생겨나기도 한다. 그러한 점을 방지하기 위해서는 분산투자하려는 최대 종목 수를 정하는 것이 필요하다. 즉 10종목을 투자한다고 정했을 때, 11번째 매력적인 종목이 나오면 기존의 10개 중 하나를 탈락시키고 11번째 종목의 편입을 고민해야 한다. 이 과정을 통해서 각 종목별 진정한 우열을 고민하다 보면 포트폴리오에는 가장 매력 있는 종목만 남게 되고, 집중관리가 되면서 투자에 신중을 기할 수 있게 된다.

일부는 분산투자 시가총액 상위주 위주로 구성하는 경우도 있는데, 이 또한 올바른 방식이 될 수 없다. 투자자가 직접 실행하는 분산투자의 목적은 기업의 이익이 장기적으로 성장하는 종목에 투자를 하여 종목 리스크를 분산시키는 것인데, 시가총액은 기업이익에 따른 분류가 아니기 때문이다.(만약 시총주식에 대한 분산투자를 원한다면 인덱스펀드 가입을 추천한다.) 직장인 투자자가 일반 주식형 펀드 매니저 보다 종목 선택 면에서 우월한 면이 바로 시가총액과 무관하게 종목을 구성할 수 있다는 점을 다시 한번 되새길 필요가 있다.

4) 모의투자와 심리 – 단팥 없는 찐빵

주식투자는 일정한 규칙에 의해 투자 자금과 주식이 움직이게 된다. 그래서 초보 투자자는 그러한 규칙을 배우고 익히는 과정이 일정기간 필요하게 된다. 그 과정에서 투자자는 다양한 시행착오를 겪게 되고, 이때 많은 투자자들이 소중한 자금의 일부를 잃기도 한다. 이런 시행착오에 따른 자금의 손실을 최소화하기 위해서 처음부터 투자에 직접 나서기 보다는 '모의매매'를 통해서 증권시장의 규칙을 익히라는 말들을 많이 하고 있다. 다행히 여러 사이트에서 모의매매 툴을 제공하고 있다.

모의매매는 시세를 파악하여 주문을 내고, 이후 주문가격의 정정, 그리고 주문의 체결과정을 익히는 매우 중요한 역할을 제공한다. 이를 통해 이익의 실현이나 손실의 회피 등을 실제로 경험할 수 있게 해준다. 이를 통해서 투자자는 종목의 선정방법과 시세의 추적, 매매에 대한 전반적인 상황을 익히게 되고 주식시장에 대한 이해도를 높이게 된다. 그래서 초급 투자자에게 모의 투자를 권하고 있다.

"주식이라는 게임에서 필수적으로 필요한 기본적 규칙이란, 먼저 기초적인 주식매매를 위해 필수적으로 알아야 할 것들이다. 예를 들어 주식시장은 9시에 개장해서 3시에 폐장하며, 전후로 1시간과 10분간의 동시호가가 존재한다는 것, 주식주문은 어떻게 내고 매수와 매도 후 입출금은 어떻게 진행되는지 등, 그리고 좋은 회사를 찾기 위한 재무제표 읽는 법, 회사공시를 이해하는 법, 증자란 무엇이고, 감자란 무엇이며, 매매에 필요한 기본적 정보는 어떻게 취득하는지 등 아주 기초적인 시장규칙을 말한다."

(펀드매니저 투자의 비밀 / 이중희 / 지식공감 / P40)

그러나 모의매매는 많은 장점에도 불구하고 지금껏 알려지지 않는 치명적인 단점도 갖고 있다. 이를 인식하지 못하고 긴 시간 모의매매에서 수익을 거두게 되면 투자자는 들뜬 마음으로 자신있게 실전투자에 들어서게 되는데, 이때 모의투자와 다른 환경에 마주치게 되고, 투자자는 당황하면서 손실을 볼 가능성이 있다. 그 다른 환경은 모의 매매에서는 절대 익힐 수 없는 현실 즉, 매매에 있어서 중요한 요인 중의 하나인 '심리'와 이에 따른 '자금 관리'라는 현실과 마주하게 된다.

모의투자는 그야말로 화면상의 숫자가 움직이는 것이지 투자자의 실제 소중한 돈이 움직이는 것이 아니다. 그래서 투자자가 자신의 자금 변화에 따른 심리의 변화를 익힐 수 없다. 주식 심리학자인 마틴 프링은 "돈이 투입될 때는 객관적인 태도를 잃고 감정이 그 자리를 차지하면서 손실이 눈덩이처럼 불어난다."는 말로 이에 대한 표현을 하고 있다.

쉬운 예로 인터넷의 무료 고스톱게임을 생각해 보자. 이 게임에서 약간의 희망만으로도 '쓰리고'를 쉽게 부르고, 그에 따라 크게 돈을 벌 수도 있다. 이때 돈을 잃는 데는 아무런 안타까움을 느끼지 못하지만 오히려 성공시 과감한 베팅도 실력이라고 생각할 수 있게 된다. 하지만 이러한 사람도 실전에서는 '원고'라도 부르려면 상당한 신중함이 필요하다. 이는 자신의 돈이 실제로 움직이게 됨에 따라 인터넷과 다른 심리적 압박을 강하게 받기 때문이다. 또한 좋은 패가 들어오면 흥분되어 냉정하고 정확한 사리판단이 되지 않는다는 것도 느끼게 된다. 돈을 벌 수도 있다는 대박 심리는 때로는 나도 모르게 무모한 행동을 하게 되고, 때로는 위축된 심리로 돈을 벌 기회를 날려버리게 되기도 한다. 내 주머니의 돈이냐 아니냐에 따라 심리의 강도는 아주 큰 차이를 보이게 되는 것이다.

이러한 단점을 극복하기 위해서는 모의투자 후 일정 시간이

지나고 나면 자금을 투입하여 직접 매매를 해보는 방법 밖에 없다. 실제 자금의 이익과 손실을 경험해 가면서 자금의 변화에 따라 자신의 심리가 어떻게 변화되는가를 관찰하고 그를 다스리는 방법을 익혀야 한다. 모의투자의 손절과 실전에서의 손절은 심리상 매우 다르다. 따라서 그러한 자금의 변화와 심리의 변화에 맞게 자금을 관리하는 방법도 배워야 한다. 실제투자의 시행착오를 줄이고자 모의투자를 하는 것인데, 모의투자의 한계로 인해 실제투자를 해야 하는 아이러니가 발생하는 것이다. 그래서 모의투자는 매매방식을 익히는 정도로만 그치고, 바로 실전매매에 들어가는 것이 좋다. 물론 실전투자의 시작은 소액으로부터 학습해야 한다. 즉, 주식시장에 처음 입문한다면 모의투자 → 소액의 연습투자 → 자금을 늘려가는 본격투자의 단계로 진행할 것을 권한다.

"이 방법을 시도하기 위해서는 실제 돈을 사용해야 한다. '마음으로 베팅'하는 것은 소용없다. 인생의 모든 풍부한 감정적 경험처럼 귀한 돈을 잃었을 때의 느낌은 글로 전달되지 않는다."

(고객의 요트는 어디에 있는가 / 프레드 쉐드 지음 / 김상우 역 / 부크온 / P95)

여기서 '소액'의 의미도 한번 진지하게 생각해 보자. 모의매매에서 실전투자로 넘어가는 이유가 실제 자금투입에 따른 변화하는 심리를 느끼고 이를 다스리는 법을 배우는 것이라고 했다. 흔히 소액 하면 '잃어도 되는 돈'이라고 생각할 수 있지만, 그러한 규모로는 공부가 절대 되지 않는다. 초보자는 당연히 매매가 잘 안될 수 있는데, 이때 잃어도 된다는 생각을 가지면, 투자에 노력하기 보다는 방치하게 될 확률이 더 커지게 된다. 소액이라도 지키려는 몸부림을 배우는 것이 필요하다.

그렇다면 '소액'은 생활에 타격을 주지는 않지만, 잃으면 심리적 압박을 받을 수 있는 정도로 정의할 수 있겠다. 수업료(매매 과정을 익히는 동안 돈을 잃을 수 있는 것)가 대략 30~50%정도 라고 가정한다면 이 정도 금액을 잃으면 고통을 느낄 수 있는 정도, 예를 들어 서너 달 용돈 이상 수준은 되어야 적당하지 않을까 생각한다. 그 정도면 생활에 큰 타격을 주지는 않지만, 용돈삭감의 고통을 통해 심리의 변화를 연습하기엔 적당하다고 생각한다. 제시 리버모어도 "직접 돈을 걸지 않으면 자신의 판단이 옳은지 그른지를 시험해 볼 수 없다. 그렇게 하지 않으면 자신의 감정을 시험해 볼 기회가 없기 때문이다."라는 말로 직접 자금을 투입하여 매매경험을 쌓는 것에 대한 중요성을 이야기 하고 있다.

돈이 총알처럼 왔다 갔다 하는 전쟁 같은 주식시장에서 고통 없는 연습은 아무런 의미도 갖지 못한다. 군대에서 배운 말이지만 훈련의 땀 한방울이 전쟁에서 피한방울을 줄인다는 말처럼 투자의 전쟁에서 죽지 않으려면 훈련에서의 고통 강도에 따라 실전의 적응도 빠르고 투자손실도 덜하다는 점을 강조하고 싶다.

직장인의 은퇴없는 실전 주식투자

IV
직장인 투자자들에게 맞는 투자 방법들

1

다양한 투자방법

1) 주식 적립식투자 – 직장인 투자자의 최대 강점

주식 적립식 투자란 '일정기간'(통상 매달)의 간격을 두고 '일정금액'으로 반복적으로 꾸준히 주식을 사는 방식을 말한다. 적립식 투자란 말에 대부분의 투자자들이 펀드 투자를 떠올리게 될 것인데, 적잖은 투자자들이 재테크의 필수코스로 적립식 펀드 계좌 하나씩은 가지고 있을 것이다. 여기서는 펀드를 이용한 간접투자 방식이 아닌 투자자가 직접 주식을 선정하여 매매하는 주식 적립식 투자에 대해서 살펴보고자 한다.

직장인 투자자는 월급에서 발생하는 현금흐름을 이용하여 꾸준하게 주식을 매수해 갈 수 있기 때문에 적립식투자는 직장인 투자자들에게 매우 적합하고 유효한 투자방식이라고 할 수 있다. 적립식 투자는 동일 금액을 동일한 시기에 투자할 수도 있고, 또한 여유자금이 생길 때마다 투자를 추가할 수도 있다. 즉, 매월 일정금액과 불특정 보너스 등을 혼용하고 정기적 방식과 부정기적 방식을 섞어서 자유롭게 투자를 할 수 있는 것이다.

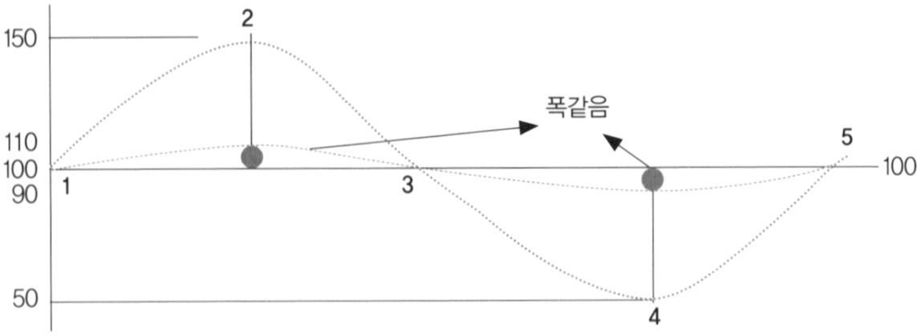

표. 각 달의 매수량 및 수익률(정액 적립식)

구 분	주가	1 매입	2 매입	3 매입	4 매입	5 매도	수익률
변동폭 작음	11		90주				0.25%
	10	100주		100주		401주	
	9				111주		
	누계	100주	190주	290주	401주		
변동폭 큼	15		66주				16.5%
	10	100주		100주		446주	
	5				200주		
	누계	100주	166주	266주	466주		

보통 주식투자를 한다고 하면 목돈을 만들어서 그 속에서 분산과 집중 등 다양한 투자방식을 고민하지, 꾸준히 일정 금액을 적립식으로 투자를 한다고 생각하는 투자자는 많지 않다. 적립식 투자가 갖는 장점은 주식시장의 변동성 속에서도 꾸준히 투자를 함에 따라 주가가 하락시도 매수를 하게 되어 '평균 매입비용'이 낮아지는 효과를 볼 수 있다는 점이다.(코스트 에버리징)

주식 적립식투자를 하려면 장기적 관점(최소 3~5년 이상을 권하며 1~2년 정도의 짧은 기간의 투자는 적립식 투자로 적합해 보이지 않는다.)으로 투자를 해야 한다. 주식 적립식 투자를 하기 위해서는 소수의 특정 종목을 집중적으로 사는 것 보다는 포트폴리오를 구성하여 분산투자를 하는 것이 좋다. 그래야 장기적인 변동성을 금액적으로나 심리적으로 견딜 수 있기 때문이다.

꾸준히 적립식투자를 한다는 것은 생각보다 쉽지 않다. 앞서 장기 투자를 말할 때 '시간'을 견딘다는 것이 일부 투자자 입장에서는 결코 쉬운 것이 아니라고 설명한 바 있다.

"주식시장의 과민반응을 잘 활용하는 방법은 없을까? 주식시장에서 평균회귀 성향은 장기 투자자들에게 리스크를 줄일 수 있게 해 준다. 그리고 투자계획을 세울 때 공식전략은 최고시세에서 사들이거나 최저시세에서 파는 행위를 방지해 자동으로 주식시장의 과민반응을 활용할 수 있게 한다."

(내 돈을 지키는 안전한 투자법 / 마이클 에들슨 지음 / 안세민 옮김 / 국일증권경제연구소 / P207)

이러한 투자를 하기 위해서는 주식 적립식 투자용 계좌를 별도로 개설하여 운용하기를 권한다. 기존의 목돈을 위한 계좌와 달리 새로운 계좌로 분리하여 금액이 서로 섞이지 않도록 하는 것이다. 그래야 평가와 운용에 혼동이 생기지 않는다. 계좌는 한 증권사에서도 여러 개 개설이 가능하다.

주식 적립식투자도 여타 다른 투자와 같이 장 · 단점을 분명 가지고 있다. 하지만 장점이 단점을 충분히 커버하고도 남는다고 생각한다. 그럼 주식을 적립식으로 투자한다는 것은 어떠한 장점을 가지고 있는지 살펴보겠다.

첫째, 주식 적립식 투자를 하게 되면 주식투자를 바라보는 시야가 커지게 된다. 많은 투자자가 장기투자를 원한다. 하지만 장기투자에 익숙치 않은 상황에서 자신도 모르게 투자를 하는 기간이 짧아지기도 한다. 은연 중 단기간 시세차익을 찾는데 길들여지는 것이 일부 투자자들이 겪는 냉정한 현실이다. 상담을 하다 보면 비자발적 장기투자가 아닌 본인의 의지로 2~3년 이상 종목을 보유한 경우는 많지 않다. 즉, 자기도 모르게 자신의 생각과 다르게 짧은 매매를 하고 있다는 것이다.

그러나 주식 적립식 투자를 반 강제적(?)으로, 예를 들어 5년을 투자한다고 하면 종목 선정하는 과정부터 투자에 대한 모든 것이 달라지는 것을 느끼게 된다. 이는 펀드 투자를 장기로 하는 것과는 차원이 다르다. 자신도 모르게 단기매매에 길들여져 있던 투자자들의 경우에는 엄청난 정신적 변화를 경험하게 될 것이다. 장기로 주식을 보는 시야가 생긴다는 것은 매우 중요한 의미를 갖는데 종목 선정과정이 매우 신중해지게 된다. 이러한 변화는 적립식 계좌뿐만이 아니라 목돈으로 투자를 하는 계좌까지 영향을 주게 된다.

앞으로 5년 동안 투자를 한다고 하면 투자자의 시각은 '주가의 변동성' 보다는 '기업'에 자연스레 초점이 맞춰지게 된다. 즉, 투자기간 동안 꾸준히 성장하는 기업의 내재가치에 중점을 둔 투자에 포커스를 맞추게 될 수밖에 없다. 이는 단순히 대형주를 선택하는 것이 아니라, 기업이 꾸준히 성장하는 요인을 찾게 되고, 그러한 관점에 따라 투자를 하도록 만들게 되어 전체 투자활동에 긍정적인 영향을 주게 된다. 따라서 장기, 적립식 투자를 하게 되면 기업에 대해 공부의 필요성을 느끼게 되고 이를 본격적으로 할 수밖에 없다. 공부가 되어 있지 않은 상태에서 5년 이상 아무 종목이나 절대 투자할 수 없기 때문이다.

또한 장기 주식 적립식 투자를 하게 되면 지금 가장 인기 있는 종목이나, 주위에서 좋다고 이야기하는 종목을 무턱대고 매수할 수 없다는 것을 누가 뭐라 하지 않아도 본인 스스로 느끼게 된다. 이러한 면에서 정보나 테마주 등의 매매에서 손실을 본 투자자들은 어디서부터 투자가 잘못되었는지를 깨닫게 되고 투자습관을 바꾸는데 도움을 받게 된다.

주식 적립식 투자는 또한 자신의 투자관을 솔직히 보게 해 준다. 지금 당장 매달 10만원, 20만원 주식을 산다는 것이 절대금액으로 따지면 큰 의미 없다고 생각될 수도 있다. 실제 매수할 수 있는 주식수가 작기 때문이다. 이렇게 해서 언제 돈을 버느냐는 생각이 들 수 있다.(주식투자는 큰 돈을 번다는 전제를 하고 있지요?) 만약 그런 생각을 가지고 있다면 주식투자를 투기적 관점에서 보고 있다 할 수 있다. 투자 이익을 수익률 개념으로 접근해야지 절대금액의 개념으로 접근한다면 단기적으로 시장을 볼 수밖에 없고, 때로는 자신의 능력과 무관하게 레버리지 등을 쓰는 유혹에 빠지게 된다. 올바른 투자자는 작은 금액이라도 소중히 다룰 줄 알아야 한다. 적립식 투자를 통해 이러한 점을 냉정히 알게 되면 투자습관을 올바르게 바꿀 수 있다.

주식 적립식투자를 꾸준히 실천하다 보면 투자자들이 원하는 워렌 버핏 등 대가들의 투자철학을 따르도록 자신의 투자방법이 변화된다. 우리는 버핏이 투자를 통해 이룬 부(富)를 부러워하지만, 정작 버핏의 투자방식을 따라 하는데는 많은 어려움을 토로하고 있다. 훌륭한 기업을 찾아서 장기 투자하는 것을 쉽지 않다고 생각하기 때문이다. 적립식 투자를 하게 되면 막연하게 느껴지던 '훌륭한 기업'을 찾는 방법을 공부하게 되고, '장기투자'를 실천하게 되어 버핏의 눈으로 직장인이 자신의 현금흐름을 이용하여 긴 안목으로 투자를 하여 부를 축적할 수 있게 되는 것이다.

둘째, 일반 펀드투자와 다르게 투자수익 극대화를 기대할 수 있게 된다. 투자자가 주식 적립식투자를 한다면 수익률 면에서 펀드투자보다 수익률이 더 나아야 하는데, 이는 펀드 투자보다 투자자의 신경이 더 쓰이게 되고 비용도 상대적으로 더 들어 가게 되기 때문이다. 즉, 표면적으로 펀드투자 보다 더 쉽지 않은 것이 현실이다.

여기서 몇 가지 고민을 해봐야 한다. 먼저 가장 인덱스 펀드와 비교를 해보자. 인덱스 펀드는 지수 움직임에 투자를 하는 것으로, 변동성이 있다고 하더라도 경제는 꾸준히 성장한다는 전제 하에 장기적으로 경제의 과실을 나누는 방식이다. 인덱스 펀드는 펀드 매니저의 재량이 특별히 요구되지 않아서 운용비용이 매우 저렴한 특징을 보이는데, 이는 장기 투자에서 일반 펀드와 수익률 격차를 벌리는 중요한 요인으로 작용된다.

하지만 인덱스 펀드 투자에 대한 고민의 시점이 도래했다는 것이 나의 판단이다. 존 보글 등 인덱스 펀드의 옹호론자들의 이야기는 분명 일리가 있다. 하지만 그들이 투자를 하고 수익을 거두었던 시기는 미국이라는 '특정 국가'의 '특정 시기'였었다. 미국은 전 세계에서 유일하게 주가가 장기 우 상향했던 것이다. 만약 다른 나라들 – 유럽과 일본 등을 인덱스 투자를 했다면 그가 이야기한 투자수익을 거두었다고 볼 수 없다. 즉, 전 세계 투자자들에게 보편적인 투자방식이 아니라는 것이다. 국내의 경우도 몇 년간 지수가 박스권에 머물면서 인덱스에 장기 투자한 투자자들의 수익률이 전혀 나지 않고 있다. 일부는 박스권 매매를 통해서 수익을 챙기기도 하지만, 이러한 '시점'에 대한 투자는 인덱스 투자의 근본 취지와는 맞지 않는다. 가장 중요한 것은 세계 경제가 과거의 60~90년대 식의 고성장을 나타낸다는 것이 힘들어졌고, 또한 국내외 경제 상황이 저성장의 고비를 쉽게 넘기는 힘들어 보인다. 따라서 지수에 투자하는 행태의 변화를 투자자는 심각하게 고민해 봐야한다.

이에 대한 대안으로 만들어지고 있는 펀드가 투자의 성향과 목적을 세분화한 '목적형 펀드'이다. 크게 소형주 및 섹터별로 투자 목적을 나누어 투자하는 방식이다. 그러나 이러한 펀드도 인덱스 펀드와 마찬가지로 상대수익률 – 벤치마크 대비 수익률로 평가를 한다. 따라서 지수가 빠지면 펀드의 수익률도 빠지고 그 상대성으로 평가를 받게 되는 것이다. 더 나아가 이러한 단점들을 극복하는 것을 표방하고 나온 곳이 자문형 랩과 헤지펀드 등 절대수익을 추구하는 펀드들이다. 이들은 지수의 움직임과는 상관없이 계좌의 +를 추구한다.

"스타일 투자전략은 1980년대 기관 투자자들 사이에서 급속히 퍼지기 시작했다. 스타일 투자전략을 추종하는 펀드 매니저의 수가 늘어남에 따라 고객에게 적합한 스타일의 펀드를 고르고, 시기별로 그 비중을 조절할 것을 조언해 주는 연금 컨설턴트에 대한 수요가 증가하게 되었다."

(리차드 번스타인의 스타일 투자전략 / 리차드 번스타인 지음 / 홍춘욱 옮김 / 원앤원북스 / P33)

이들은 시간과 지식이 많지 않은 직장인 투자자들에게 매우 유용하게 활용될 수 있다.

하지만 직접 자신이 주식투자를 적립식으로 운용하면 또 다른 장점을 통해 수익을 추구할 수 있게 된다. 즉, 자신이 평가를 통해서 고르고 선정한 주식을 자신의 판단과 현금 흐름에 맞게 적절히 투자를 할 수 있게 되고, 이는 투자수익률의 극대화로 나타날 수 있게 된다. 물론 잘못된 판단으로 인한 손실 가능성이 커질 수도 있지만, 장기적으로 자신의 투자 실력을 키워가는 것이 투자자의 목적이라면 충분히 감내할 수 있는 부분이라고 생각한다.

"전문가라고 생각하는 사람들의 미래 예측이 이토록 별 볼 일 없으니 우리가 직접해보자. 그냥 하면 재미없으니까 꿈을 크게 세워 수천억 규모의 헤지펀드 투자전략을 세운다고 하자."

(소수의 법칙 / 임성준, 조셉 H. 리 지음 / 지식노마드 / P161)

셋째, 직장인의 특성인 꾸준한 현금유입(월급)으로 다양한 투자 전략을 수립할 수 있게 된다는 것이다. 적립식 투자를 한다고 매번 주식을 다 살 필요는 없다. 종목과 시장에 따라서 매수 종목과 수량을 적절히 선택하여 변경할 수 있다. 시장의 과열이나 처음 매수 이유의 상실 등이 생기면 매수를 멈추거나 매도를 통해서 종목을 교체하기도 할 수 있고 그렇게 해야 한다.

또한 적립식 투자는 목적자금을 만드는 투자 등 다양한 전략 수립을 통해 활용될 수 있다. 우리는 인생을 살아 가면서 다양한 자금의 수요가 발생하게 된다. 대표적인 집을 필두로 해서 자녀 교육과 다양한 이유의 돈들이 소모되기 마련이다. 이러한 자금들에 대한 계획을 세우고 준비를 하는 것과 그때 그때 해결하는 것은 큰 차이를 보이게 된다. 적립식 투자를 통해서 이러한 자금 - 목적자금에 대한 계획을 미리 세울 수도 있게 된다.

적립식 투자의 방법 - DOC 전략과 VA 전략

일반적으로 적립식 투자하면 매달 일정금액을 적립하는 정액 적립식만을 생각하게 된다. 그러나 적립식투자 방식은 크게 정액정립식 : DOC(Dollar Cost Averaging) 방식과 가치적립식 : VA(Value Averaging)방식으로 구분하여 각각 전략 수립이 가능하다.

DOC 전략은 많은 투자자들이 알고 있는 일반적인 적립식 투자방식으로 간단하면서도 실천하기 쉬운 방식이다. 이는 주식 가격의 움직임에 크게 상관없이 투자를 지속하는 방식이다. 예를 들어 월급이 들어올 때마다 정해 놓은 금액을 꾸준히 기계적으로 투자를 하는 것이다.

VA 전략은 DOC 전략과 다르게 가치에 중심을 두는 전략이다. 예를 들어 한 종목에 매달 100만원의 평가 가치에 맞추어 투자를 하는 것이라면 주가가 10만원이면 10주를 매수하고, 다음달엔 200만원에 가치를 맞추는 것으로 주가가 11만원으로 오르면 8주 매수(200만원 / 11만원 = 18주 - 10주 = 8주), 만약 다음 달 주가가 9만원으로 하락하면 15주(300만원 / 9만원 = 33주 - 18주 = 15주)를 매수하는 방식이다. 어느 경우라도 평가 금액의 가치를 맞추는 것으로 주가가 오르면 적게 매수하고 주가가 빠지면 많이 매수하게 되어 투입금액의 편차가 발생한다. 이 경우 주가가 크게 오르면 오히려 주식을 매도하게 되는데, 즉 주가가 한달 사이에 20만원이 되면 오히려 13주를 매도하게 된다.(400만원 / 20만원 = 20주 - 33주 = -13주)

두 전략은 나름 장단점이 있으니 투자자의 성향에 맞추어 적용하면 된다.

일반적으로 개별 주식에 투자를 하는 것이므로 DOC 전략을 많이 사용한다. 이때 주식수를 적절히 유지하는 것이 중요하다. 투자자가 관리 가능한 적절한 분산을 통하여 투자 시점 별로 투자를 하는 것이 좋다.

2) 시점 투자 - 아무도 매매를 강요하지 않는다

주식시장은 풍부한 유동성을 바탕으로 항상 거래할 수 있기 때문에 투자자는 언제든지 자신의 의지에 따라 매매를 할 수 있다. 그런데 일부는 펀드 매니저나 전업 투자자처럼 직업으로 주식을 매매해야 하는 상황이 아님에도 불구하고 매일 주식시장에 참여하고자 시장을 바라보는 분들이 있다. 심한 경우 24시간 열리는 해외시장과 국내선물시장에 참여하고 주말에도 주식시장이 열렸으면 하고 바라는 투자자도 가끔 마주하게 된다. (이런 분들을 보면 이렇듯 주식시장에 몰두하면서 본업인 직장에 어느 정도 몰두할 수 있을까?라는 나만의 쓸데 없는 염려를 하게 된다.)

직장인 투자자는 직업적 투자자가 아니다. 따라서 자신이 원할 때만 주식시장에 참여할 자유가 있고, 또 자신이 원하는 가격과 시점이 오기 전까지 매매를 하지 않을 자유가 있다. 매일 주식을 사라고 누가 강요하지 않으며, 그렇다고 증권사에서 계좌를 폐쇄시키지도 않는다. 직장인 투자자가 가진 장점은 매일 매일을 매매의 관점에서 주식시장을 볼 필요가 없다는 것이다. 시장을 그저 보는 것과 매매의 관점에서 보는 것은 다른 것이다.

뒤에 이야기하지만 직장인 투자자는 자신만의 '종목 POOL'이 있어야 한다. 종목 POOL 을 가지고 적절한 매매가격에 따라 매매를 하고, 그렇지 않으면 매매를 하지 않는 것이 중요하다. 자신의 분석에 따라 종목을 관찰하고 그 움직임이 시야에 선명하게 들어올 때만 매수에 참여하면 된다.

"실전투자에서 가장 먼저 지켜야 할 기본원칙은 자신이 선정한 종목의 잠재수익률이 정말로 대단해 보일때까지는 섣불리 투자를 해서는 안된다는 것이다. 단지 '소득'을 위해서 투자를 한다거나, 오로지 '자금을 굴리기 위해' 투자하는 것, 혹은 '인플레이션을 해지하기 위해' 투자하는 것은 일고의 가치도 없다."

(목숨을 걸고 투자하라 / 제럴드 로브 / 박정태 역 / 굿모닝 북스 / P50)

투자자가 원할 때만 매매를 할 수 있다는 것은 엄청나게 큰 무기를 갖고 있는 것이다. 야구선수는 공을 때려 안타를 만들어야 함에도 불구하고 타석에 들어설 때마다 모두 공을 때릴 수는 없다. 대(大)타자로 구분되는 것은 자신이 잘 칠 수 있는 정확한 구질을 알고 있고, 때를 기다리다가 그때가 오면 놓치지 않고 평소 연습한 바와 같이 과감한 스윙으로 공을 쳐 안타를 만들어 내는 것이다. 만약 타자가 모든 공을 치려고 덤빈다면 투수 – 나의 약점을 노리는, 시장에서 나를 이용하여 돈을 벌려는 수많은 다른 투자자들 – 는 가볍게 커브 몇 개로 삼진을 잡을 것이다. 직장인 투자자는 자신의 종목 POOL 속의 종목이 자신이 원하는 가격, 즉 스트라이크 존에 공이 들어오기를 기다렸다가 공을 치면 되는 것이다. 야구와 달리 투자는 1년 동안 타석에 가만히 서 있어도 심판이 뭐라고 하지 않는다. 매우 기분 좋은 일이 아닌가?

"개인 투자자는 전형적인 전문 펀드운용자에 비해 엄청난 이

점이 있다. 왜냐하면 이상적인 주식이 나올 때까지 기다릴 수 있기 때문이다. 매월 또는 매년 시장에 투자할 필요는 없다.(버핏이 자주 하는 것처럼) 야구에 비유하면 개인 투자자는(또는 독립적인 전문 투자자는) 오래 플레이트에 서서 완전한 공이 오기를 기다릴 수 있다. 더욱이 세 번 던지는 공을 치지 않더라도 스트라이크 아웃으로 물러나는 일은 없을 것이다."

(가치투자의 거장들 / 글렌 아널드 / 이광희 역 / 국일증권경제연구소 / P311)

좀 특이한 예이지만 지인 중에 극단적으로 1년에 거의 한 두 번만 매매하는 투자자가 있다. 그는 자신 일과 연관된 회사 하나만을 집중해서 관찰하다가 본인이 생각하는 매매시점이 올 때만 과감히 매매에 나선다. 한 종목을 집중해서 보면 웬만해서는 그 종목의 움직임에 감이 오게 된다. 이는 많은 지식이 필요하지도 않고 정확한 시점을 잡지 못해도 매매에 크게 실패하지 않는다.

직장인 투자자의 특권인 기다리는 방식의 주식투자는 투자에 대한 리스크가 크게 줄어들게 된다. 이는 '안전마진'을 확보하는데 도움이 된다. 정확한 시점의 매수가 아니라도 매수 후 주가가 조정을 받아도 반등까지 오랜 시간이 걸리지 않고, 매도 시점 또한 적절하게 잡을 수 있다.

"가장 훌륭한 매매는 기본적 분석, 기술적 분석, 시장분위기 이 세가지 모두가 자신에게 유리하게 작용하는 매매죠. 첫째로 기본적 분석은 수요와 공급의 불균형을 암시해야 해요. 그 불균형은 시장의 거대한 움직임으로 귀결되죠. 둘째로 차트는 기본적 분석이 암시하는 방향으로 시장이 움직이고 있음을 보여줘야 하죠. 셋째로 뉴스가 나올 때 시장이 움직이고 있는 방향과 적합한 심리적 상태로 반응해야 해요. 만약 이러한 조건에 자신의 매매를 한정할 수 있다면 반드시 돈을 따게 되어 있어요. 어떤 시장, 어떤 상황에서도 말이에요."

(시장의 마법사들 / 잭 슈웨거 / 임기홍 역 / 이레미디어 / P56)

집중해서 보다 보면 가격의 흐름이 보인다는 예로 아내와 재래시장에 갔던 경험을 이야기해 보겠다. 호박전 생각에 애호박을 사려하자 당시 개당 2천원이란 가격에 아내는 기겁을 하면서 사지 않았다. 꾸준히 시장을 보면서 개당 1천원이던 평소 가격에 비해 두 배 정도 오른 가격을 받아들일 수 없다는 것이었다. 난 자주 먹는 것이 아니므로 그 정도 가격을 지불할 용의가 있었지만, 일시적 가격 급등이니 조금 기다리자는 아내의 말을 꺾을 수가 없었다. 아내는 '시장'의 전문가니까.

동물 중에 가장 빨리 달리는 치타는 사냥감을 향해 달릴 때 자신의 모든 에너지를 쏟아 부어 전력질주를 한다. 이후 사냥을 마치고 나면 기진맥진하여 바로 먹이를 먹지 못하고 일단 쉬어야 하는데, 그때 다른 맹수를 만나면 싸움도 못하기 때문에 사냥감을 빼앗기게 된다. 치타는 사냥에 몇 번 실패하면 탈진하여 목숨을 잃기 때문에 무척 신중하게 주변을 살피면서 사냥에 나선다. 치타는 자신의 장·단점을 잘 살펴서 그 중 장점을 잘 활용하여 생을 이어가는 동물인 것이다. 직장인 투자자도 매번 종목을 쫓아 다니다간 탈진하여 계좌가 망가질 수도 있다고 말하고 싶다. 직장인 투자자는 직장생활 및 투자 양쪽을 다 잘하기 위해서는 에너지를 잘 조절하여 때를 기다리면서 투자를 할 줄 알아야 한다.

"그들은 적이 그들에게 다가오게 만들어 승산을 반반으로 만들어야 한다. 게릴라 자신이 싸움의 시간과 장소를 선택해야 한다. 게릴라는 인내심이 있다. 마찬가지로 시장 참여자들도 그래야 한다. 인내심의 정도는 투자나 트레이딩을 하는 시간지평에 달려 있을 것이다."

(심리투자법칙 / 마틴 프링 저 / 이광희 옮김 / 국일증권경제연구소 / P111)

주식시장에서 끊임없이 매매를 하는 것은 주식투자의 기본적 개념인 기업가치 증가에 따라 수익을 추구하는 것이 아니라 매매에 따른 흥분을 추구한다고 이야기할 수도 있다. 시장을 보면서 게임을 즐기듯 매매라는 행위에서 만족을 느낀다고 볼 수 있는 것이다. 이러한 투자자도 매매행위를 할 때 마다 주식투자로 돈을 벌기 위해 열심히 하고 있다고 스스로 위안을 삼는데, 이는 잘못된 심리의 편향이다.

"다른 한편으로 인간은 또한 구매의 또 다른 측면, 즉 거래자체도 중요하게 여긴다. 바로 여기에서 거래 효용의 개념이 등장한다."

(똑똑한 사람들의 멍청한 선택 / 리처드 탈러 / 박세연 역 / 리더스북 / P115)

일부 투자자는 계좌에 돈이 있는 것을 참지 못하고 주식시장을 계속 기웃거리기도 한다. 끊임없이 움직이는 시장에서 매매를 하면 수익을 거둘 수 있을 것이라 생각하기 때문이다. 이러한 충동을 방지하기 위해서는 주식계좌에서 자금을 빼는 것도 하나의 방책이 되는데 계좌의 자금을 현금 형태로 두지 말고 CMA나 RP 등의 형태로 자금을 바꾸어 놓는 것이다. 이들을 심리적으로 하나의 종목으로 보고 사서 보유하게 되면 불필요한 매매를 방지할 수 있다. 이렇게 되면 돈이 있으므로 뭔가 사서 수익을 내야 한다는 조급증에서 벗어나게 된다. 우리는 쉽게 유혹을 받는 존재이기 때문에 이러한 요소들을 최대한 없애는 것도 하나의 좋은 방법이 된다.

예금자 보호에 대해서

많은 투자자들이 증권사 CMA나 RP에 대해서 '예금자 보호' 여부에 대해 종종 질문을 한다. 과거 저축은행 사태 등을 떠올리면서, 은행권 예금자 보호제도와 비교, 자신의 투자금이 안전한지 확인하고자 하는 것이다.
결론부터 말하면 증권사 CMA나 RP는 예금자 보호대상이 아니다. 이는 제도차이에서 비롯된 것이다.
은행은 고객이 맡긴 돈을 자신들의 책임하에 다양하게 운용한 뒤, 그로써 발생하는 수익을 예금이자로 고객에게 지급하는 구조이다. 즉, 자금 운용을 전적으로 은행권에서 결정하기 때문에, 운용이 설혹 잘못되어 자금 회수가 어려워지게 되면 은행이 유동성 부족 등으로 파산하게 되기 때문에 법으로 예금 중 5천만원까지 보호(예금보험공사를 통해서)를 받도록 정한 것이다.
그러나 증권사의 CMA나 RP는 증권사가 자금을 운용하는 것이 아니라 고객이 채권에 직접 투자하는 것이다. 즉, CMA와 RP에 돈을 넣는 것은 채권 등을 사서 자신의 계좌에 보유하고 있는 것이다. 따라서 이는 증권사와 상관없이 고객의 계좌로 별도로 관리된다. 따라서 설혹 증권사의 유동성에 문제가 생겨도 고객 계좌는 별도로 관리되며, 그대로 남아 있기 때문에 법으로 보호할 근거 및 필요가 없어 대상이 되지 않는 것이다. 리스크라면 증권사의 유동성이 아니라 투자한 CMA나 RP 등에 포함된 일부 채권이 지급불능에 빠질 경우 손실을 볼 수 있으나, 증권사는 CMA나 RP에 구성된 채권은 대부분 국공채와 우량회사채로 구성하여 파산위험이 없거나 최소화시켜 안정성을 최대한 높여 놓았다. 투자자는 CMA나 RP에 투자된 채권 리스트는 증권사에 요청하여 언제든지 그 내용을 확인해 볼 수 있다.

3) 추세매매와 트레이딩 스탑

추세매매는 지금까지 살펴본 매매 방식과 다소 다르게 기술적 분석을 이용한 매매 방식이다. 투자자는 자신이 하고자 하는 매매 방식이 어떠한 논리적 근거를 가지고 만들어졌는지 아는 것이 매우 중요하다. 그래야 그 논리에 맞는 투자 전략을 수립할 수 있기 때문이다.

일부 투자자들은 기술적 분석이 확률론에 입각한 투자 방식이라 미래에 대한 예측 신뢰도가 떨어지므로 크게 의미를 둘 필요는 없다고 배척하기도 한다. 하지만 기술적 분석은 기본적 분석으로 뽑아낸 자신만의 종목 POOL의 매수 시점과 매도 시점을 파악하는데 도움이 된다. 또한 시장의 비이성적 행태, 즉 과도한 침체와 과열을 쉽게 파악하게 해주어 역발상 투자 시점 등을 파악하는데 용이하게 도움을 받을 수 있다. 따라서 투자자는 기술적 분석의 전반적인 사항을 알고 있어야 한다고 생각하며, 사용의 경중은 스스로의 성향과 판단에 맞게 하면 된다.

추세매매는 주가가 한쪽의 방향으로 확연한 움직임을 나타낼 때, 추세가 형성되었다고 보고 그 추세에 따라 투자를 하는 방법이다. 이는 우 상향 또는 우 하향하는 모습을 그리게 된다. 이때 대표적 보조지표인 이동평균선도 추세에 따라 배열의 움직임이 같아지게 되는데 상승 추세에서는 정배열, 하락추세에서는 역배열의 모습을 나타내게 된다. 투자자는 이러한 추세의 변화와 연속성에 편승하여 매매를 하면 된다.

"추세는 한마디로 주식시장에서 가격이 일정기간 계속 같은 방향으로 움직이는 것을 말한다. 추세 초기에 매수하고, 추세 말기 또는 추세의 반전을 확인한 후 시장에서 빠져 나오는 것이 성공의 비결이다. 주가의 움직이는 모습을 보면 추세방향을 알 수 있다. 추세방향으로는 강한 모습을 나타내고 반대방향으로는 약하게 움직이기 때문이다."

(차트의 기술 / 김정환 지음 / 이레미디어 / P77)

주가는 불규칙하게 움직이기 때문에 평소 그 흐름을 예측하기가 쉽지는 않지만, 주가가 한쪽으로 방향을 설정하고 움직이기 시작하면 시장 참여자들의 관심과 심리가 동참하면서 상당 기간 일정 방향으로 움직임이 강화되는 모습을 나타내게 된다. 즉, 상승하는 가격은 더 상승하게 되고 하락하고 있는 가격은 더 하락하게 된다. 기업에 대한 전망이 긍정적이어서 투자자들의 매수세가 집중되면 우 상향으로, 부정적이어서 매도세가 몰리면 주가가 우 하향하는 형태를 나타내게 되는 것이다. 이렇듯 추세는 투자자들이 시장을 바라보는 시각의 모음으로 이해할 수 있다. 만약 시장 및 기업 전망에 대한 의견이 일치하지 않고 투자자마다 엇갈릴 경우 주가의 움직임은 불규칙한 랜덤의 모습을 유지하게 되는데 이때는 추세가 형성되지 않는다.

직장인 투자자가 추세매매를 하려면 상승추세에서만 매매를 해야 한다. 일부는 하락추세에서 반등 시 작은 이익을 취하려 하기도 하는데 이는 자칫 큰 손실로 이어질 수 있다. 오히려 하락 추세대에서는 반등 시 물량을 축소시키는데 이용해야 한다. 또한 추세가 정해지지 않은 구간에서는 매매를 멈추고 추세가 형성될 때까지 기다려야 한다.

추세의 방향을 알아보는 가장 기본적인 방법은 차트상에 추세선을 직접 그어 보는 것이다. 상승추세는 주가 움직임의 하단에, 하락추세는 움직임 상단에 그리는 것인데, 실제로 추세선을 직접 그려봄으로써 새롭게 차트를 인식하게 될 것이다.

이러한 추세매매와 연관 지어서 매도시점을 파악하는 것이 트레이딩 스탑(Trading Stop)이다. 주가의 움직임을 상승과 하락, 횡보로 나눌 수 있다고 했는데, 한번 형성된 추세는 일단 그 흐름을 이어가려는 성질을 갖는다. 그러나 영원할 것 같던 추세는 언젠가는 꼭지점을 만들고 반대로 변화하게 된다. 따라서 투자자는 추세의 흐름에 따라 투자를 하다가 그 추세가 변할 때 반대포지션을 취하는 전략을 수립하는 것이 필요하다. 즉, 추세의 변화가 확인되면 매도 시점이 되는 것이다. 이는 추세대 이탈 매도라고도 하는데 이는 매도 목표를 절대 가격으로 정하지 않고 차트의 상승추세가 변화했을 때, 즉 주가의 추세 흐름이 꺾일 때 매도하는 전략이다. 이러한 시점을 선정하는 방식은 단순 차트를 이용한 방식과 가격의 변동폭을 이용한 방식을 사용할 수 있다.

추세매매는 '달리는 말에 올라타라'는 말로도 표현이 가능하다. 그러나 이 '말'이 내포하고 있는 여러 의미를 생각해 본적 있는가? 단순히 말에 올라타기만 하면 모든 것이 해결된다고 손쉽게 생각하고 있지는 않는가? 말에 올라타려면 일단 '말'을 다룰 줄 알아야 한다. 그렇지 않으면 말에서 쉽게 떨어져 크게 부상을 입을 수 있게 된다. 말은 자신을 다루지 못하는 사람을 흔들어 떨어뜨리려 하기 때문이다. 투자에서의 부상은 금전적 손실을 의미한다. 또한 '말'을 다룰 수 없으면 말이 가는대로 무한정 끌려 갈 수밖에 없다. 그래서 '말'을 다룰 줄 알아야 자신이 원하는 목적지로 '말'을 이끌 수 있고, '말'이 흥분해 날뛰어도 이를 제어하고 '말'에서 내릴 수 있게 되는 것이다. 이점이 매우 중요하다. 투자자는 '말'을 다루는 법을 배우고 '말(추세)'에 올라타야 한다. 이는 추세의 속성을 정확히 이해하여야 한다는 것이다.

차트를 이용한 방식(추세대 이탈 매도)

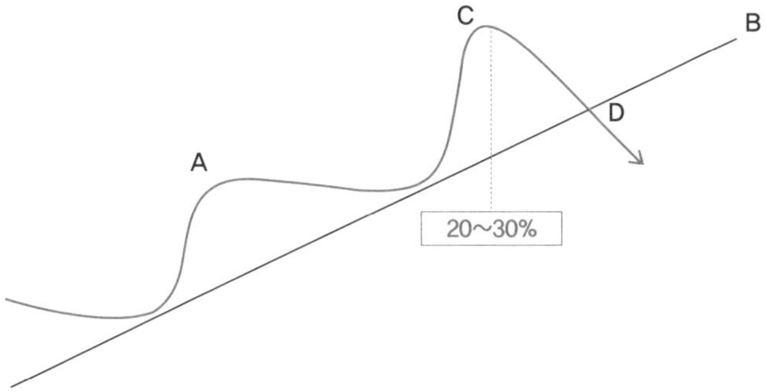

주가의 움직임이 A라고 하면 현재 주가는 추세를 형성하고 있다고 할 수 있다. 이때 상승 추세선은 주가 움직임의 하단에 그려지고 이는 B가 된다. 추세매매에 대한 매도 시점은 추세선 B를 이탈하지 않는다면 매도 없이 종목을 계속 보유하는 것이다. 만약 주가가 추세선인 B를 하향 이탈한다면, 즉 D를 깨고 내려오면 매도에 나서는 것이 트레이딩 스탑이다.

그러나 여기서 투자자가 고려해야 할 사항이 두 가지가 있다.

첫 번째, 주가가 어떠한 추세선을 깨고 내려올 때 매도하는 가이다. 추세선은 다양하게 그릴 수 있다. 주가의 움직임에 너무 붙어서 추세선을 그리면 주가의 작은 변동성에도 주식을 매도하게 되고, 이는 잦은 노이즈(훼소)를 일으켜 장기적인 투자가 어렵게 된다. 따라서 추세선은 그동안 주식이 하락 변동 시 버텨온 이동평균선이나 추세선 등을 근거로 활용하는 것이 좋다. 이때 이러한 선들과 주가의 괴리도(둘 사이의 간격)가 커지면 이는 주가가 단기에 급등한 것을 의미하는 것으로 이때는 추세선을 5일선등으로 옮겨 급등락에 대비하는 것이 필요하다.

차트를 이용한 방식

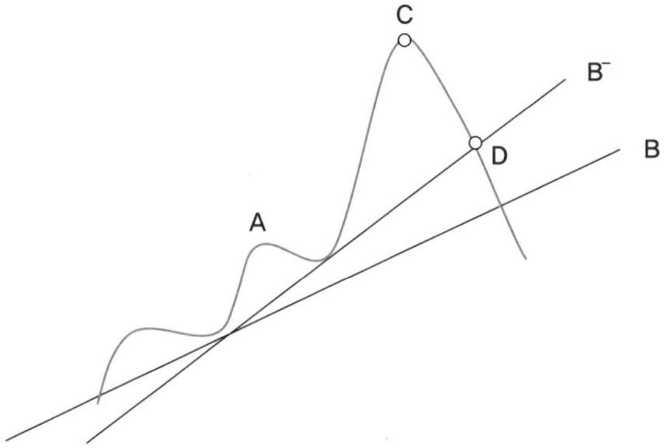

즉, 주가가 B를 급격히 상향 이탈시 추세선을 B에서 B−로 다시 그려서 매도 시점 D를 주가의 움직임에 바싹 붙이는 것이다.

이는 시장의 과열에서 이익을 챙길 수 있는 훌륭한 방법이 된다.

두 번째 고려해야 하는 사항은 트레이딩 스탑은 주가의 최고점에 주식을 파는 것이 아니라는 점이다. 이는 주가가 고점 C를 형성하고 하락이 확인된 D지점에서 매도를 하게 되는 것인데, 때로는 이 차이가 고점 대비(C - D)가 약 20~30%에 달할 수 있다. 투자자는 통상 주식을 제일 고점에 팔고자 하는 욕망이 있다. 따라서 이러한 현상으로 인해 평소 트레이딩 스탑을 망설이게 하는 요인으로 작용한다. 많은 투자자가 주가가 C점일때의 평가 금액을 자신의 금액으로 인식하려 하기 때문이다. 따라서 D점에서의 매도는 이익을 돌려준다고 생각하게 되고, 심하면 손절의 느낌과 비슷한 감정을 느끼게 되기도 한다. 그래서 고점에서 하락하는 주식을 판다는 것은 생각만큼 쉽지는 않다. 그러나 트레이딩 스탑은 추세가 바뀐 것을 확인하고 매도를 통해 주식시장에서 빠져나오는 방식이기 때문에 하락이 예견된 사항을 있는 그대로 받아들이고 C점 당시의 평가 금액에 연연하지 말고 현재의 이익이라도 만족하면서 매도하는 것이 중요하다.

투자자는 주식은 '무릎에 사서 어깨에 팔아라' 라는 격언을 들은 바 있을 것이다. 이는 고점에서 주식을 매도하여 욕심내지 말라는 이야기인데, 어깨를 확인하기 위해서는 머리가 있어야 확인이 된다. 즉 어깨 → 머리의 순서가 아니라, 머리 → 어깨의 순서로 주가의 움직임이 전개되는 사항을 이야기하는 것이다. 즉, 상승기에 적당히 주식을 매도하라는 것이 아니라 고점을 확인 후 주가 하락 시 매도로 대응하라는 말인 것이다.

다소 변형된 방식으로 추세 중 변동성이 커서 어떤 추세선에 따라야 할지 투자자가 불명확한 경우가 있다. 이때는 추세선에 의존하지 말고 가격의 하락에 의해 매도하는 것이 좋다. 예를 들어 전일대비 −7% 하락하면 매도하는 전략을 수립하는 식이다. 이는 주가의 움직임이 최근의 장중 움직임을 넘어서는 큰 시세 변동에 대응 시점을 잡든지, 아니면 단순히 % 하락에 매도를 잡아도 된다. 이 또한 고점 대비 하락시 매도라는 심리적 대비가 필요하다.

"시장이 자신의 투자 포지션과 반대로 움직일 때 가장 중요한 것은 '이제 그만할래!'라고 선언할 수 있는 단호한 태도다. 이를 위해 결혼할 때와 마찬가지로 투자할 때도 일종의 혼전 계약서가 필요하다. 즉, 투자 포지션을 구축하기 전에 미리 출구전략을 짜 놓아야 한다."

(왜 추세추종 전략인가 / 마이클 코벨 / 신재미 옮김 / 이레미디어 / P109)

트레이딩 스탑은 투자자로 하여금 시장의 변화에 즉시 대응하게 하여 투자자금을 지키게 해준다. 트레이딩 스탑이 가지는 장점은 투자자가 시장의 변화 요인을 파악하고, 그 이후에 대응전략을 수립하느라 시점과 시간을 낭비하는 것을 방지한다.

"주가가 하락하는 진짜 이유는 상당한 시일이 지나서야 비로소 드러난다. 그래서 상황이 의심스러울 때는 일단 빠져 나오는

게 상책이라고 하는 것이다. 무엇이 의심스러운 상황인가에 대한 구체적인 판단기준은 없다. 대개의 경우 주가가 약세를 보이기 시작할 때는 왜 하락하는지 뚜렷한 이유를 알 수 없기 때문이다. 그러나 주가가 왜 떨어졌는지, 그 이유가 완전히 밝혀질 때까지 기다렸다가는 너무 늦다. 시장이 기대와 반대로 움직이고 자신이 보유한 종목이 이유 없이 약세를 보일 때는 포트폴리오의 일부라도 현금화하는 게 좋다. 제때 행동하지 않으면 후회하게 된다."

(박정태 경제 칼럼리스트 / 머니투데이)

4) 피라미딩 전략과 박스매매

피라미딩 전략은 투자자가 주식을 매수한 이후 원래의 의도와 같이 주가가 상승세를 나타낼 때 추가로 주식을 매수하는 것을 말한다. 투자자의 생각과 주가의 움직임이 일치한다는 것은 적절한 시점에 매수를 잘 했다는 것이 시장에서 확인되었기 때문에 추가매수를 통하여 수익을 증가시킬 수 있는 좋은 기회라 할 수 있다. 따라서 성공한 많은 투자자들이 피라미딩 방식을 권하고 있다. 이러한 훌륭한 피라미딩 전략은 매수한 주식이 하락 시 추가로 주식을 사는 물타기와 상반되는 개념으로, 역설적으로 많은 투자자들이 쉽게 따라 하지 못하고 있는 대표적인 투자 방식 중의 하나이다.

피라미딩 전략을 시행하기 위해서는 처음 매입가보다 높은 가격을 지불해야 하는데, 이는 투자자들의 보편적인 심리와 반대되는 행동이므로, 투자자들이 이론처럼 추가로 주식을 매수하기는 생각보다 쉽지 않다. 우리는 무엇을 살 때 싸게 사고 싶은 욕망이 있기 때문에, 싸게 사는 물타기는 별 심리적 저항 없지만, 비싸게 사는 것은 본성을 거스르는 행위로 거부감이 생긴다.

그래서 오르는 주식은 더 사야 함에도 불구하고 사지 못하고 바라만 보고, 빠지는 주식은 사지 말아야 함에도 불구하고 물타기를 쉽게 하게 된다. 물타기를 하면 '평균매입단가'가 내려가지만 피라미딩을 하게 되면 '평균매입단가'가 올라가기 때문에 수익률이 줄어든다고 투자자가 느끼게 되고 이는 심리상 불쾌감으로 다가오게 된다. 또한 심리적으로 처음에 전부 매수를 했었다면 수익이 더 늘어났었을 것이라는 생각이 자꾸 들게 된다. 그래서 많은 투자자들이 피라미딩 방식을 따르지 못하고 있다. 피라미딩 방식은 분명 처음엔 쉽지 않지만 몇 번 이를 하면서 익숙해지면 어느덧 매우 안정적인 투자를 하고 있는 자신을 발견하게 될 것이다.

투자자가 매번 투자 타이밍을 정확히 맞출 수는 없다. 피라미딩은 적절한 매매 타이밍의 결과를 향유하는 방식이다. 모든 투자는 주가가 오를 것이라는 전제로 이루어지게 되는데, 투자자의 생각과 다르게 오르지 않으면 물타기 보다는 손절로 대응을 하고, 생각과 같이 주가가 오른다면 추가매수를 해야 하는 것이다.

피라미딩 전략은 분할매수의 한 과정이다. 이는 투자하고자 하는 자금을 한꺼번에 다 집행하는 것이 아니고 계획에 따라 분할하여 매수하는 것이다. 시장 상황에 따라서 3분할이나 5분할로 매수를 집행할 수 있고, 약세장에서는 초반에는 작은 금액을 투입하였다가 점차 금액을 늘려가는 것도 하나의 방법이 된다. 이렇듯 피라미딩은 다양한 방법의 구사가 가능하다. 일반 투자자들의 행태 중에 다소 위험한 것은 투자종목에 모든 자금을 일시에 투입하는 행위다. 집중 투자와 분할 매수는 수익률과 리스크의 관계 등 여러가지 장단점이 있다. 하지만 집중 투자로 성공하지 못한 투자자, 즉 이를 다룰 수 없는 투자자라면 분할 매수 방식을 권한다. 이는 투자에 대한 많은 생각을 하게 한다.

30%의 이익을 20%나 10%로 나누면 어떤가? 아니 5%의 이익도 좋은 것 아닌가? 피라미딩은 이익을 모아가는 매우 훌륭한 방식인데 만약 거부감이 생긴다는 것은 투자자가 바랄 수 없는 - '초기에 확신을 가지고 다 샀어야 하는 욕심'을 부리고 있다는 점을 인정해야 한다.

피라미딩은 추세 매매에 적극 동참하여 편승하는 방식이다. 따라서 추세를 보면서 추세대 하단에서 매수를 이어가는 전략을 구사하기 바란다. 많은 투자자들이 따르지 못하기 때문에 이를 극복한다면 분명 좋은 결과를 얻게 될 것이다.

"모든 트레이더가 경계해야 할 것은 바로 오만이다. 주가가 내가 예측했던 것과 반대로 움직인다면 자신의 판단이 '잘못' 됐음을 인정하고 그 즉시 청산해야 한다. 그런데 매매할 때 가끔은 잘못된 판단을 할 때도 있다는 사실을 망각하는 트레이더가 상당히 많다. 자신의 판단이 잘못됐다 싶으면 그 즉시 포지션을 청산하는 것이 성공하는 트레이더로 가는 지름길이다."

(피라미딩 전략 / 제시 리버모어 지음 / 이은주 옮김 / 이레미디어 / P230~231)

박스매매는 주가의 움직임이 계단식으로 상승하는 모멘텀을 이용한 매매 방식으로 이는 피라미딩 방식의 변형된 투자방식이다.

박스매매는 주가가 한 단계씩 움직이는 모습을 바탕으로 투자전략을 수립하는 것으로 주가가 한단계 상승 후 일정 박스의 움직임을 보이다가 다음 박스로 상승하는 시점에 매수에 가담하는 방식이다. 여기서 중요한 것은 상승시에만 매수에 가담하고 박스를 깨고 내려오는 하락기에는 매도로 대응을 해야 한다. 또한 하락한 박스가 재차 상승한다고 따라 가는 것이 아니라 최대의 고점을 돌파할 때 비로소 매수로 따라 가는 것이 중요하다.

박스권 매매

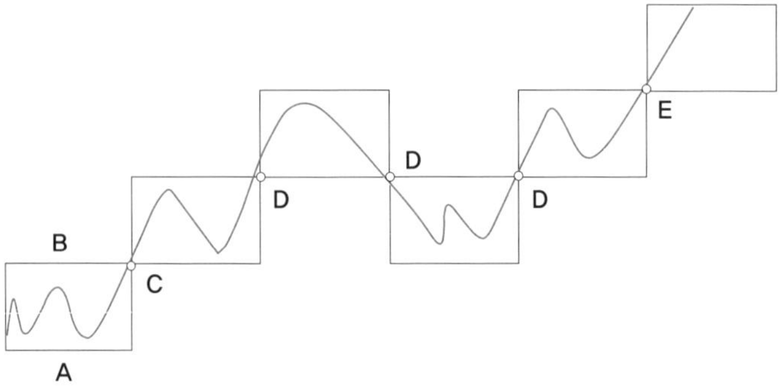

박스권 매매는 통상 A 지점에 매수하여 B지점에서 매도하고, A지점에서 다시 매수하여 B시점에 매도하는 방식이다. 통상 주가가 일정한 박스권의 모양 – 횡보세를 보일 때 취하는 방식이다. (2010년부터 2016년까지 코스피 지수가 약 5년여 동안 움직임이 박스권을 보이고 있어서 지수가 2000P를 넘으면 매도를 하고 1800P선에 접근을 하면 매수를 하는 투자자들도 있었다.)

박스권 매매는 이러한 주가의 박스권 움직임에 주목하여 매매를 하는 방식이다. 그림과 같이 주가가 움직임을 보인다고 하면, 주가가 C와 D지점을 돌파할 때 추가로 매수에 나서는 것이다. C와 D지점은 기존 박스를 돌파한 새로운 상단 박스로의 진출을 의미하기 때문이다. 이때 손절라인은 C와 D지점을 하향 돌파할 때이다. 주가가 더욱 상승하여 E지점을 돌파하게 되면 또 추가 매수에 나서는 것이 박스 매매의 핵심사항이다. 즉, 상승하는 박스를 따라가면서 추가 매수에 나서는 것이다.

손절 지점 역시 중요하게 되는데, 이후 주가가 D지점을 돌파할 때 매수에 나서지는 않는다는 것이다. 이는 기존의 박스가 새롭게 상향한 것이 아니기 때문이다. 새로운 매수 지점은 E지점으로, 이렇듯 박스권 매매는 새로운 상향 박스 – 신고가를 경신할 때 추가로 배수를 하는 방식이며, 이를 돌파하지 못한다면 매도 후 매수를 멈추고 관망하는 것이 중요하다.

박스권 매매는 매수와 매도에 대한 가격을 미리 정할 수 있다는 점에서 간결하고 편하게 매매를 할 수 있는 방식이다.

5) 역발상 투자

데이비드 드레먼의 『역발상 투자』가 나온 이후 이는 다른 투자자들과 다르게 시장에 접근하는 매우 현명한 방식으로 관심을 모으고 있다. 이제 많은 투자자들이 역발상 투자란 용어를 모르지 않을 것이다. 증시 격언 중 '남들이 가지 않는 뒤안길에 꽃밭이 열려 있다'라는 말과 어우러지면서 다른 투자자들보다 상대적으로 반대되는 자신은 좀 더 똑똑하게 투자를 한다고 생각하는 것이다.

그래서 역발상 투자를 하기 위한 시점을 잡고자 많은 노력을 하고 있다. 이러한 점은 주가 상승기 보다 하락기에 더욱 두드러지는데, 많이 하락한 자산은 결국 회복한다는 과거의 경험과 믿음으로 주가가 하락하면 일부는 공포에 휩싸이기 보다는 좋은 매수 기회로 삼으려는 투자자들이 증가하고 있다.

하지만 안타깝게도 역발상 투자의 진정한 의미를 알고 활용하는 투자자를 만나기는 쉽지 않다. 단순히 '주가가 많이 빠지면 산다' 라는 접근 방식이 가장 보편적인데, 이는 역발상 투자의 일부분으로 투자자가 알아야 하는 중요한 부분이 생략되어 있다.

그러면 어떻게 하는 것이 진정한 역발상 투자이고 이를 통해 투자자는 어떻게 투자수익을 올릴 수 있는지에 대해 알아보자.

역발상 투자는 남들과 다르게 생각하고 투자하는 방식이기는 하지만, 그렇다고 항시 남들과 다르게 생각하는 투자 방식은 아니다. 데이비드 드레먼은 평소에는 남들과 같이 매매를 하다가 다른 사람들(대중)의 생각이 양 극단- 흥분과 공포로 치닫을 때, 그들과 다른 방향으로 투자 포인트를 잡는 것이 역발상 투자라고 정리하고 있다. 주식시장에서 투자자들의 심리는 종종 극단으로 몰리게 된다. 즉, 시장은 곧잘 투자자들을 흥분상태에 빠지게 한다. 상승장에서는 매수에 동참하고자 하는 투자자들이 몰리게 되고, 이때는 주식을 보유하는 것만으로도 행복한 마음을 갖게 되고 투자는 쉬운 것으로 인식되어 주가는 한없이 오를 것으로 생각하게 된다. 반대로 주가가 하락하게 되면 극심한 공포에 휩싸이며 끝없이 하락할 것처럼 느껴진다. 이러한 상황은 역사적으로 보면 주기적으로 반복해서 발생하는데, 그 사실을 알면서도 투자자가 그 속에 있을 때 다른 생각을 냉정하게 하기란 말처럼 결코 쉬운 일이 아니다.

투자자가 반대의 생각을 취하기 어려운 또 다른 이유는 시장의 흥분은 생각보다 오래 지속될 수 있기 때문이다. 그래서 투자자가 아무리 경계의 눈초리로 시장을 보아도 그 변화의 시점까지 예측하는 것은 매우 어렵다. 즉, 시점을 맞춘다는 것은 비현실적인 일이다. 따라서 자신이 다른 투자자들과 다른 행동을 한다는 것은, 설혹 그것이 나중에 맞다고 판명나더라도 그 결과가 나올 때까지는 매우 고통스러운 시간을 견뎌야 하는 고난의 시간이 되는 것이다. 이 과정에서 투자자는 자신의 판단에 대한 주위와 자신으로부터 끊임없는 질문을 받게 되며 어려운 시간을 홀로 지내야 하는 것이다.

역발상 투자를 하기 위해서는 먼저 다른 투자자들의 심리가 흥분 상태인지를 파악하는 것이 필요하다. 그래야 냉정한 판단으로 이와 반대로 생각을 할 수 있게 된다.

그럼 역발상 투자를 위해 가장 중요한 것은 무엇일까? 어떻게 다른 투자자들의 흥분 상태를 파악할 수 있을까?

그러기 위해서는 투자하고자 하는 기업의 가치를 아는 것이 중요하다. 그래야 그를 기준으로 주가의 상황을 보면서 투자자들의 흥분을 알 수 있기 때문이다. 즉, 역발상 투자를 하기 위해서는 진정한 가치를 파악하는 것이 중요한 전제가 된다. 이에 대한 생각 없이 단지 많이 빠졌다고 역발상 투자에 나선다는 것은 잘못된 행동이 될 수 있다. 잘못하면 빠질만한 이유로 빠지는 주식을 덥석 사는 실수를 저지를 수 있다.

"한마디 경고하겠다. 손실이 발생한 주식에 대한 투자는 단순한 역발상 주식매입보다 훨씬 위험하다. 투자자는 회사의 재무건전성을 강하게 확신할 수 있어야 하며, 포트폴리오의 작은 일부만 투자해야 하고, 동시에 여러 종목에 골고루 투자하여 위험을 분산해야 한다."

(데이비드 드레먼의 역발상 투자 / 데이비드 드레먼 지음 / 이건, 김홍식 옮김 / 흐름출판 / P269)

투자하고자 하는 기업의 가치를 파악하는 방식은 여러가지가 있다고 말했었다. 내재가치를 통한 방법과 시장의 적절한 평가를 의미하는 PER(주가수익비율)이나 PBR(주가순자산비율), 그리고 다양한 차트를 이용하는 방법이 그것이다. 이 중 어떠한 평가를 이용하여 투자에 활용할지는 투자자 자신만의 확고한 기준이 있어야 한다. 기준 없이 다른 사람들의 평가 상태가 흥분된 상태임을 파악하는 것은 불가능 하기 때문이다.

시장은 매우 다양한 이유로 정상적인 상태에서 자주 벗어나게 된다. 기본적 분석과 기술적 분석 모두 자체적 오류로 인해 시장과 주가의 평가를 잘못하는 경우도 발생한다. 그리고 기업의 영업환경도 투자자들의 예상과 달리 너무 자주, 급속도로 변화하기도 한다. 또한 이를 종합적으로 예측하여 투자자들에게 길잡이 역할을 하는 애널리스트들의 분석도 오류를 보일 때가 있다. 여기에 투자자들의 심리가 쏠림으로 나타나면 시장을 냉정히 분석한다는 것이 불가능해 보이기까지 한다. 그래서 투자자는 완벽하지 않더라도 자신이 대응할 수 있고 판단할 수 있는 자신만의 기업과 주가에 대한 평가 기준이 있어야만 하는 것이다. 그래야 비로소 역발상 투자가 가능해지는 것이다.

"낙관적인 시각에 대한 아주 사소한 재평가도 주가에 악영향을 미쳐 비관론을 증가시킬 수밖에 없다. 이와 마찬가지로 시장 참여자 대다수가 어떤 주식이 '쓸모 없다'고 생각해 아무도 보유하지 않으려는 경우, 이 기업의 미래 이익전망에 대한 어떤 재평가도 낙관적인 방향으로 작용할 것이다."

(리차드 번스타인의 스타일 투자전략 / 리차드 번스타인 지음 / 홍춘욱 옮김 / 원앤원북스 / P83)

정리하면 역발상 투자란 주가의 움직임이 정상의 궤도에서 벗어나 양극단으로 치닫을때 시장의 가치를 판단해서 매매에 임하는 전략인 것이다. 이는 가치투자 중 하나의 방식으로도 볼 수 있다. 주가가 많이 빠지면 그레이엄이 말한 '안전마진'이 확보되는 순간임으로 매수에 나서는 것이다. 이것은 역발상 투자를 통한 가치투자로 볼 수 있다. 그러나 일부 투자자는 역발상 투자를 기술적 분석에 의한 투자 방식으로만 잘못 알고 있다. 단순히 많이 빠지면 산다는 것은 – 안전 마진을 고려하지 않고 – 기술적 분석에 의한 접근 방식이다. 또한 가치에 집중하면 시장이 과열일 때 고점에서 과감히 매도하고 나올 수 있게 된다.

"개별종목이나 시장이 과거의 평균에서 크게 벗어날 경우, 최근 수익률에 유혹당하지 말라. 장기수익률(기본 구성비율)로 돌아갈 확률이 훨씬 높다. 수익률이 유난히 높거나 낮으면 그것은 대개 비정상이다."

(데이비드 드레먼의 역발상 투자 / 데이비드 드레먼 지음 / 이건, 김홍식 옮김 / 흐름출판 / P334)

역발상 투자는 많은 분석과 전략에 대한 논의가 진행중인 가치주와 성장주 투자 모두 해당이 된다. 기본적으로 둘 다 시장의 관심이 고조될 때가 위험하다는 것은 동일하다.

또한 투자자가 더욱 신경을 써야하는 것은 성장주의 경우로 이는 매수 보다는 매도 시점을 잡는데 역발상 투자 역량을 집중해야 한다. 성장주의 경우 시장의 컨센서스 반영 정도가 빠르기 때문에, 이때 사소한 변화는 성장주의 가치판단에 영향을 미치며 주가변동성을 높이게 된다. 따라서 모두가 낙관적인 평가일 때 냉정한 판단을 하도록 노력해야 한다.

한편, 시장에서 특정 업종의 IPO(기업공개)가 증가하면 해당 업종의 매도를 고려하는 것도 역발상 투자의 방법 중 하나라고 볼 수 있다. IPO시 기업의 가치를 선정하는 방법은 동종 업종의 PER를 이용하게 된다. 따라서 기업을 공개하고자 하는 신규기업의 입장에서는 동종 업계의 PER가 높을 때 기업을 공개하면 프리미엄이 높아지면서 상장 차익(자본잉여금 증가)을 챙길 수 있게 된다. 그리고 시장의 관심도 많이 이끌어 낼 수 있게 되는 등 여러가지가 유리하게 작용된다. 따라서 상장을 서두르게 되는데, 이러한 현상이 누적되면 거품이 생겼다고 판단할 수 있게 된다. 현명한 투자자는 이러한 현상, 특정 업종의 IPO 증가 상황으로도 특정 업종의 거품을 이용한 매도 전략(역발상 투자)이 가능하다. 이렇듯 역발상 투자는 시장의 관심 속에서 포인트를 찾을 수 있게 해준다

6) 배당 투자

기업의 영업 활동 결과 이익이 발생하면 투자자들에게 그 이익을 분배하게 된다. 이익의 분배는 기업의 가치상승에 따른 '시세변동차익'과 이익의 일부를 '배당'으로 나누어 주는 행태로 나눌 수 있다. 이 중 보통의 투자자들이 주로 관심을 갖는 부분은 시세차익이다. 시세차익은 단기간에 고수익을 투자자에게 안겨주기 때문이다.

배당은 주식을 소유하고 있는 상태에서 현금으로 투자자에게 환원됨에도 불구하고, 시기적으로 한정되어 있고 수익률이 상대적으로 적어 그동안 투자자들이 크게 생각하지 않은 것이 일반적이었다. 최근엔 분기 배당을 주는 기업이 늘기는 했지만 그래도 배당 투자는 연말쯤에 반짝하는 단기 테마투자 정도로 보는 시각이 우세하다. 통상 국내 기업의 시가 배당수익률이 연 2~3%대가 채 되지 않는 것도 투자자들의 관심을 낮추는 데 한 몫 했다.

하지만 저성장, 저금리 기조가 이어지고 있는 상황에서 금리와 배당수익률과의 격차가 크게 줄어 배당투자의 수익률이 상대적으로 개선되고 있다. 배당수익률이 2%라면 시중 기준금리 1.5%를 넘어선 상황이기 때문이다.(2019년 8월 기준) 따라서 선진국처럼 저금리(심지어 마이너스 금리) 하에서는 배당투자가 상대적으로 투자자들의 관심을 끌만한 요인이 충분히 되면서 배당투자가 서서히 부각되고 있다. 배당은 주가 상승분 외에 주주가 얻을 수 있는 수익이어서 좋은 기업에 장기 투자할 수 있는 든든한 버팀목이 된다.

"배당은 투자자들에게 실제 지급되는 돈이다. 배당지급 안건이 이사회에서 통과됐는지 그것만 조사해 보면 된다. 배당은 기업이 실제로 돈을 벌어들이고 있는 사실을 입증시켜주는 일종의 '신호'라고 할 수 있다.

왜 그럴까? 이유는 간단하다. 기업경영진과 이사회가 배당을 늘리기로 찬성하는 이유가 단 한 가지밖에 없기 때문이다. 그렇다! 경영진이 회사의 이익이 이전보다 늘어났거나 향후 더 높은 이익을 낼 수 있다는 생각을 하고 있기에 배당을 늘리는 것이다."

(절대로! 배당은 거짓말하지 않는다 / 켈리 라이트 지음 / 홍춘욱, 한지영 옮김 / 리딩리더 / P58 ~ 59)

최근엔 배당을 높이는 '주주친화 정책'을 도입하는 기업이 늘어나고 있다. 국내 기업은 글로벌 금융위기 이후 부채비율을 줄였고, 또한 글로벌 저성장에 직면하면서 막대한 자금을 유보금으로 보유한 상태로 배당 재원도 상대적으로 풍부한 편이다.

여기서 배당이 갖는 의미에 대해 한번 생각해 보겠다. 배당의 재원은 기업이 영업활동을 통해서 벌어들인 이익이다. 이 이익은 이사회 결의에 따라 그 쓰임새를 결정하게 된다.

기업의 성장곡선

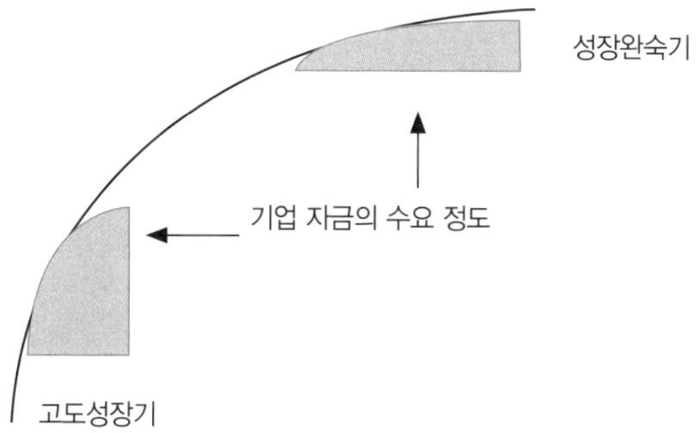

기업의 사업 초기에는 많은 자금이 필요하게 되는데, 이때는 영업이익만으론 자금이 부족하여 다양한 차입까지 더하여 기업이 활동을 하게 된다. 이후 사업이 본 궤도에 오르고 이익이 더욱 커지면 기업은 이를 적절히 활용해 기존의 차입금 상환과 신규 투자 등으로 기업과 이익의 규모를 더욱 키워가게 된다. 따라서 이러한 시기에는 기업이 발생한 이익을 전부 배당으로 투자자에게 돌려주기는 쉽지 않다. 무한 경쟁 속에서 경쟁우위를 지속하기 위해서는 자금이 계속 기업 내에 재 투자되어야 하기 때문이다.

통상적으로 기업이 성장을 구가하고 있을 때는 자원 요소 등을 투입하여 성장세를 유지하도록 하는 것이 필요하다. 이때 가장 좋은 재원은 기업의 이익이다. 따라서 성장기업의 경우 이익의 배당을 외부에 유출하기 보다는 이익을 지속 투자하여 기업의 성장세를 유지하는데 주력하게 된다. 그렇지 않고 이익을 배당으로 사외에 유출시키다 보면 정작 투자재원을 차입으로 충당해야 하는 경우가 생기게 된다. 이때 투자자는 기업의 성장에 따른 주가의 상승을 통해 높은 시세 차익으로 기업의 이익을 나누게 되는 것이다.

그러나 기업의 상황이 안정 궤도에 접어들어 더 이상의 고 성장을 지속하기 힘들어지면서 저 성장에 놓이면, 기업은 신규 투자의 요인이 제거되고, 이익은 기업 내부에 쌓이게 된다. 이때 기업은 쌓이는 이익을 투자자에게 배당으로 돌려주는 것이 합리적이라고 봐야 한다.

"자본배분은 사업과 투자관리에 대단히 중요합니다. 따라서 경영자와 주주들은 어떤 상황에서 이익을 유보하고, 어떤 상황에서 이익을 배분할 것인지에 관해 숙고해야 합니다…중략… 그러나 유보하기에 타당한 이유는 하나뿐이라고 봅니다. 회사가 1달러를 유보할 때마다 주주들에게 창출하는 시장가치가 1달러 이상이라는 타당한 전망이 있을 때만 제한 없는 이익이 유보되어야 합니다. 이런 조건은 회사가 유보이익으로 일반투자자들이 벌어들이는 금액 이상으로 이익을 낼 때만 성립될 것입니다."

(주식말고 기업을 사라 / 워렌 버핏 지음 / 로렌스 커닝햄 엮음 / 이건 옮김 / 서울문화사 / P202 ~204)

워렌 버핏의 '버크셔 헤서웨이'는 막대한 이익에도 불구하고 지금까지 배당을 하지 않는 것으로 유명하다. 배당에 대한 버핏의 기준은 확고하면서도 깔끔하다. 주주가 된다는 것은 자신의 자금을 투자하여 위험을 감수하고 시중금리 보다 높은 투자수익을 거두기 위함이다. 이는 WACC(가중평균자본비용)로 표시될 수 있다. 기업이 주주들에게 배당 줄 경우 주주 입장에서는 그 배당을 가지고 다른 곳에 투자를 하여 또 다른 수익을 기대하게 된다. 즉, 그 자금을 활용하는 것이다. 버핏은 기업이 배당보다 투자자의 재원을 가지고 투자자가 원하는 WACC보다 높은 수익률을 낼 수 있으면 배당 보다는 기업이 투자를 지속하는 것이 맞고, 기업의 성장세가 꺾여서 이를 달성하지 못할 경우에는 배당으로 투자자에게 분배하여 투자자로 하여금 자금을 활용토록 하는 것이 맞다고 주장한다. 그래서 자신의 버크셔 헤서웨이는 투자자들의 목표 수익률 이상의 달성이 가능하기 때문에 배당을 하지 않는다는 것이다. 지금의 국내 상황은 기업들이 WACC를 달성하기가 과거보다 많이 힘들어졌다. 따라서 기업의 이익을 배당을 통해 주주가치 제고와 주가 관리에 사용하고자 하는 기업들이 늘어나고 있다.

일반적으로 배당을 증가시킨다는 것은 기업의 이익 전망이 좋다는 표시로 주식시장에서는 받아들인다. 재원을 외부로 유출하고도 기업의 성장이 가능하다고 보는 것이다. 따라서 기업이 배당을 늘이면 기업의 주가도 오르는 경향을 보이게 된다.

최근엔 배당주 펀드의 활성화로 투자자금이 몰리고 이는 배당주로의 투자 확대로 이어지고 있다. 그러면서 배당주의 주가 상승은 더욱 안정세를 타게 된다. 이러한 점을 감안한다면 과거처럼 특정 시기에만 하던 배당투자에 대한 깊은 고려가 필요하다. 이는 배당주는 우량주라는 인식으로 특정시기에 관계없이 지속적인 투자가 가능해졌다는 것이다.

얄미운 배당주 투자

배당에 대한 투자자들의 일반적인 생각과 실제 투자 현장에서의 차이점을 살펴보겠다. 내용을 보면 왜 위와 같은 제목을 붙였는지 알게 될 것이다. 우리나라 상장사 중 배당을 주는 기업은 대략 몇 %나 될까? 일반적으로 그 수가 매우 적을 것으로 투자자들은 생각하고 있다. 하지만 상장사 중 무려 60%가 넘는 기업이 배당을 주고 있다. 미국의 상장사 중 약 40% 정도가 배당을 주는 데 비해 매우 높은 수치이다. 물론 배당금의 크기를 보면 국내 기업들보다 미국이 높은 것은 사실이다. 따라서 배당수익률은 미국이 좀 더 높다. 하지만 생각보다 많은 기업이 적게나마 배당을 하고 있는 것이 현실이다.

이를 분석해보면 매우 재미있는 현상에 마주하게 된다. 대기업 보다 중소기업 중에서 배당을 주는 기업수가 더 많고 때로는 배당수익률도 꽤 높다. 이는 기업의 지배구조와 연관지어 생각해 볼 부분이다. 대기업의 경우 대주주 지분이 대체적으로 크지 않다. 따라서 대주주 입장에서는 배당이 자신의 이익으로 크게 다가오지 않는다. 하지만 중소기업의 경우 대주주 지분이 높아 배당이 대주주의 수익과 직결됨을 의미한다.

또한 외국인 특히 헤지펀드 등의 지분이 높거나, 기업의 가업 상속이슈가 걸려 있거나, 대주주의 지분 변동이나 M&A 등이 있는 경우 일시적으로 배당이 증가하는 경우도 있다.

이를 이용한 다양한 투자전략들이 시장에 나와 있으니 잘 참고하기 바란다.

7) ETF 투자

투자자가 금이나 원유 등 실물자산의 가격 변동폭에 대해 투자를 하고 싶다면 어떻게 해야 할까? 또 최근에 관심이 가는 로

봇이나 자율주행차와 같은 신사업에 투자하고 싶다면 어떻게 해야 할까? 그리고 이러한 사업의 해외 주식에 투자하고 싶다면 어떻게 해야 할까? 실물자산은 직접 투자를 하는 것이 하나의 방법이고 신사업의 경우는 국내 기업이나 해외기업을 찾아서 직접 투자하면 된다. 그러나 실물 투자의 경우 거래 비용과 직접 연관성, 분산을 통한 리스크 관리 등 번거러운 일이 한 두가지가 아니고, 신사업의 경우 국내 기업은 그 규모가 작거나, 아직 성장성이 미미한 경우가 있다. 그래서 이에 대한 대안으로 투자자들이 생각할 수 있는 것이 ETF 투자이다.

ETF(Exchange Traded Fund)는 상장지수펀드를 지칭하는 말이다. ETF는 거래비용을 절감할 수 있고, 여러 종목에 분산 투자되므로 투자위험을 줄일 수 있는 장점이 있다.

ETF는 펀드다. 펀드는 종목이 분산되어 있어서 직장인 투자자들이 개별 주식 투자가 어려운 경우 매우 유용하게 쓰일 수 있는데, ETF는 더 나아가 실시간 주식처럼 매매가 가능하다. 또한 보수 및 거래비용이 낮은 장점을 가지고 있다. 즉, 주식의 장점과 분산투자의 효과 그리고 거래비용이 낮은 장점을 가지고 있어 투자자들의 관심이 높아지고 있는 상황이다.

ETF가 직장인 투자자들에게 유용한 점은 바로 하나의 종목(상품) 리스크를 회피하여 글로벌 업종에 대한 분산투자가 가능하다는 것이다. 두번째는 금, 원유, 부동산 등 다양한 자산에 대해 손쉽게 실시간 투자가 가능하고 환금성이 보장된다는 것이다. 환 헷지는 상품마다 달라서 원하는 것을 선택할 수 있다.

국내에 출시되어 있는 ETF는 크게 시장추종형, 섹터형, 스타일/테마형, 파생상품형, 채권형, 해외주식형, 대안투자형(원자재/달러) 등으로 다양하게 나와 있어 투자자의 성향과 니즈를 충분히 충족시켜주고 있다. 또한 레버리지 ETF 와 인버스 ETF 등 다양한 변형구조의 상품 구성이 가능하다.

ETF에 투자하기 위해서는 먼저 구성종목을 확인하는 것부터 시작해야 한다. 구성종목과 각각의 비중이 어느 정도인지 알아야 투자한 ETF가 원하는 모든 것을 얼마나 효과적으로 달성할 수 있을지 예상할 수 있다.

8) 다양한 금융상품

주식시장에는 다양한 금융상품이 있고 투자자들은 이들을 쉽게 접할 수 있다. 펀드나 채권, 실물자산에 연계된 상품에 대한 투자부터 ELS(주가연계증권), ELB(주가연계파생결합사채), 전단채 등 투자자의 자금 계획과 수익에 대한 니즈에 맞는 다양한 상품들이 존재한다.

투자자들이 일반적으로 주식투자에만 집중하다 보면 이러한 상품에 무관심한 경우가 있다. 하지만 투자자라면 다양한 상품에 대해 공부를 해야 하고 그 구조와 내용을 알고자 노력하는 것도 필요하다. 이러한 상품들 중 일부는 주식시장과 연계되어 있어 주식시장에 영향을 미치기도 하기 때문이다. 예를 들어 2015년부터 인기를 끌고 있는 '배당주펀드'로의 자금 유입은 관련주들의 상승을 이끄는 힘이 되고 있다. 또한 주식형 펀드

로의 자금 유 · 출입에 따라 주식을 사고 팔아야 하는 기관의 움직임이 달라지게 되며 이는 지수와 종목 전반에 걸쳐 영향을 미치게 된다. 한편 회사채 금리의 변동은 해당기업의 자금사정에 대한 시금석으로 이 또한 주식시장에서 기업가치에 대한 판단 근거가 되기도 한다. 이렇듯 금융상품은 다양한 연계성으로 주식투자와 관련성을 갖는다. 따라서 금융상품에 대한 이해는 투자에 큰 도움이 된다.

한편으로는 금융상품에 대한 지식은 주식투자로 생긴 이익에 대한 안정적 분산의 효과를 준다. 여러분이 투자로 수익을 거두면 자금의 적절한 분산투자가 필요하게 되는데, 이러한 상품 등에 대한 지식을 토대로 진행과정을 익히기 때문에 매우 큰 무기로 작용하게 될 것이다. 따라서 시간을 가지고 조금씩 내용을 배우는 것이 필요하다.

보초병 세우기

여러분들은 증권사 HTS(홈트레이딩 시스템)에 시가총액 상위종목 및 업종별 대표주와 관심종목 POOL을 등록해 놓고 이들을 수시로 보면서 시장의 흐름과 매매 여부를 결정하고 있을 것이다. 그 중에서 매수하고자 하는 (예비) 종목이 선정되면 움직임을 파악하고 매수시점을 저울질하기 위해 다른 종목보다 더 많은 관심을 갖고 집중해서 보게 된다. 하지만 직장인 투자자는 특성상 매번 (예비)종목을 자주, 깊이 있게 신경 쓰면서 보기가 쉽지 않다.

이럴 때 대상 종목을 '한 주'나, '열 주' 정도 매수하는 것을 권한다. 일명 '보초병'을 세우는 것이다. 주식을 단 한 주라도 보유하면서 관찰하는 것과 단순히 관찰하는 것은 관심도나 마음가짐 면에서 크게 달라진다. 그래서 보초병 전략은 시세를 자주 보지 못하는 직장인 투자자에게 매우 유용한 전략 중 하나라고 할 수 있다.

그렇다고 관심이 생기는 종목마다 다 사 모으면, 한정된 자금과 시간으로 투자하는 입장에서 종목이 백화점식으로 나열되어 오히려 정신만 분산될 수도 있다. 보초병을 세울 때는 단순히 관심이 간다고 해서 아무 때나 사는 것이 아니라 관심종목의 움직임 중 매수 타이밍이 고조될 때이다.

때론 관심종목은 아니지만, 주위의 강력한 매수 추천이 있을 경우 보초병을 세워 놓고 흐름을 관찰하면서 그 종목을 연구하는 것도 하나의 방법이라 할 수 있다. 아무래도 자주 보던 종목이 아니면 그 흐름을 이해하는데 시간이 걸리기 때문이다.

보초병을 세워놓으면 투자자에게 많은 정보를 알려주게 되는데 종목을 한 주라도 보유하게 되면 시세의 움직임과 외인 및 기관의 동향, 기업의 뉴스와 리포트 등에 관심을 갖기 때문이다. 이렇듯 단순히 눈으로만 관찰하는 것과 보유하면서 관찰하는 것은 하늘과 땅만큼이나 차이가 크다. 보초병을 통해 움직임을 살피다가 여러분이 노리던 매수 타이밍에 들어오면 자금을 투입하여 매매를 하면 된다.

그럼 보초병의 처리는 어떻게 해야 할까? 애석하게도 그들의 운명은 장담할 수 없다. 투자를 올바른 매매로 이끌어 큰 수익으로 돌아올 수도 있고, 좋지 않은 기업으로 판명되면 손절로 운명을 다할 수도 있다. 그러나 보초병으로서의 역할을 했다는 점에서 의미를 두면 된다.

2

투자하고자 하는 기업(종목)을 찾는 방법 - 배제의 원칙

2019년 현재 우리나라 주식시장에서 투자할 수 있는 상장주식 수는 약 2천여 개가 넘는다. 파생시장까지 확대하면 투자 대상 종목 수는 더욱 늘어난다. 전문 투자자가 아닌 직장인들이 시장에서 거래되는 모든 종목을 투자대상으로 삼는 것은 현실적으로 불가능하다고 봐야 한다. 따라서 직장인 투자자들은 자신이 투자할 종목을 미리 한정해 놓고 그 속에서만 투자를 하고, 여타 다른 종목들은 투자를 하지 않는 '배제의 원칙'을 갖는 것이 매우 중요하다. 본격적인 주식투자 전에 종목을 하나하나 알아가는 과정을 통해서 자신만의 투자 대상 종목들을 선별한 다음, 이들을 중심으로 투자하겠다고 마음먹어야 한다는 것이다. 어린아이처럼 자신이 먹을 수 있는 것과 없는 것을 가리지 않고 두 손에 든 모든 것을 먹겠다는 욕심을 버리지 못하면 탈이 날 수 있다.

"당신이 마음 속에 항상 새겨둘 원칙을 찾아내면, 수 천개의 종목이 눈앞에 있다 해도 당신이 소화할 수 있는 투자 대상에만 집중할 수 있다."

(작지만 강한 기업에 투자하라/ 랄프 웬저 / 박정태 역 / 굿모닝북스 / P119)

직장인 투자자가 '배제의 원칙'을 갖지 않으면 수 많은 종목 속에서 종종 투자의 길을 잃고 방황하게 된다. 그렇게 되면 종목들에 대해 깊이 있는 공부를 하지 못하고 따라서 종목의 가치에 따른 냉정한 매매를 하기 어려워진다. 현명한 투자의 시작은 매매할 종목과 매매하지 않을 종목을 스스로의 기준으로 구분하는 과정부터다.

"종목 선택에 있어 우리가 강조하는 점은 주로 조건에 부합되지 않는 것을 제외시키는 방법이다. 따라서 한편으로는 질적으로 눈에 띄게 형편없는 모든 종목을 투자 대상에서 제외시키는 것이며, 다른 한편으로는 최고급 종목이라도 가격이 상승하여 상당한 투기성 위험을 수반할 정도로 높을 경우 투자대상에서 제외하는 것이다."

(현명한 투자자 / 벤저민 그레이엄 / 김수진 역 / 국일증권경제연구소 / P285)

신중하게 선정해 놓은 자신의 종목이 아닌, 배제된 종목에 대해서는 주위에서 아무리 '고급정보'라고 유혹해도 매매를 하지 않겠다는 스스로의 굳은 결심이 필요하다. 그래야 다른 사람들 말에 현혹되어 순간적인 감정으로 주식을 덥석 사서 그간의 노력을 거품으로 돌리는 우를 범하지 않게 된다.

솔직히 주변의 유혹을 떨쳐버린다는 것이 말처럼 쉬운 일은 아니다. 지금 당장 누군가가 '너만 알어!'라고 이야기를 시작하면 나도 모르게 마음이 움직이는 것은 어쩔 수 없다. '너만 알어'라는 말은 '쉽게 돈을 벌게 해 주겠다'는 말과 같은 뜻으로 들리므로 세상 어떤 것보다 떨쳐 버리기 어려운 치명적인 유혹이기 때문이다. 인간이기에 유혹에 약할 수밖에 없지만 애석하게도 유혹의 결과는 역시나 별로인 경우가 대부분이다. 이러한 사실을 알고, 또 무수히 경험했어도, 어느덧 또 유혹에 굴복하는 자신을 발견할 수도 있다. '이번엔 다르지 않을까? 이번 한번만 마지막으로 더 따라볼까?'라는 생각으로 자신을 합리화 하면서… 이런 생각이 들수록 투자자는 위대한 투자자인 존 템플턴이 말한 "이번만은 다르다라는 말이야 말로, 지금까지 투자자를 가장 손해 보게 한 말이다."라는 경고를 가슴에 새겨야 한다.

아무리 여러분이 배제의 원칙을 적용한다고 하더라도 이를 뚫고 들어오는 유혹에 대해서는 어떻게 대처해야 할까? 귀를 막을 수는 없는 노릇이다. 따라서 너무 두려워하거나 걱정하지 말고 있는 그대로 활용 가능한 방법을 찾아보자.

어떤 종목을 주위에서 권유하면 성급히 유혹에 빠지거나 그렇다고 억지로 내치지도 말고 냉정히 살펴보기 바란다. 통상 많은 투자자들이 자신도 모르게 익숙한 종목 위주로만 매매를 하게 되는데, 따라서 새로운 것을 탐구하는 자세를 조금만 게을리 해도 운용하는 종목 POOL이 작아질 수 있다. 이러한 점은 트렌드의 변화나 시장의 흐름을 읽는데 장애가 된다. 그런데 주위에서 이야기하는 종목을 분석하다 보면 때로는 새로운 트렌드를 발견하기도 하기 때문에, 잘 활용하면 긍정적인 효과를 보기도 한다. 주위의 이야기를 통해 자신의 시야를 넓히고 자신의 공부방법을 확인하는 기회로 삼으면 된다.(이 부분은 뒤에 자세히 이야기 하겠다)

즉, 투자자는 주위의 이야기를 들은 후, 그 종목에 대해 정밀한 분석과정을 거쳐 그 종목이 자신의 기준(POOL에 편입 가능한 기준)에 들어오면 그때 매매대상 종목에 편입시키고 타이밍을 잡아서(덥석 사는 것이 아니라) 매매를 하고, 역시 기준에 들어오지 않으면 매매하지 않겠다는 생각을 가지면 된다.

"투자가치가 있는 정보란 자신이 나서서 구하는 것이지 누군가로부터 주어지는 것이 아니다. 장래 일어날 수 있는 많은 가능성을 가정하여 그들로부터 이어지는 현상이나 변화를 끊임없이 수집하는 것이다. 그리고 그들을 조합하거나 관련지음으로써 자신의 생각을 확고한 것으로 만들어 가는 작업 전체를 가리킨다. 거기에는 어느 한가지 확정된 것이 없다. 모두가 가능성일 뿐이다."

(불황에도 승리하는 사와카미 투자법 / 사와카미 아쓰토 / 유주현 역 / 이콘 / P147)

여기서 중요한 점은 종목분석을 할 때 '부정적인 관점'에서 분석을 해야 한다는 것이다. 주변의 이야기를 듣고 분석을 시작하게 되면 심리적으로 이미 따르고 싶다는 긍정적인 생각을 전제로 분석하는 것이 되므로 백지상태의 분석과 비교하면 아무래

도 다른 결과(좋은 결과)가 나올 수 있다. 따라서 심리적 균형을 맞추기 위해

'이 정보에서 헛점은 무엇일까?'

'왜 내게 이런 정보가 왔을까?'

'투자하면 위험할 수 있다'

등등의 아주 비판적인 시각에서 냉정히 종목분석을 하는 것이 중요하다. 그렇게 해서 투자 매력도가 발견된다면 검증의 과정을 통과한 것이므로 비로소 투자대상에 편입시킨 다음 다른 종목과 같이 자신만의 원칙으로 매매를 하면 된다.

자신이 분석하지 않은 종목은 절대 매수하지 않겠다는 배제의 원칙은 주식시장에서 나를 지키는 몇 가지 중요한 원칙 중 하나로 자신이 모르는 분야는 투자를 하지 않게 하여 확신 없는 투자로부터 투자자를 보호해 주는 방어책이 된다.

"전문성이 떨어질수록 행동반경이 넓은 법이다."

(목숨을 걸고 투자하라 / 제럴드 로브 / 박정태 역 / 굿모닝 북스 / P28)

분석은 통상 일정한 시간이 소요된다. 만약 여러분이 분석에 익숙치 않다면 다른 사람들에 비해 당연히 더 많은 시간이 소요될 것이다. 문제는 그 시간에도 주가는 빠르게 움직인다는 것이다. 이렇게 되면 투자자는 빠른 주가의 움직임을 가치의 상승으로 받아들이게 되고, 이에 조급한 마음이 더해지면서 분석에 집중하기 보다는 주가의 흐름에 편승하고자 하는 마음을 갖

게 된다. 이는 주가의 상승이 가파를수록 더욱 심화되고 투자에 대한 자신감이 부족할수록 더 강하게 작용하게 된다.

이런 오류에 빠지지 않으려면 어떻게 해야 할까? 다시 말하지만 투자할 수 있는 종목은 2천여개가 넘는다. 그리고 증권시장은 끊임없이 기회를 제공하고 있다. 따라서 조급하게 행동하기 보다는 다음에 또 기회가 온다는 생각으로 다소 여유있게 대처하기를 권한다. 매매에 자신이 있을수록 느긋해 질 수 있게 된다. 설혹 이번 종목을 놓치더라도 다른 종목을 기약하며 분석에 치중하겠다고 편하게 마음먹어야 한다. 이번만이 큰 수익을 볼 수 있는 기회라는 생각으로 유혹에 빠져 분석보다는 시세를 쫓아가며, 이성보다는 흥분의 감정을 갖게 되는 것이 지금까지 투자자들이 실패한 원인 중 하나인 것이다.

"목적의식을 갖는 것과 욕심은 구별해야 하지만 많은 투자자들이 그 경계를 구분하지 못해 혼란을 느끼기도 한다. 주식시장은 불분명한 목적을 갖고 허술하게 투자준비를 한 사람들이 알토란 같이 모은 돈을 너무 허무하게 날리는 곳이다."

(주식시장의 27가지 원리 / 켐피스 저 / 한스미디어 / P126)

일반 투자자들이 흔히 잘못하고 있는 행동 중 하나가 '먼저 종목을 매수' 하고 나서, 비로소 그 종목을 분석한다는 것이다. 특히 투자한 종목이 상승하지 않고 하락세를 보이면 그때서야 성급하게 분석을 한다. 그런데 만약 분석을 통해 투자를 하면 안되는 사유를 발견하게 되면 그 종목을 바로 매도할 수 있는가? 이런 투자자일수록 매매의 원칙이 없기 때문에 손절은 커녕, 조그만 희망을 찾아 이곳저곳 기웃거리게 되고 아주 작은 빌미라도 찾아서 그것에 매달리게 된다.

"하지만 '아니다 싶으면'이 문제다. 주식 투자자가 자신이 투자할 주식에 대해 깊이 연구하지 않아도 시세에 따라 다른 주식으로 옮기면 이익을 낼 수 있다는 안일한 생각이 반영된 것이기 때문이다."

(주식투자 어떻게 해야 하는가 / 송동근/ 행간 / P98)

안타깝게도 이런 방식의 투자로는 주식시장에서 성공을 바랄 수 없다. 이를 방지하기 위해 투자할 종목과 하지 않을 종목에 대해 미리 자신의 종목 POOL을 구성해 두는 배제의 원칙을 강조하는 것이다. 배제의 원칙이 있는 투자자는 분석을 통해 자신이 이미 매매할 종목을 정해 놓았기 때문에 매수 후 분석이나, 소위 잡주를 덥석 사는 오류에 빠지지 않게 되는 것이다.

주식시장 속에서 주가의 움직임을 보고 투자할 종목을 찾을 것인가? vs 자신이 미리 정해 놓은 종목 POOL에서 주가가 움직이는 종목에 투자할 것인가?

많은 투자자들이 가지고 있는 고민 중 하나가 투자종목을 어떤 방법으로 찾을까 하는 것이다. 여러 강의에서 이와 관련된 질문을 많이 받는다. 이는 투자자가 가치투자를 지향하든, 차트를 이용한 투자를 하든 상관없이 가지고 있는 근본적인 고민이다. 주식투자는 종목 선정부터 시작되기 때문이다.

투자할 종목을 선정하는 방법은 자신이 어떤 성향의 투자자인가에 따라서 다르게 적용해야 한다. 가치 투자를 표방하는 투자자와 데이트레이딩을 하고자 하는 투자자의 종목 선정 과정이 당연히 같을 수는 없고 같아서도 안된다.(많은 주식관련서적이 종목 선정에 대해 이야기 할 때 이러한 중요한 점을 전제로 이야기 하지 않고 있다.) 종목을 선정하는 방법은 여러가지가 있는데, 여기서는 직장인 투자자들에게 적합한 투자방법을 중심으로 생각해 보겠다.

많은 투자자들이 주식시장에서 종목 찾는 방식을 보면, 지금 당장 시장 흐름에 주목하면서 주식의 가격이 상대적으로 강하게 움직이고 있는 종목을 중심으로 관심을 갖는다. 차트상 상승세가 눈에 들어오고 수급 또한 외인 및 기관의 매수가 이어지고 있는 종목을 발견하면 이를 투자 우선순위에 올리는 것이다. 그리고 나서 해당 종목에 대해 뉴스 및 기업정보, 나아가 재무제표 등을 살펴본다. 즉, 주식시장에서 당장 움직임이 있어 상승 가능성이 높은 종목을 중심으로 매매하여 즉시 수익을 취하려고 하는 것이다. 현재 움직이는 종목 위주로 투자를 하면 수익을 빠르게 시현할 수 있고, 투자의 재미 또한 느낄 수 있기 때문에 이런 방법은 일견 합리적인 것으로 보여 많은 투자자들이 이 방법으로 투자를 하려고 한다.

하지만 시장의 움직임 속에서 그때 그때 종목을 찾는다는 것은 상당히 많은 시간과 끊임없는 노력을 필요로 하는, 매우 고단한 방식임을 알아야 한다. 매번 투자할 종목을 찾기 위해서는 시장을 쉬지 않고 지속 관찰하며 종목별 변화를 파악해야 한다. 그리고 종목을 발견할 때마다 그 기업에 대한 여러 사항을 빠르게 분석해야 하므로 많은 에너지가 계속해서 끊임없이 소모된다. 그러므로 시간이 많지 않는 직장인들이 이 방식을 지속하기란 쉽지 않다. 한두번은 몰라도 현실적으로 꾸준하게 할 수 있는 방법은 아니다.

현실적으로 대다수 직장인 투자자들의 분석능력이 높은 수준이 아니어서 (심지어 재무제표를 읽지 못하는 투자자들도 많다!) 기업을 빠르고 올바르게 분석한다는 것은 결코 쉽지 않다. 그래서 상대적으로 간편하고 빠르게 할 수 있는 기술적 분석에 의존하게 된다. 그러나 기술적 분석도 그 동안 살펴보던 종목이 아니면 예측 기능이 떨어지는 단점이 있다는 것을 알아야 한다. 따라서 이 또한 흐름을 파악하여 매매를 하기 보다는 확률론에 의해 매매를 하게 되고, 점차 그 확률이 떨어지며 결국 지치게 된다. 매번 빠르게 종목을 분석한다는 것은 매우 어려운 일임을 알아야 한다. 이렇게 되면 지치게 되고 주식투자는 어렵다고 생각해 나중엔 이곳 저곳 종목을 찾아 기웃거리거나 심하면 소위 종목을 찍어준다는 곳을 찾아 다니는 꾀(?)를 생각하게 되는 것이다.

또한 시장의 움직임에 따라 종목을 찾는 방식으로는 소신 있는 투자가 어렵다. 시장에서 움직이는 종목, 즉 상승하고 있는 종목을 보고 그 기업을 분석하려고 하면, '종목이 지금 당장 상승하고 있다'는 것만으로 이미 심리적 점수를 상당수 주고 들어간다. 때문에 긍정적인 원인을 찾으려 하게 되어 객관적인 분석을 방해하게 된다. 또 그 시세에 동참해야 한다는 급한 마음은 시간에 쫓기어 깊이 있는 분석을 어렵게 한다. 그래서 냉정하게 종목을 분석하고 판단하는 것이 어렵게 된다.(아니 그럴 시간이 없다) 그러면 진짜 좋은 종목도 강한 확신을 가질 수 없게 되어 투자하기 쉽지 않게 되는 것이다. 즉, 자신이 차분히 분석한 기업이 아니라서 기업 내용을 완전히 숙지하지 못하므로 소신을 가지고 주가의 변동성을 견디기가 쉽지 않은 것이다. 따라서 직장인 투자자들이 이런 방법에 따라 투자할 종목을 선정하는 것은 바람직하지 않다라고 할 수 있다. 종목 선정은 가능한

한 냉정을 유지하고 이성적인 판단을 하며, 여유를 가지고 선정해야 한다. 주식시장은 다양한 이유로 인해 변동성이 매우 큰 시장이다. 이러한 변동성에 휘둘리지 않고 소신 있는 투자를 하려면 종목에 대한 정확한 분석과 이에 대한 자신만의 확신이 있어야 한다. 그렇지 않으면 소신 있는 투자를 할 수 없게 되고 투자는 더욱 어려워지게 된다. 움직이는 종목을 중심으로 투자를 한다는 것은 변동성의 한가운데로 뛰어들어 가는 것으로 이는 대응 또한 빨라야 한다는 점을 반드시 염두에 두어야 한다. 대응을 하지 않으면 비자발적 장기 투자로 전환되어 투자의 피해를 키우게 될 수 있게 된다.

직장인 투자자는 많은 사람들이 하고 있는 방식과 반대의 방식을 택해야 한다. 먼저 자신이 잘 아는 분야와 관심있는 종목을 중심으로 충분한 시간을 갖고, 차분히 자세한 분석을 통해 '관심종목 POOL'을 구성해야 한다. 그 후 그 POOL 속에서 종목별 변동성이 발생할 때 이를 이용하여 매매하는 방식을 취해야 하는 것이다. 종목 POOL 구성종목은 이미 투자자가 사전에 충분한 검토와 분석이 끝난 상황이기 때문에,(갑작스런 시세 흐름에 조급할 필요도 없이) 시장의 흐름을 안정적으로 따라 갈 수 있게 된다. 또한 이를 통해 매매에 대한 계획을 세울 수 있는데, 이는 마음의 평정심을 유지하면서 안정적인 매매를 할 수 있게 해준다. 이렇게 되면 시장에 이끌리는 매매가 아니라 종목을 손에 쥐고 시장의 변동성을 이용한 매매가 되는 것이다. 달리 말해 물고기를 쫓아서 낚시를 하는 것이 아니라, 잡고자 하는 물고기의 성질을 파악하여 때를 기다려 물고기를 낚는 방법인 것이다. 어느 것이 확률적으로도 안정적으로도 수익이 좋을지는 당연히 알 것이다

또한 종목 POOL을 구성해 놓아야 '안전마진'을 확보하는 투자를 할 수 있게 된다. 벤자민 그레이엄이 주장한 '안전마진'을 확보한 매매를 하기 위해서는 당연히 주식이 적정가치 이하에서 거래가 될 때 매수를 해야 한다. 이를 실천하기 위해서는 분석을 통해 항상 적정가치를 알고 있어야 한다는 점이 전제가 된다. 그래서 주식이 시장의 변화에 따라, 주가가 급락할 때 매수에 나서는 타이밍을 잡을 수 있게 된다.

"주가 하락은 주식을 싸게 살 수 있는 일종의 세일행사다. 할인행사 때 무엇을 살지 미리 계획해야 짜임새 있게 소비할 수 있는 것처럼, 주가가 하락할 때도 차분한 마음으로 싸고 좋은 주식을 골라 내기 위해 분석하고 준비해야 한다."

(가치투자의 비밀 / 크리스토퍼 브라운 / 권성희 역 / 흐름출판 / P77)

평소 준비가 안된 투자자들은 주가가 하락하면 공포심이 생겨 주식 사는 것을 주저하게 된다. 이는 주식의 가치를 사전에 파악하지 않아 자신의 매매에 확신을 갖지 못하기 때문이다. 그러나 자신의 종목 POOL이 있는 투자자는 시장의 변동성이 확대되어 매력적인 가격(주가의 하락)이 오면 주식을 살 수 있게 된다. 자신이 내용을 아는 종목을 투자해야 흐름도 파악할 수 있고, 10루타도 달성할 수 있게 되는 것이다.

한편 일부 투자자는 자신의 종목 POOL에 속한 종목들은 움직임이 없는데 다른 종목들이 움직이고 있는 것을 보면, 이 또한 조급한 마음이 들어 그들을 따라가고 싶다는 생각을 하기도 한다. 자신은 시장에서 소외되고 있다고 느끼게 되기 때문이다. 그래서 강조되는 것이 '배제의 원칙'이다. 하지만 다양한 유혹이 항상 투자자를 시험하기 때문에 말처럼 배제의 원칙을 지킨다는 것이 쉽지 않다.

자신의 종목 POOL에서 움직이는 종목이 없다면, 즉 현재 시장의 흐름과 자신의 종목 움직임이 일치하지 않는다면 잠시 투자를 멈추고 시장과 떨어져 공부할 기회로 삼는 것이 좋다. 시장은 매일 열리지만 그렇다고 매번 수익을 안겨주는 곳이 아니기 때문이다.

그리고 매번 자신의 관심종목이 시장의 관심종목일 수는 없고, 이를 일치시키겠다는 것은 불가능하다. 시장은 살아 있는 생물체처럼 유동적으로 움직이는데 스스로 조급한 마음에 시장의 움직임을 쫓으면서, 배제의 원칙을 무시하면 지금까지 이야기한 투자의 근본이 흔들리게 된다. 시장에 자신과 다른 시각을 가진 투자자들이 많다고 해도 자신만의 종목 POOL

과 배제의 원칙이 있다면 소신을 가지고 다음번 자신의 관심종목이 상승하는 시기까지 충분히 기다리면 된다.
시장의 흐름과 자신의 종목 POOL 사이에 괴리감이 지속된다면, 왜 시장의 흐름과 자신의 종목 POOL이 다른지 냉정히 검토해 봐야 한다. 혹 내가 시장의 트렌드를 잘못 읽고 있는지, 아니면 관심분야가 너무 한정되어 있는지 살펴봐야 하는 것이다.
투자자가 다양한 분야에 투자를 할 수는 없지만, 최소한 시장의 트렌드 종목에 관심 갖고 시장을 이해하려고는 해야 한다. 이때 충분한 시간을 두고 종목을 살펴보고, 현재 새롭게 발견한 종목이 자신의 기준에 통과하면 POOL에 편입하여 매매를 하는 원칙을 지키려고 하는 것이 중요하다.
만약 시장의 종목을 자신이 이해할 수 없다면 억지로 따라가려 하지 말고 시장의 움직임이 자신이 바라보는 흐름에 올 때까지 기다리는 즉, 매매나 시간에 쫓길 필요가 없는 개인 투자자로서의 장점을 살리면 된다 워렌 버핏도 2000년 대다수의 투자자들과 다르게 IT주식에 투자하지 않은 것을 상기하기 바란다.
자신의 종목 POOL과 배제의 원칙은 투자자의 조급한 마음을 다스려주고 시장의 변동성으로부터 투자자를 보호하며, 꾸준한 수익을 창출하게 해주는 강력한 방식이라는 확고한 신념을 가져야 한다.

그러면 투자할 종목은 어떻게 선정해야 할까? 처음엔 대형주를 생각하게 되지만, 이보다는 투자자 자신이 잘 알면서 기업의 내용을 쉽게 파악할 수 있는 종목부터 하나하나 더해가는 방법을 권한다. 대체적으로 대형주는 그 회사 이름이 우리에게 익숙하기만 할 뿐 그 사업 내용을 투자자가 파악하기가 생각보다 어려운 경우가 많다. 그리고 그들이 수익성이 꼭 좋다고 이야기할 수는 없다.

주식을 산다는 것은 기업의 지분을 취득하는 행위다. 따라서 투자를 하기 위해서는 그 기업의 내용을 잘 이해하고, 현재 기업의 상황이 투자가 가능한지 정확히 파악하는 것이 중요하다.

가장 먼저 살펴볼 종목군으로는 자신의 일과 관련이 있는 분야라는 점을 강조한다. 그리고 나서 취미나 관심분야, 그리고 주위에서 평소에 보던 종목군으로 하나하나 넓혀가는 방식을 권한다. 그러면 자연스럽게 우량한 종목이 관심 종목군에 편입된다. 그리고 나서 지금은 잘 모르지만 공부를 통해서 모르는 분야도 하나하나 익히면서 더해가는 것이다. 주식시장에서 올바른 투자로 꾸준히 수익을 내기 위해서는 시장에 현재 움직이는 종목을 따라가고 싶은 조급한 마음을 억누르면서, 분석을 통해서 자신의 종목이 될 때까지 참는 노력이 무엇보다 필요하다.

"첫째, 어떤 제품과 서비스로 돈을 벌 수 있는지 추측할 수 있는 기업에 우선적으로 투자합니다. '잘 아는 기업에 투자하라'는 격언은 괜히 나온 것이 아닙니다."

(주식 해부학 / 배문호 지음 / 지식과감성 / P148)

어떠한 방식을 택하든 투자할 종목 결정은 스스로 해야 한다. 물론 주위의 여러 자료나 조언을 참고할 수는 있지만 최종 투자 판단은 자신이 내려야 한다. 종목을 스스로 선택하지 못하면 다른 사람의 말을 듣고 매매를 할 수밖에 없고, 이는 주위에서 흔히 보는 일상인데, 매우 위험하고 꾸준한 수익을 기대하기 어려운 투자방법이라 할 수 있다.

"일단 스스로 투자하기로 결심한 다음에는 혼자 힘으로 투자해야 한다. 이는 확실한 정보, 증권사의 추천종목, 뉴스레터에서 제시하는 '놓칠 수 없는' 최신정보 등을 무시하고, 스스로 조사해야 한다는 뜻이다. 피터 린치 같은 권위자들이 사고 있다는 종목도 무시하라는 말이다. 피터 린치가 매수 중인 종목을 무시해야 하는 정당한 이유는 적어도 세 가지가 있다.

① 피터 린치가 틀렸는지 모른다. ② 피터 린치의 선택이 옳다고 하더라도, 그가 언제 마음을 바꿔 그 종목을 매도할지 절대 알 수 없다. ③ 당신 주위에 더 좋은 정보 원천이 널려 있다. 내가 언제든 원할 때 쓸 수 있는 것처럼 당신도 언제든 그 정보 원천을 쓸 수 있다는 점이 커다란 장점이다."

(전설로 떠나는 월가의 영웅 / 피터 린치 / 이건역 / 국일증권경제연구소 / P57~58)

주위의 이야기에 전적으로 의존하여 매매하는 행위를 '투자의 유아기'라고 부를 수 있다. 자신이 스스로 판단하지 못하고 부모의 의견에 전적으로 의존하는 시기와 다를바 없는 것이다. 만약 일상생활에서 누군가가 여러분의 삶에 간섭하려 든다면 기분 좋게 받아들일 수 있겠는가? 대부분 매우 불쾌한 감정을 갖게 될 것이다. 그럼에도 불구하고 왜 투자에 관해서는 스스로 결정을 내리려 하지 않고 주위의 조언을 찾아 다니는가?

우리는 조언자의 말이 맞는지 틀리는지 선제적으로 확인할 수 없다. 시간이 지나고 나서야 후행적으로 결과를 알 수 있을 뿐이다. 그렇다고 매매 성과를 그 사람에게 추궁하거나 나눌 수도 없다. 모든 매매의 성과는 자신에게 속하게 된다. 일방적인 매수 추천을 보고 주식을 사는 행위만큼 바보 같은 것이 없다고 생각한다. 피터 린치의 2번 조언을 정말이지 금과옥조로 삼기 바란다.

직장인 투자자는 투자의 타임프레임을 단기 보다는 중장기로 가져야 하므로 우량주 중심으로 투자를 하여야 하지만, 그전에 가장 중요한 것은 투자하고자 하는 기업을 잘 아는 것이다. 예를 들어 A기업에 대해 단순히 재무성과만 아는 것과 B 기업 내용을 조금 아는 것을 비교하여 따진다면, 잘 아는 기업 B에 투자하는 것이 잘 모르지만 재무적으로 아주 뛰어난 기업 A에 투자하는 것보다 더 중요하다고 생각한다. 물론 재무적으로 뛰어난 기업을 더 많이 알려고 노력해서 계속 그러한 종목들을 자신의 종목 POOL에 편입시켜 나가야 한다.

잘 알면 투자할 때와 하지 않을 때를 알게 된다. 물론 실력이 경과하면서 재무적으로 뛰어난 주식을 분별해 내고 당연히 분석을 통해 투자를 할 수 있게 될 것이다.

그럼 어떻게 투자하고자 하는 종목을 찾는지 그 방법을 알아보자.

1) 자신의 일과 연관성 있는 종목

직장인 투자자들의 가장 큰 장점은 자신의 일, 즉 자신이 가장 잘 하고 잘 아는 분야가 있다는 것이다. 직장생활을 충실히 하다 보면 어느덧 자신의 일과 관련된 분야에선 전문가가 된다. 직장인들은 일을 하면서 거래처를 상대하고 동료들과 대화를 통해서 회사와 업계에 대해 작은 변화도 실시간으로 깊이 있게 알 수 있게 된다. 그래서 해당 업계의 구조와 변화 등을 누구보다 빠르게 감지할 수 있게 되는데 이러한 점은 직장인 투자자들이 누릴 수 있는 큰 장점이다. 이는 해당 업종 애널리스트 보다 빠르고 정확하게 업계의 변화를 파악할 수 있어 다른 투자자들 보다 유리한 면으로 작용한다.

그런데 이러한 장점을 생각하지 못하는 직장인 투자자들이 의외로 많다. '일은 일이고 투자는 투자다'라든가, '직장과 투자는 나누어 생각해야 한다'라는 이상한(?) 투자관을 가진 분들이라 생각한다.

자신의 직장이 제약회사이면 제약업계로부터 의료, 헬스케어, 바이오 등 관련 업종으로 투자범위를 넓혀갈 수 있다. 의료 관련 분야만 해도 투자할 종목이 굉장히 많다. 특히 2014년 이후 최고의 관심 종목은 대부분 의료, 헬스케어에서 나왔다. 그런데 IT, 건설 등에 관심을 갖는 것은 자신의 가장 큰 수익을 낼 수 있는 좋은 시장을 버리고 맨손으로 새로운 땅을 개척하는 어려운 길을 가는 것과 같다. 2014년 이후 의료 관련분야에 종사하는 직장인 투자자들의 수익률이 궁금하다. (2016년 기준)

"당신이 제대로 이해하고 있는 주식에서 더 멀리 벗어날수록 당신은 투자가 아니라 도박을 하고 있는 자신을 발견하게 될 것이다."

(작지만 강한 기업에 투자하라 / 랄프 웬저 / 박정태 역 / 굿모닝북스 / P115)

혹자는 너무 잘 알아서 투자를 못하겠다 라고 한다. 그 회사나 업종이 가지고 있는 문제점을 잘 안다는 것이다. 그런데 이 점에 대해서는 구분이 필요하다고 생각한다. 정말 심각한 문제로 투자를 피해야 하는 면과 대부분의 기업들이 가지고 있는 보편적인 문제점을 구분할 필요가 있다. 솔직히 소소한 문제가 없는 기업은 거의 없다. 이 점을 주식투자의 관점으로 구분할 줄 아는 현명함이 필요하다.

물론 직장이 속한 업종이 항상 실적이 좋아 주가가 상승만 하는 게 아니고 업황이 좋지 않아 주가가 하향세를 그릴 때도 있다. 2015년 경기 순환주인 철강, 화학 분야가 대표적 예라 할 수 있다. 이들 업종은 중국 등과의 과당경쟁과 업황 부진에 따른 실적 악화로 그동안의 주가 상승을 멈추고 큰 폭의 하락세를 나타냈는데, 이럴 때 해당 업종에 종사하시는 분들은 업계의 불황을 감지하여 해당분야에 대한 투자를 축소하거나 회피함으로써 손실로부터 자신을 보호할 수 있게 된다.

나는 증권사의 구조조정 전까지는 증권주의 매수 추천을 자제했었다. 여러 증권사의 지인들로부터 어렵다는 현실적인 이야기와 구조조정의 암울한 이야기만 들려오고, 또 현장에서 매매 감소 등 증권업종의 수익구조가 많이 악화되는 것을 체감하고 있었기 때문이다. 그 후 일부 증권사의 혹독한 구조조정이 끝난 뒤, 비로소 재무적으로 안정을 찾은 증권사를 중심으로 매수 추천 포트폴리오에 이들을 넣기 시작했는데, 이는 현업 종사자로서 증권업종의 미세한 변화를 항상 감지할 수 있기 때문에 가능한 일이었다.

나는 주위에 있는 다양한 분들에게 그들이 속한 해당 업계의 소식을 종종 문의하곤 한다. 내가 잘 모르는 새로운 종목(증권사 출신이라고 모든 종목을 다 자세히 아는 것은 당연히 아니다.)을 문의 받거나 발견하게 되면 최대한 해당 업계에 있는 지인을 수소문해서 연락을 하는 것이다. 투자자들은 여러 지인들이 다양한 업계에서 일을 하고 있을 것이기 때문에 주위를 살펴보면 업계동향을 정확히 알려줄 소위 '정보원'이 많다는 사실을 새삼 깨닫게 될 것이다. 그들이 속한 업계의 동향을 파악하다 보면 비록 단편적일지라도 해당업계에서 우리가 모르게 변화하고 있는 모습을 파악하게 되어 투자에 때론 큰 도움이 된다. 이러한 행동을 통해 생생한 현장의 목소리를 듣다 보면 한 분야, 한 분야씩 전문가가 되어 가는 것이다. 이렇듯 직장인 투자자들은 자신의 일과 그리고 지인들의 분야부터 하나하나 자신의 투자종목 대상을 넓혀 가는 것이 좋다.

"산업용 제품을 생산하는 제조업체나 첨단 제조 기술을 보유한 기업의 경우 나는 그런 회사의 강점이 어디에 있고, 약점은 무엇인지 파악하기 위해 어느 곳을 찾아봐야 하는지 잘 알고 있다고 생각한다. 그러나 소비자를 직접 겨냥한 제품을 제조하고 판매하는 기업을 평가하는 데는 이와는 전혀 다른 중요한 기술이 필요하다. 나는 탁월한 기술기업을 투자대상으로 골라내는 데는 나름의 재주를 가졌지만 그렇다고 무엇이 부동산 시장에서 대박을 터뜨리는 요인인지는 구별할 수 없었다."

(보수적인 투자자는 마음이 편하다 / 필립 피셔 / 박정태 역 / 굿모닝북스 / P146~147)

지금까지 기억에 남는 한 투자자는 본인이 다니던 회사가 퇴직금 중도정산을 하자, 그 전부를 회사주식에 투자하여 몇 년만에 큰 수익을 시현하였다. 그는 자신 회사의 경영상황에서 주식이 저평가되어 있다고 판단하고 자신이 속한 업계와 회사의 성장성을 믿고 퇴직금 전부를 투자한 것이다. 또 다른 투자자는 인테리어업에 종사하면서 자신의 거래처 중 한 곳이 사옥을 확장하고 개발 인력을 대거 확충하는 것을 보고 그 회사의 성장성에 주목하고 투자해서 역시 큰 이익을 거뒀다. 이는 내부자 정보의 범죄 행위가 아닌 회사나 업계의 변화를 감지하고 이를 믿고 장기 투자한 결과로, 누구나 자신의 일과 연관된 분야에서 합법적으로 유리한 매매가 가능하다는 것을 보여주는 좋은 예라고 할 수 있겠다.

2) 자신의 관심 분야

관심이 가면 애정이 생기고 그러면 그 분야에 대해 더 잘 알게 되는 것은 자연스러운 현상이다. 때문에 투자자가 각종 취미 생활이나 자신의 다양한 관심분야 속에서 투자 포인트를 잡는 것은 매우 합리적인 행동이라 할 수 있다. 우리를 둘러 싸고 있는 것들 중 많은 부분이 상장사와 직 · 간접적으로 연결이 되어 있다. 그렇기 때문에 일상생활 속에서 조금만 관심을 기울여 다양한 분야의 변화를 감지하여 얻은 아이디어로 투자할 종목을 선정한다는 것은 누구나 쉽게 할 수 있는 손쉽고도 좋은 방법이라 할 수 있다.

이제 일상에서 무료한 시간을 달래기 위한 스마트폰을 보고 있는 것은 당연한 현상이 되었다. 특히 지하철 등지에선 사람들이 검색, 게임, 메신저, 드라마 감상, 심지어 쇼핑을 하고 있는 모습이 더 이상 낯설지 않다. 이러한 변화는 관련된 주식의 가치(주가) 상승으로 이어졌던 것을 알고 있는가?

게임을 좋아하는 한 후배는 모바일 게임의 변화에 – PC게임에서 온라인게임 중심으로의 변화, 또한 청소년에 한정되었던 게임이 노년층에게까지 확대 – 주목하여 게임주 투자로 짭짤한 수익을 거두었다.

한편 나는 눈이 좋지 않은데, 모니터와 책을 오래 보다 보니까 안과도 자주 다니고, 저녁이면 눈이 건조해져서 인공눈물을 넣고 있다. 주위를 보면 이제 인공눈물을 넣는 사람들을 흔히 볼 수 있다. 그러다 보니 시력 검안기 생산업체의 중국진출 소식과 인공눈물 생산업체의 성장성이 달리 보이게 되어 쉽게 투자에 나설 수 있었다. 평소 체험을 통해 그들의 가치를 알고 있었기 때문에 높은 성장 가능성을 충분히 이해할 수 있었던 것이다.

평소 자전거 운동을 좋아하던 지인은 MB정부 당시 자전거 활성화 정책으로 전국에 자전거 길이 생기고 동호회가 늘어나는 것을 보고 관련주 투자로 수익을 거두던 중, 중국 진출 뉴스에 주식시장이 더욱 흥분하자 오히려 매도로 대응을 하였다. 중국 출장에서 자주 본 스모그 상황에서 자전거 운동이 국내처럼 스포츠로 활성화되기 어렵다고 판단했던 것으로, 그 판단은 후에 옳은 것으로 판명되었다. 이 같은 다양한 사례는 모두 자신의 주위에서 일어나고 있는 일들을 주의 깊게 관찰하고 투자와 연결했기 때문에 가능했던 일이다.

참, 나는 다양한 현상을 보고도 게임주에는 투자하지 않는다. 개인적으로 게임을 전혀 하지 않기 때문에(스타크래프트를 단 한번도 해보지 않았다) 게임산업을 이해하기 힘들었고, 그래서 투자 포인트를 잡기 어렵기 때문이다. 잘 모르는 분야는 투자를 하지 않는 것이 내가 정한 배제의 원칙이기 때문이다.

'눈덩이주식 투자법'의 서준식씨는 올바른 투자 기업으로 "수익구조가 단순해 미래를 예측하기 쉬운 기업과 영업보고서를 쉽게 이해할 수 있는 기업"을 들고 있는데, 이 또한 직장인 투자자들에게 적합한 방식이라 할 수 있다.

3) 우리들 주위에 있는 종목

특정 제품이 잘 팔리는 것을 보면, 그 기업(종목)에 투자하라는 것을 한 번씩은 들었을 것이다. 실제 이러한 일들을 실천하여 큰 돈을 번 할머니들의 이야기가 2015년 기사화된바 있는데, 미국 일리노이주의 비어즈타운이라는 작은 마을의 할머니들 16명의 '비어즈타운 전문 여성투자클럽 – 일명 할머니 투자클럽' 이야기이다. 이 투자클럽은 무려 6년 연속 미국 전국투자법인협회에서 최우수 올스타 투자클럽으로 선정되었다고 한다. 이 할머니들의 투자비결은 매우 단순한 것으로 그들의 장점인 '남아도는 시간'을 이용하여 하루 종일 월마트 앞에 앉아서 잘 팔리는 제품을 보고 그 회사의 주식을 사는 것이었다고 한다. 이는 생활 속 투자의 대표적인 사례라고 할 수 있다.

13년 동안 무려 2700%라는 놀라운 누적수익률을 기록한 월가의 전설적인 투자자 피터 린치도 매일 아침 출근길에 사람들이 도넛을 사 먹기 위해 줄을 선 것을 보고 '던킨도너츠'에 투자하여 대박을 터트린 일화 또한 잘 알려진 사실이다.

"'혼자 힘으로 하는 것. 그것이 월가의 사고의 경계를 넘어 10루타가 나오게 한다'. 개인 투자자의 우위는 특정기업과 산업에 대해 축적할 수 있는 지식에서 나온다. 그들은 전문가들보다 훨씬 앞서 관찰할 수 있다. 개인 투자자는 처음에 집에서 꽤 가까운 곳에서 10루타 종목을 만날 수 있다. 예를 들어 쇼핑몰이나 직장에서 '보통 사람들은 일년에 두세번 – 때로는 그 이상 – 장래성 있는 종목을 만난다'. 기업에 대해 잘 알 수 있는 어떤 것이든 개인 투자자가 이용할 수 있다."

(가치투자의 거장들 / 글렌 아널드 / 이광희 역 / 국일증권경제연구소 / P53)

2014년 하반기 유통시장을 강타한 해태제과의 '허니버터칩'에 대한 한 신문의 칼럼 일부이다.

"지난 9월 중순 어느날 밤. 기자는 동네 편의점에 들렀다가, 고등학생으로 보이는 여학생이 처음 보는 과자를 계산대에 올려놓는 것을 봤다. 제품명은 '허니버터칩' 무려 5봉이다. 이름도 생소한 저 과자가 얼마나 맛있길래 이 밤중에 5봉이나 사가는 걸까. 궁금증을 안고 있던 기자는 다음주 같은 편의점에서 허니버터칩을 사서 맛을 봤다. 기자와 와이프는 함께 '따봉'을 외쳤다. 이후 11월 초 허니버터칩 열풍이 불었다. 포털 검색어 1위에 올랐고, 지금은 없어서 못산다. 마약 수준의 밀거래와 암표수준의 웃돈을 요구하는 경우도 생겼다. 물론 허니버터칩 제조사 해태의 모회사 크라운제과 주가는 큰 폭으로 뛰었다. 만약 9월 22일 18만 6500원 하던 크라운제과 주식을 100주 사놨다면 두 달 후인 11월 21일 29만 2000원까지 올랐으니, 1000만원이 넘는 시세 차익을 얻을 수 있던 셈이다."

또한 2007년 기아차의 K5 출시 당시 주변에서 이구동성으로 기아차가 달라졌다는 호평이 이어졌었는데, 당시는 정몽구 회장의 품질경영 선언 이후 외국 유수의 차와 견주어 전혀 손색이 없다는 인식이 생기면서 타사 구매자들이 옮겨오는 것이 감지되는 상황이었다. 이때 여러분들은 기아차 주가상승에 주목하여 수익을 보았는가?

여기서 투자자가 한가지 주목해야 할 중요한 점이 있는데, 특정제품이 잘 팔린다고 하여 해당 기업의 주식을 덥석 사는 것은 조심해야 한다는 것이다. 피터 린치는 『월가의 영웅』에서 "특정제품이 잘 팔리는 것을 보고 그 회사 주식 매입을 고려한다면 우선 그 제품이 성공할 경우 회사 이익이 얼마나 증가할 것인지 확인해 보아야 한다."고 강조했다. 즉, 특정제품의 히트가 기업의 실적과 어떻게 연결되는지를 살펴보고 투자에 나서야 한다는 것이다. 이를 자세히 살펴보면 A기업의 B 제품이 히트 칠 때, B 제품이 A기업에서 차지하는 매출 구성과 영업이익 기여도를 살펴봐야 한다는 것이다.

	A기업	B기업
히트제품 매출액	100억 원	50억 원
히트제품 영업이익	10억 원	10억 원
기업의 총 매출액	1,000억 원	100억 원
기업의 총 영업이익	100억 원	15억 원
히트제품의 총 매출 기여도	10%	50%
히트제품의 영업이익 기여도	10%	66%

이를 확인하지 않을 경우 기업에 따라서는 하나의 상품이 히트를 쳐서 매출증대가 이루어져도, 회사 전체 이익증가에 미치는 영향이 작을 수 있기 때문에 매출증가에 흥분하여 덥석 주식을 샀다가 오히려 낭패를 볼 수도 있게 된다

4) 우량종목

투자자는 우량기업 역시 투자대상으로 삼아야 한다. 그런데 일부 투자자는 KOSPI 200에 속하는 종목만을 우량종목이라

고 생각하는 경향이 있다. 특히 자신이 보수적인 투자자라고 생각하는 투자자일수록 우량종목이라는 명목하에 KOSPI 200 종목만 선택하려는 경향이 있다. 그러나 KOSPI 200 구성종목은 시가총액(주가 × 총 발행 주식수)을 기준으로 구성되었을 뿐 기업의 이익이나 성장 여부를 기준으로 구성되어 있지 않다.

직장인 투자자들이 투자대상으로 삼아야 하는 우량종목은 재무구조가 탄탄하고 이익 성장성이 꾸준히 이루어지고 있는 기업들을 중심으로 해야 한다. 가끔 안전한 투자를 한다고 코스닥 종목은 무조건 피하고 KOSPI 200종목만 하겠다, 그러면 최소한 망하지 않을 것 아니냐라고 하는 분들이 있는데, 이런 식의 접근방법은 올바른 투자방법이라고 하기 어렵다. 망하지 않는 종목을 찾기 위해서는 재무적으로 우량한 종목을 찾고 그 기업을 꾸준히 관찰해야지, KOSPI 200 구성종목이라고 하여 망하지 않는다는 보장은 어느 누구도 해줄 수 없다. 또한 망하지 않는것과 주가 상승과는 아무런 관계가 없다. 그래서 KOSPI 200에 속하는 기업도 상황에 따라서는 장시간 주가가 오르지 못하는 경우도 최근엔 자주 발생하고 있다. 만약 KOSPI 200에 속하는 종목은 절대 망하지 않고 수익이 난다면 주식투자가 얼마나 쉽겠는가?

주식투자는 망하지 않는 기업 보다는 꾸준히 이익이 성장하는 기업에 적극적으로 투자하는 것임을 잊어서는 안된다. 앞으로 전개될 글로벌 저성장 시대에서는 수출주도형 기업과 중후장대 산업 비중이 높은 KOSPI 200 종목만으로 투자수익을 내기가 과거처럼 쉽지 않을 것으로 보인다. 저성장 기조에서는 대기업들이 과거의 높은 성장세를 유지하기는 쉽지 않기 때문이다. 알다시피 우리나라는 중국과 일본의 강한 경쟁 속에 있는데, 최근엔 중국의 빠른 기술력 상승과 중후장대 산업에서의 과잉투자로 국내 대기업과 경쟁이 여러 방면에서 심화되고 있고, 일본과는 환율 전쟁 등의 여파로 영업환경이 더욱 어려워지고 있다. 이러한 상황에서 KOSPI 200만을 고집한다면 상당기간 주식시장에서 떨어져 있어야 할 수도 있다. 물론 코스닥 종목은 KOSPI 200 종목에 비해 상대적으로 변동성이 큰 것은 사실이다. 이것이 코스닥 시장에 대한 투자를 두려워하게 만드는 이유 중 하나다. 하지만 최근엔 코스닥 종목도 안정적인 영업이익률을 바탕으로 작은 변동성을 가지는 종목들이 늘어나고 있음을 알아야 한다.

우량종목에 대한 투자자들의 또 다른 오류는 변동성이 큰 종목에 대한 두려움으로 무조건 피하려고 한다는 점이다. 변동성은 주식시장이 가지고 있는 고유의 성질이지 리스크로 인식해서는 안된다. 따라서 코스닥이 코스피 대비 변동성이 크기 때문에 피해야 한다는 주장에 동의할 수 없다. 가장 큰 리스크는 변동성이 아닌 이를 유발하는 기업의 실적 악화이다.

투자자는 이러한 고유의 성질, 즉 변동성에 대처하는 '대응 원칙'을 가지고 주식시장에 접근해야 하는데, 많은 투자자들이 그 원칙을 고려하지 않기 때문에 리스크로 생각하는 것이다. 어떠한 시장에 투자를 하든지 재무적으로 우량하고 이익성장이 뒷

받침되는 종목을 중심으로 자신이 세운 원칙으로 대응하면서 매매를 한다면 변동성을 두려워할 이유가 없다.

평소 증권시장의 흐름을 파악하기 위해서는 시가총액이나 업종 대표주를 중심으로 HTS상 관심화면을 당연히 구성해야 한다. 그러나 시장의 흐름을 파악하는 것과 매매를 하는 종목 POOL은 다르게 접근해야 한다. 즉, 매매할 종목의 선정은 재무적으로 우량한 종목군으로 선정하여 종목 POOL을 구성해야 한다는 점을 다시 한번 강조하고 싶다.

“자기가 잘 아는 우량회사 주식에 대해 확실한 신념을 가지고 그 회사의 가치가 낮게 평가된 시점에서 주식을 사서 장기 보유한다.”

(워렌 버핏의 투자철학)

우량 종목을 선정하는 기준은 투자자의 성향과 판단기준에 따라 여러가지 방식으로 선정할 수 있다. 기준은 실력이 증가할수록 더욱 정교해져서(혹은 단순해져서) 그 내용이 바뀔 수도 있다. 각자 자신의 투자성향에 맞는 기준을 만들고 종목을 구성하는 과정을 통해 그 종목을 더욱 잘 알게 되고, 관심을 가지고 보다 보면 다른 사람 보다는 매매 시점을 잡는데 훨씬 유리해지고, 이는 곧 꾸준한 투자 수익률을 보장하게 될 것이다.

5) 상상의 나래를 펼쳐보자
– 세상의 변화, 나만의 소설을 써보자

주식투자는 다양한 기업들의 변화를 살펴보고, 전망하면서 투자를 해야 함에도 불구하고 일부 주식투자자들은 주식시장을 매우 좁게 바라보며 투자를 하는 경향이 있다. 매일 자신이 투자한 기업의 주가 변동성에 매몰되어 그 흐름만 파악하고 정작 시장을 크게 살피지 못하는 경우가 생기는 것이다. 경우에 따라서는 해당종목 고유의 문제로 변동성이 있는 것인지 아니면 시장과 업종의 변화로 투자종목이 영향을 받고 있는 것인지조차 정확한 판단을 잘 못하는 경우도 있다. 심하면 시대나 업종의 변화 등 큰 그림을 그리지 못하게 되고, 따라서 시대의 흐름에 맞는 투자를 선제적으로 하기 어려워져 매번 시장을 쫓아가는 매매를 할 수밖에 없게 된다. 이렇게 되면 항상 보던 종목만 반복적으로 보고 새로운 종목에 대한 접근은 더디게 된다.

이러한 점을 개선하기 위해서 투자자는 넓은 시야를 갖는 훈련을 의식적으로 해야 한다. 가장 좋은 방법은 시대의 현상 및 미래의 흐름과 관련된 서적과 산업의 흐름에 대한 리포트를 꾸준히 읽는 것이다.

또 하나의 추천방법은 가끔 혼자만의 시간을 갖고 사회의 흐름을 생각하며 스스로 시대의 변화에 대해 '소설'을 써 보는 것이다. 시대 변화를 생각해 본다는 것은 과거에서 미래로 이어지는 사회의 흐름을 생각하는 것으로, 과거에서 현재 모습으로 변한 사회적 변화를 반추해 보고, 덧붙여 현재의 모습에서 미래로 변화된 모습을 상상해 보는 것이다. 시간을 들여 이러한 점들을 연습하다 보면 현재와 미래를 움직이는 세상의 흐름을 생각하게 되고 거기에 연관된 기업을 찾아 투자포인트를 잡을 수 있게 될 것이다.

과거를 추억하게 했던 영화 '써니'에서 7공주의 리더가 여고시절 늦은 밤 친구와의 통화에서, '걸어 다니며 전화하는 사람'과 '라디오를 본다'라는 당시엔 비현실적인 소설 같은 이야기를 하는 장면이 나오는데, 지금은 모두 익숙한 것으로 상당한 선견지명이라는 생각이 들게 한다. 영화에서는 그 뒷이야기가 자세히 나오지는 않지만, 그가 큰 재산을 가진 것으로 보아 이러한 흐름을 잘 읽고 투자하여 부를 축적한 것이 아닐까 하고 영화를 보는 내내 투자자 입장에서 생각했다. 어릴 때 읽은 해저 2만리나, 공상 우주소설들 중 일부는 현실이 되고 있다. '상상이 곧 현실이 된다'라는 광고문구는 이제 더 이상 낯설지 않다.

우리는 대체적으로 나이를 먹어가면서 점점 '상상'이라는 것을 하지 않게 된다. 자신이 처한 현실에 수동적인 자세를 취하면서 사회의 변화에 무감각해지는 것이다. 그러나 투자자라면 이러한 심리를 극복해야 한다. 1년, 5년, 10년 뒤 우리가 살고 있는 사회는 어떻게 변화되어 있을까? 지금 살면서 불편한 것들은 어떻게 개선되어 있을까? 지구환경 변화에 인류는 어떻게 대처할까? 기업은 어떻게 계속 돈을 벌고자 할까? 이러한 상상을 자주 하다 보면 긴 시야 속에서 좋은 투자 아이디어와 기회를 얻을 수 있다. 또한 이러한 연습은 지금 당장 사회를 바꿀 것처럼 투자자들에게 급하게 다가오는 종목들을 좀 더 냉정하게 바라보는 눈을 키워준다. 현실적인 적용 가능성을 고민하게 해주기 때문이다.

생각을 때로는 과거로 돌아가 보는 것도 좋다. 5년, 10년, 심지어 가능하면 20년 전 이상 아주 오래전으로 돌아가서 그때의 상황과 지금의 변화된 상황을 비교해 보는 것이다. 과거로의 여행은 자신이 경험한 것이라 더욱 생생하게 다가올 것이다. 20년으로 한번 돌아가 보면, 당시에는 휴대폰이라는 것이 고가의 사치품이고 일반인들은 '삐삐'라는 기계가 보급되어 있던 시대이다. 7~8년으로 시계를 돌려보면 '아이폰'이 일대 혁신을 일으킨다. 큰 컴퓨터가 손 안에 들어온 것이다. 지금은 이 또한 포화 상태로 더 이상 세상을 바꾸지 못하고 있다. 자, 그럼 다음 시대에는 무엇이 사회를 이끌게 될까? 플랫폼을 장악한 기업이 시대를 이끌 것인가? 그렇다면 플랫폼 장악을 위해 기업은 어떻게 경쟁을 유지하게 될까? 이러한 생각의 연습을 통해 미래를 더욱 자신 있게 보는 눈을 갖게 될 것이고 좋은 투자기회를 포착하게 해준다고 생각한다.

3

자신만의 관심종목 POOL 구성하기

지금까지 이야기한 것을 바탕으로 투자하고자 하는 관심종목을 선정한다면 대략 어느 정도 될까? 그 중에 몇 종목을 선정해서 투자를 해야 할까? 당연히 정답은 없다. 그러므로 처음부터 많은 종목을 관심종목으로 선정하려고 욕심 낼 필요는 없다. 너무 많은 종목에 관심을 가지면 관리하기가 어려워지기 때문에 투자자별 능력과 성향에 따라 정하는 것이 중요하다. 자신이 이제 막 주식시장에 입문하는 초보자라면 한 두 종목부터 시작하는 마음의 여유를 가지고 출발하여, 그 뒤 점점 종목 수를 늘려가는 것이 좋다.

관심종목 POOL은 그 구성 한번으로 끝나는 것이 아니라 그 이후에도 최대한 관심과 공부 – 분석을 통해 소속 업종, 하는 일, 재무상태의 변화를 속속들이 들여다보고자 노력을 해야 한다. 물론 현실적으로 모든 종목의 실시간 변화를 바로 감지할 수는 없겠지만, 꾸준히 관심을 가지고 노력하다 보면 전체적인 윤곽과 세세한 움직임을 보다 많이 알게 될 것이다.

"나는 여러 기준을 통해 추려낸 투자후보 명단을 언제나 의심을 갖고 꼼꼼히 분석한다. 그리고 조금이라도 이해할 수 없는 부분이 있거나 마음이 편하지 않은 점이 있다면 가차없이 투자불가 명단으로 옮긴다….(중략)… 나는 오랫동안 갖고 있어도 마음이 편안하고 보유하고 있는 동안 자산을 크게 늘려줄 수 있는 명품주식들로 포트폴리오를 채우고 싶다."

(가치투자의 비밀 / 크리스토퍼 브라운 / 권성희 역 / 흐름출판 / P108)

기업은 계속 변하기 때문에 한번 정한 관심종목 POOL 은 영원한 것이 아니라 당연히 종목의 교체는 언제든지 일어나야 한다. 탈락되는 종목과 새로 들어오는 종목 등 변화를 계속 주어야 하는 것이다. 하지만 이 과정은 매우 신중히 이루어져야 한다. 자칫 잘못하면 백화점식 종목 집합이 될 수도 있고, 반면 시장인 기주에 매몰될 수도 있기 때문이다.

이를 방지하기 위해서는 처음 종목 POOL을 구성한다면 자신이 관심을 쏟을 수 있는 최대 몇 종목이라도 정해두는 것이 중요하다. 이렇게 해 놓고, 또다른 관심 종목이 나오게 되면 기존 포트에서 가장 경쟁력이 떨어지는 종목을 제하고 새로운 종목을 편입시키는 것이다.

"너무 많은 종목을 관찰하다 보면 시간에 쫓기게 되는데, 그렇게 되면 다른 유망주를 지속적으로 찾는 일을 할 수 없게 된다. 물론 다른 유망주를 찾아내기 전까지는 기존의 포트폴리오에 들어 있는 주를 관찰하며 자금의 여유가 있는 한 계속 그 주식을 매수해야 한다. 그러면서도 한편으로는 새로운 유망주를 발굴해야 한다. 그러다 조사도 완벽하고, 성장주라는 확신도 있는데다, 더 이상 기다리다가는 기회를 놓칠 것 같은 시기가 오면 기존의 포트폴리오에 들어 있는 주식과 비교하여 더 나은 쪽을 보유하기로 결론을 내린다. 즉, 바꿔치기를 할 수 있어야 한다."

(행운의 투자 클럽 / 테리 본드 지음/ 최기철 옮김 / 미래의 창 / P120~121)

관심종목 POOL은 자신이 매매의 주체가 되겠다는 다짐인 것이다. 혹자는 종목 POOL 내에서만 매매를 하게 되면 투자의 범위가 너무 줄어드는 것 아니냐고 생각할 수 있겠지만, 오히려 종목 POOL을 구성하는 것은 주식시장에서 자신을 지키는 몇 가지 방책 중 하나라고 할 수 있다. 다시 한번 강조하지만 주식투자자, 특히 직장인 투자자는 종목을 한정해서 운용해야 한다. 2000여 상장기업 중에서 자신만의 필터로 걸러서 선정해 놓은 종목 POOL 없이, 그때그때 종목을 찾아 투자를 하려고 하면 금방 길을 잃고 헤매는 자신을 발견하게 될 것이다.

관심종목 POOL 관리하는 방법

자신의 일과 관련된 분야, 관심 분야, 주위의 추천 종목,
재무적 우량 종목 등을 두루 살핌

↓

자신의 검증 기준으로 분석하여 필터링

↓

관심종목 POOL에 편입

↓

자신의 매매 기준으로 매매

↓

상시 필터링을 거쳐 보유하거나 탈락시킴

탑다운(Top - Down)과 바텀업(Bottom - Up)

종목을 선정하는 방식은 크게 탑다운 방식과 바텀업 방식으로 나눈다. 탑다운 방식은 위에서부터 아래로 내려오는 방식으로 거시경제의 흐름 속에서 현재 경제흐름의 위치를 찾고, 거기에 맞는 해당 업종에 대한 분석과 이를 통해 종목을 찾아가는 방식이다. 이는 경기 순환주 등의 산업과 종목을 찾는데 상대적으로 우월한 방식이다.

바텀업 방식은 반대로 아래서 위로 올라가는 방식이다. 기업의 성장 스토리나 재무데이터에 주목하여 종목을 선정한 다음 업종의 향방을 가늠하여 투자에 임하는 방식이다. 이는 성장주나 상대적으로 경제적 해자를 가진 개별 기업을 찾는데 우월한 방식이다.

이 중 어느 방식이 우월하다고 이야기하기 어렵다. 그러므로 투자자는 어느 한 가지 방식을 고집하기 보다는 두 가지 방식을 자유자재로 다룰 수 있는 능력을 키워야 한다. 즉, 경제에 대한 흐름과 종목을 보는 안목을 동시에 가져야 한다는 것이다.

4

다양한 매도 - 시장에서 살아남는 청산전략

현명한 매도는 수익을 향상시킨다 (팻 도시)

주식시장에서는 매수, 매도 중 어느 것이 더 중요할까? 둘 다 동일하게 중요한 것인가? 한번 생각해 보자.

주식을 매수하기 전에는 투자자가 여러사항을 자유롭게 선택할 수 있다. 어떤 종목을 매수할 것인지, 아니면 관망할 것인지 등 선택의 범위가 매우 넓다. 그러나 매도는 주식을 매수한 다음에 반드시 이루어지는 후속조치로 '언제 매도할 것인가' 하나의 결정만을 할 수 있기 때문에 선택의 폭이 그만큼 줄어든다. 투자자가 어떠한 매도 시점을 선택하느냐에 따라서 이익과 손실 중 하나가 결정되면서 투자가 종결되므로 매도는 투자에 있어서 굉장히 중요하게 작용한다.

이러한 사항에도 불구하고 투자자 대부분은 종목을 찾고 매수 타이밍을 잡는데 대부분의 시간을 할애하고, 매도에 대한 고민은 별로 하지 않는다. 심지어 종목을 언제, 어떻게 팔 것인가에 대해서는 대책이 전혀 없는 투자자들도 상당수 있다. 이들은 막연히 오르면 팔고, 빠지면 그냥 보유한다는 생각을 가지고 있는 것이다.

그러나 주식은 팔아서 계좌로 돈이 들어와야 수익이 확정되기 때문에 매수 전략 못지않게 매도 전략이 중요하다. 이런 중요한 사항을 많은 투자자들이 잘 이해하지 못하고 있는 것이 안타깝다. 물론 신중하게 안전마진이 확보된 주식을 선정하는 것도 중요하다. 그렇다고 해도 매도에 대해서 많은 관심과 노력을 해야 한다. 주식투자를 어느 정도 하다 보면 매도가 매수보다 더 어렵고 힘들다는 데에 공감이 충분히 갈 것이다.

"주식을 파는 것은 사는 것보다 몇 배나 더 어렵다. 매수 여부를 고려할 때는, 마음이 썩 내키지 않거나 상황이 불확실해 보일 경우 투자결정을 보류해 버리면 그만이다. 그러나 일단 주식을 매수했다면, 이제 보유할 것이냐 팔 것이냐 하는 결정은 완전히 다른 문제로 발전한다. 상황이 아무리 불확실하고 혼란스럽다고 해도 YES 아니면 NO라는 대답을 강요당하는 것이다. 마치 자동차가 철로에 걸려 있는데, 기차가 달려오는 상황과 비슷하다. 앞으로 가든지 뒤로 빠지든지, 어떤 식으로든 충돌을 피해야 한다. 당신의 차는 철로 위에 있고 기차는 달려온다. 최악의 경우에는 차를 버리고 몸이라도 빠져나와야 한다."

(목숨을 걸고 투자하라 / 제럴드 로브 / 박정태 역 / 굿모닝북스 / P226)

운전을 처음 배울 때 '가장 중요한 것이 무엇이냐'는 질문에 주저 없이 '잘 가는 것'이라는 대답을 했었다. 이에 강사는 '운전에서 가장 중요한 것은 잘 서는 것'이라고 했었는데, 처음엔 잘 이해되지 않았던 그 말이 그 뒤 운전을 하면서 수없이 위급한 상황을 겪을 때 마다 얼마나 중요한 말이었는가를 절실히 느꼈다. 그동안 소소한 사고가 큰 사고로 이어지지 않은 것은 방어운전과 차를 잘 정지했기 때문이라 생각한다.

여기서는 다양한 매도전략에 대해 고민해 보겠다. 매도는 자신의 투자스타일에 따라 달리 생각해야 한다. 시장에는 여러 매도 원칙들이 회자되고 있다. 그런데 일반적으로 통용되는 여러 매도 원칙을 따르는 것이 쉽지 않음을 느끼고 있었을 것이다. '분명 맞는 말인데 왜 나는 안될까?'라는 고민들은 다 한번쯤은 해 봤을 것이다. 모든 투자원칙이 마찬가지이지만, 매도 원칙도 자신의 투자 성향과 원칙에 맞게 적용해야 한다. 주식시장에서 가장 피해야 할 것이 자신의 원칙을 생각치 않고 일반적인 이야기를 받아들이려 하는 것이다.

매도도 전략이다. 크게 기술적 분석에 따른 매도와 기본적 분석에 따른 매도에 대해서 알아보고 자금계획에 따른 매도도 고민해 보겠다. 또한 주식 투자에서 가장 어렵다고 하는 손절매와, 언제 어떠한 방식으로 이익을 취해야 하는지도 함께 알아보자.

"어떤 전략을 사용하든 가장 까다로운 결정은 매도 시점을 잡는 일이다. 이 문제에 대해서는 거의 투자자 숫자만큼이나 많은 답이 있지만, 전문가들조차 자신이 세운 매도원칙을 충실하게 따르는 사람이 드물다. 대부분의 사람들은 심리적 압박에 못 이겨 매도결정을 내리고, 그래서 흔히 끔찍한 결과를 맞이한다."

(데이비드 드레먼의 역발상 투자 / 데이비드 드레먼 / 신가을 역 / 이레미디어 / P306)

올바른 매도를 하기 위해서는 매도 전략을 매수 단계에서 미리 결정해야 한다. 즉, 매수와 매도를 어떻게 할 것인가를 동시에 결정해야 한다는 것이고 이것은 또한 자금 관리와도 밀접하게 연결되어 있다. 이는 자신의 손실 한도를 정하고 그 범위 내에서 알맞은 매매전략을 수립하는 것이다. 모든 매매에서 성공할 수는 없기 때문에 손실 한도, 즉 자금관리를 해 나가는 것이 주식 시장에서 계속 살아남을 수 있게 되는 것이다.

1) 주식 가격이 기준점인 매도전략

– 목표가 매도

주식을 매수한 후 주가가 원하는 가격에 도달했을 때 매도하는 전략이다. 이 경우는 매매가 성공했다는 의미이기 때문에 이때 일부 범위 내에서 변형기법을 사용하여 수익률 극대화를 시도해 볼 수도 있다.

단순 목표가 매도는 원하는 목표가에 도달함으로써 매도하는 전략이다. 목표가는 매수 대비 10%라는 %로 결정할 수도 있고, 15,000원이라는 가격, 아니면 차트상 직전 고점 등 여러가지를 참고하여 결정할 수 있다. 또한 수식을 사용하여 적정 가격을 계산한 후 매도를 실행할 수도 있다. 어떠한 방식으로 결정하든지 원하는 가격에 오면 주식을 기계적으로 매도하는 것이 목표가 매도의 방식이다.

그러나 원하는 가격에 주가가 접근하면 주가가 더 오를 것 같은 생각이 들고, 실제로 더 오르는 경우도 있을 수 있다. 따라서 목표 가격이 되도 일단 매도를 주저하게 되는 게 사실이고 그런 경험을 한번씩은 해 봤을 것이다. 어려운 주식투자에서 자신의 생각과 주가가 정확하게 맞아 떨어져 수익이 나고 있으므로 이 종목은 정말로 대박 종목이 될 가능성도 있다라는 생각이 들면서, 어렵게 얻은 기회를 놓치기 싫다는 생각에 매도를 멈칫하게 되는게 투자자 입장에선 어찌보면 당연할 수 있다.

그러나 주가가 처음 자신이 원하는 목표가에 도달하면 미련없이 매도하기를 권한다. 목표가는 설정 당시 투자자가 이러저러한 합리적인 이유로 심사숙고해서 정한 것으로 그 가격이 오면 매도를 하는 것이 좋다. 주식투자는 한번 하고 끝나는 게임이 결코 아니다. 만약 주식을 팔았는데, 주가가 올랐다면, 자신이 놓친 부분이 어떤 부분인지 검토하여 다음 매매에 반영해 나가야 하는 것이다. 그럼으로써 주가를 보는 눈과 이익을 쌓아가는 확률을 높여가며, 성공자 반열에 오르게 되는 것이다.

원칙을 지키지 않고 주저하면서 또 고민한다면 힘들게 정한 원칙은 아무 의미도 없게 된다. 오르는 것으로 보이는 주식은 같은 비율로 하락하여 어렵게 달성한 이익을 빼앗아 갈수도 있기 때문이다.

변형기법 중 하나는 예를 들어 목표가에 50% 매도 후 나머지 50%를 보유하면서 주식시장에 대응하는 방식이 있다. 이는 주가상승의 상대강도가 생각보다 강하거나, 오히려 큰 변동성 없이 안정적으로 꾸준한 흐름을 나타내고 있을 경우 일부 보유전략으로 수정하는 것이다. 이때 매도하지 않은 보유수량에 대해서는 익절이나 손절 전략 등을 추가하여 다시 관찰해야 한다.

– 이익을 되돌리지 않는 매도

매수한 주식이 올라서 수익이 났지만, 어떠한 이유에서든지 팔지 못하고 보유하다가, 결국 그 이익을 지키지 못하고 오히려 손실을 보고 매도한 경험이 있는 투자자가 적지 않을 것이다. 매매 과정을 돌아보면 결단을 내릴 수 있는 곳이 몇 번 있었는데 실행하지 못한 아쉬움에 굉장히 허탈해지게 된다.

여기서 잘 알려진 증권가 우화를 살펴보겠다. 사냥꾼이 꿩을 잡기 위해 덫을 놓았는데, 꿩들이 모여들어 한 마리, 한 마리씩 덫으로 들어왔다. 그러자 사냥꾼은 점점 꿈을 키우고 작은 수에는 만족을 하지 못하게 된다. 어느덧 꿩이 13마리가 되자 2마리만 더 잡아 15마리의 꿩으로 벌 돈에 대해 행복감으로 손에 땀이 나기 시작한다. 그러나 먹이를 다 먹은 꿩 3마리가 갑자기 덫 밖으로 나간다. 이때 사냥꾼은 아까 13마리를 다 잡지 못함을 아쉬움으로 좀 더 기다려 보기로 한다. 이후 한 마리가 다시 들어오자 사냥꾼은 13마리가 되면 끈을 당길 생각을 하는데, 그때 두 마리가 다시 빠져나간다. 그러자 사냥꾼은 자신의 마음이 과함을 깨닫고 한 마리가 다시 들어와서 10마리에 만족하기로 마음을 바꾼다. 스스로 욕심을 완전히 버린 대범한 사람처럼 위안을 하면서. 10마리만 해도 어디인가? 그런데 꿩은 들어오기는커녕 다시 한 마리, 한 마리씩 덫에서 빠져나가기 시작한다. 어느덧 덫에는 꿩이 3마리만 남게 되자 사냥꾼은 초조해진다. 이때 꿩 한 마리가 다시 들어 4마리가 되자 사냥꾼은 마음을 다시 바꿔 5마리가 되면 끈을 잡아당길 준비를 했지만, 그러나 들어오리라 생각했던 꿩은 들어오지 않고 오히려 또다시 한 마리 한 마리씩 빠져나가 덫에는 꿩이 한 마리도 남아 있지 않게 된다. 눈앞에서 13마리의 꿩을 잡고도 정작 손에는 한 마리도 잡지 못한 것이다. 처음에 사냥꾼이 덫을 놓을 때는 한 마리라도 잡으면 좋겠다는 심정이었을 것이고 나중에 한 두마리가 남았더라도 꿩을 잡았어야 한다. 그러나 마음 속에 이미 꿈이 자리 잡고 있어서 작은 숫자는 무시하게 되는 비이성적 행동을 하게 되는 것이다. 조금만 더, 조금만 더 하다가 결국엔 아무것도 얻지 못하는 것에 대한 비유가 꽤 적절해 보인다.

이익이 발생하면 매도를 해야 하지만, 자신의 목표가에 이르지 못하고 하락하는 경우와 급격히 추세를 이탈하는 경우 등등 여러 이유가 투자자가 매도를 주저하게 만든다. 특히 고점 가격이 생각나면 더욱 못 팔게 된다.(투자자의 심리상 움직임의 고점 상태를 나의 원금으로 생각하게 되고, 주가가 조금 빠지면 손해를 보고 있다고 생각하게 된다)

"모든 포지션을 목표가까지 보유해야 되는 것은 아니다. 시장의 소리에 귀를 기울여야 한다. 시장은 원하는 것을 더 줄 수도 있고, 덜 줄 수도 있다. 트레이더는 무슨 일이 벌어지는지 예의주시하다가 엔진 고장이 의심되면 빠져나와야 한다."

(언제 매도할 것인가 / 알렉산더 엘더 지음 / 신가을 옮김 / 이레미디어 / P172)

이때 투자자가 행동해야 할 바를 살펴보자. 먼저 자신의 목표가에 이르지 못하고 주식이 하락하는 경우이다. 즉, 목표가를 10% 수준에서 설정했는데, 3% 정도 상승 후 하락하는 경우, 현실적으로 일단 기다릴 수밖에 없다. 그런데 원금 + 수수료 수준까지 하락할 경우엔 무조건 매도를 해야 한다. 그리고 다음 기회를 기다리면 된다. 이렇게 되면 이익은 날라가지만, 계좌는 전혀 손해를 보지 않아서 다음을 노릴 수 있게 된다.

또 다른 방법은 상승추세가 이탈했다고 판단되는 시점에서 매도를 하는 것이다. 목표보다 작은 이익이지만, 이익을 손실로 바꾸지 않는 방법인 것이다.

변형기법으로 수수료 수준에서 절반을 매도하고 절반은 손절 한도에서 하는 방법이 있다. 그러나 신용매매의 경우에는 무조건 수수료 위에서 매도를 해야 한다.

2) 손절매

손절매는 투자가 잘못되었을 때 이루어지는 것으로 이는 투자자가 매우 괴로운 결정을 해야만 하는 상황에 직면하게 된 것을 의미한다. 자신의 판단이 잘못된 것을 인정하기도 어렵거니와, 금전적인 손실을 감내해야 하기 때문에 결정이 더욱 쉽지 않다.

주식 투자에 있어 손절매가 중요하다는 이야기는 질리도록 들었을 것이다. 가장 많이 이야기가 되고 있다는 건 그만큼 중요성이 높기 때문이다. 그리고 실천 또한 어렵다는 반증이기도 하다.

과거 직장에서 주식을 잘한다고 소문난 선배가 있었는데, 가만히 그의 매매 행태를 보면 종목을 발굴하는 실력은 다른 사람과 크게 차이가 나지 않았지만, 가장 잘하는 것이 바로 손절매였다. 그는 자신의 시각과 시장이 다르게 움직이거나, 자신의 판단이 잘못되었다고 생각되는 순간 아주 냉혹하리만큼 과감한 손절매를 시행했다. 베테랑 증권사 직원들도 가장 하기 어려운 것이 바로 손절매이다. 일반적인 투자자들이 가장 궁금해하고 어려워하는 부분이 바로 손절매에 대한 것이다. 이는 주식투자를 하는 한 투자자를 끊임없이 괴롭힐 것이다.

"모든 주식은 투기의 대상이 될 수 있으며 상당한 위험을 수반한다는 사실을 기억하라. 리스크와 상당한 손실 가능성을 피하기 위해서는 많은 사소한 손실을 기꺼이 받아들일 줄 알아야 한다. 예기치 않은 재해에 대비해 지불하는 보험료로 생각하라."

(윌리엄 오닐의 공매도 투자 기법 / 윌리엄 오닐, 길 모랄레스 지음 / 조윤정 옮김 / 이레미디어/ P68)

손절매는 자금관리와 연관이 있다. 손절매는 목숨(자금)을 지키는 유일한 방법이다. 여러분이 주식을 매수해서 오를 확률은 50% 이하이다.(횡보와 수수료를 감안하면 확률은 당연히 50%가 안된다.) 따라서 매매계획 단계, 즉 매수를 하기전에 손실에 대처하는 계획을 수립해야 하는 것이다.

여기서 중요한 것은 처음 정한 원칙에 의해 손절매 가격에 오면 무조건 기계적으로 실천해야지, 어떠한 이유로든지 변경해서는 안 된다는 점이다. 제시 리버모어는 주가가 투자자가 예측한 것과 반대로 움직인다면 자신의 판단이 잘못됐음을 인정하고 그 즉시 포지션을 청산해야 하며 이러한 행동이 성공 투자가로 가는 지름길이라고 말하고 있다.

하지만 투자자가 손절을 냉정하게 실행하기 어려운 것은, 주가가 손절매 가격 부근에 접근하면 여러가지 생각이 들기 때문이다. 즉, 계획 당시에는 이성적이었다가 시장에 있는 순간에는 비이성적인 상태로 변하게 되는 것이다. 이렇게 되면 자신이 주식을 매수한 것은 자신의 판단에는 합리적인 행위이기 때문에 시장이 잠시 잘못된 것으로 보이게 된다.

주가가 손절매 라인을 잠시 건드렸다가 다시 상승하여 손해만 확정하게 되는 것은 아닐까? 장중에는 하락세를 나타냈지만 종가로 갈수록 꼬리를 달고 다시 상승하지 않을까? 내일이면 보란듯이 다시 오르지 않을까? 지난번에도 손절을 했는데, 조만간 급등해서 얼마나 배가 아팠던가? 등등. 이런 생각들은 모든 투자자들에게 공통적으로 드는 생각으로 이는 손절매를 취소하고픈 욕구를 만들어 낸다.

"중국의 노자라는 현인은 이렇게 말했지. '타인을 지배하는 자는 위대하다. 그러나 자신을 지배하는 자는 더욱 위대하다.' 그런 사람에게는 불가능이란 없어. 하려는 모든 것에 성공할 수 있지. 자네가 위대한 골퍼가 되기를 원한다면, 마음을 다스리는 법을 배워야 해. 평상시 훌륭한 샷을 할 수 있는 골퍼는 수없이 많아. 그러나 시합이 어려워지고 심리적 압박이 엄청난 상황에서는 오직 그것에 훈련된 사람만이 실수를 피할 수 있지."

(골퍼와 백만장자 / 마크 피셔 지음/ 김호 옮김 / 디자인 하우스/ P52)

설혹 여러분의 생각처럼 이번에 손절을 취소했더니 정말 다음 날 급등을 해서 손절매를 안한 것이 정말 다행으로 투자에 큰 수익을 안겨줄 수도 있다. 이러한 경우 자신의 판단을 고집한 것이 올바른 것이라 할 수 있을까? 아니면 행운이라고 받아들여야 할까?

냉정히 이야기해서 행운으로 생각해야 한다. 따라서 매번 그런 행운이 찾아온다고 생각해서는 안된다. 계획 단계에서 손절라인을 설정한 것은 감당할 수 있는 손실한도 내에서 자금계획을 세운 것으로 여러분은 이미 손실에 대한 마음을 먹은 것이다. 손절을 계획하는 것은 반등에 희망을 걸기 보다는 손절매를 하지 않아 발생하는 큰 폭의 주가 하락으로부터 자신을 구하기 위한 것임을 명심해야 한다.

"손해가 나는 경우를 대비해 미리 마음의 준비를 합니다. 저는 투자할 때마다 최악의 시나리오가 펼쳐지면 어떨까에 대해 상상하기를 좋아합니다. 그렇게 하면 실제 그런 상황이 벌어졌을 때 혼란을 최소화할 수 있습니다. 저는 손실도 매매에서 아주 중요한 부분을 차지한다고 생각합니다. 실제로 손해가 날 때마다 이를 기꺼이 받아들일 수 있어야 합니다."

(새로운 시장의 마법사들 / 잭 슈웨거 지음 / 오인석 옮김 / 이레미디어 / P290)

주식투자에서 진정으로 무서운 것은 여러 생각으로 손절을 하지 않았는데 정말로 큰 폭으로 주가가 하락하는 경우이다. IMF 상황이나 서브프라임 등 외부적인 변수는 언제든지 주식시장을 다시금 강타할 수 있다. 그렇게 크지는 않더라도 작은 하락은 언제든지 투자자를 위협할 수 있다. 견디면 올라간다고 희망적으로 생각만 할 것이 아니라 최악을 감안하는 것이 더 중요한 것이다.

간혹 원칙대로 손절을 했는데, 다시 주가가 올라서 아쉬웠다는 이야기를 듣게 되는데, 이때 '당신은 지금 이익을 취하진 못했지만, 앞으로 꾸준한 수익을 남길 수 있는 기술을 체득했다. 정말 위대한 투자자가 될 가능성이 높다'라고 치켜세운다. 이런 분들을 보면 대단함을 느끼게 된다.

반대로 손절매를 하지 않고 버텨서 결국 수익을 냈노라고 말하는 분들께는 마음 속으로 당신은 좀 멀었다라고 생각한다. 주식은 지금 당장 한번의 행운적인(?) 수익이 중요하기 보다는 꾸준한 수익 달성이 가능한 자신만의 원칙, 그리고 실천하는 용기가 있는지가 훨씬 더 중요하다는 것을 알기 때문이다. 일시의 수익에 취해 자기 자신을 과신하여 원칙 없는 매매를 하다 증권시장에서 퇴출당한 명단이 내겐 너무 많다.

"악어에게 물렸을 때 살아남는 유일한 방법은, 다리 하나를 내주고 빠져나오는 방법뿐임을 기억하라. 이 원리를 시장에 적용하면, '잘못을 깨달은 순간 포지션을 청산하라!'가 된다. 합리화, 희망, 기도, 그 밖에 아무것도 소용없다. 그냥 빠져나와라. 포지션을 바꾸거나, 해지하거나 하지 말고 그냥 손절매 하라!"

(전설 프로 트레이더 빅 / 빅터 스페란데오 / 이건 역 / 리딩리더 / P46~47)

초보자일수록 손절매는 기계적으로 이루어져야 한다. 가능한 한 매수 주문과 동시에 매도 주문을 넣어야 한다. 그래야 마음이 흔들려 매도를 못하는 우를 범하지 않는다.

자, 이제부터 손절매에 대해 시장에 통상적으로 알려진 사항과 다른 점, 특히 투자자가 알아야 할 중요한 점들에 대해 이야기하겠다.

손절매는 언제 시행해야 할까? 즉, 주식이 얼마나 빠지면 매도를 해야 할까? 많은 투자자들 머리 속에는 10%가 마치 정답처럼 들어 있을 것이다. 그런데 이것이 올바르고 실현 가능하다고 생각하는가? 이런 방식이라면 주가의 하락기에 매매가 서 너 번만 잘못되면 원금의 50% 이상이 없어지게 된다. 그래서 10%, 20%는 너무 도식적이라는 생각이 드는 것이다. 그런데 많은 책에서 동일한 이야기만을 하고 있다. 그러한 글들을 보면 과연 그들이 손절매를 실제 잘 하고 있는지, 해봤는지 궁금하기까지 한다.

손절매는 자금관리 관점에서 바라보아야 한다. 흔히 10% 기계적 손절매는 의미가 없다는게 나의 생각이다. 자금관리와 연계되지 않는 손절매는 실천하기 어렵고 따라서 오히려 손실만 키울 수 있다.

자금관리에 의한 손절매는 다음과 같이 이루어져야 한다. 먼저 총 투자자금 중 한번 매매에서 감당할 수 있는 최대 손실 한도를 정하고, 이를 가지고 자금을 어떻게 배분하여 투자하는가와 연계하여 손실폭을 적용하는 것이다. 손실 한도를 5%로 정하고 한 종목에 100% 투자를 하면 5%가 손절 기준가가 되는 것이고, 자금의 50%만 투자하면 종목의 10% 하락까지 견딜 수 있게 되고, 만약 20%만 투자한다면 투자자는 최대 25%까지의 변동성을 견딜 여유가 생기게 된다. 즉, 변동성이 큰 종목은 분산 투자와 자금의 강약을 조절함으로써 변동성을 견딜 수 있게 되고, 당장 빠른 상승 가능성이 높다면 집중투자로 대응할 수 있게 된다. 이로써 투자자는 자신이 감당 가능한 손실 한도와 종목의 변동성 등을 감안하여 자금 배분을 조절함으로써 투자 방법을 다양화할 수 있게 된다. 투자자의 손실 감당 한도가 10%가 되면 전략이 또 달라지고, 손실에 거부감이 강한 투자자는 2~3% 정도의 손실 한도를 정할 수도 있고, 그에 맞게 투자 금액 배분을 정할 수 있기 때문에 다양한 투자가 가능해진다.

이에 대한 고민과 전략을 잘 수립하면 계획이 다양해질 수 있고, 10%처럼 도식적인 손절매의 부담으로부터 훨씬 자유로워지게 된다. 따라서 자금 관리와 연계된 손절매 방식을 잘 익히는 것이 중요하다.

손절매 vs 물타기

손절매와 물타기는 주식의 가격이 매수 가격보다 하락했을 때 어떻게 대처해야 할지 결정해야 하는 큰 문제이다. 더 사서 평균 매입단가를 낮출 것인가? 아니면 금전적 손해를 보더라도 주식을 팔고 빠져나올 것인가?
손절매와 물타기는 동일한 지점에서 이루어지는 고민으로 투자자가 어떠한 결정을 하느냐에 따라서 판이한 결과를 초래하게 된다. 따라서 이 둘은 상당한 차이점과 의미를 가지고 있다.
투자 서적들 대부분은 '물타기'에 대해서 부정적이다. 주식을 매수하는 것은 해당 주식이 오를 것이라는 전제를 가지고 이루어지는 행위이기 때문에 투자자의 생각과 달리 주가가 하락하면 투자자의 판단이 잘못된 것이거나 시장의 방향과 맞지 않는 것이므로 손절매를 통하여 손실을 줄이도록 권하고 있다.
하지만 대부분 투자자는 손절매를 하기 보다는 오히려 자신의 판단이 일시적으로 시장과 맞지 않을 뿐이라고 스스로 위안을 삼고, 자신이 선택한 종목은 상승세를 타게 될 것이라는 기대감으로 오히려 주식을 싸게 살 기회로 판단하여 물타기를 하는 경우가 많다. '평균 매입단가'를 낮추어 이익을 극대화 하고픈 욕망에 사로잡히게 되는 것이다. 이것이 대다수 투자자들의 보편적인 심리라 할 수 있다.
그렇다면 투자자는 어떻게 대처해야 할까? 손절매와 물타기는 투자자의 투자성향 및 투자기간과 맞물려 생각해야 한다. 손절매에 대해서는 앞서 이야기했으므로 언제 물타기가 가능한지에 대해서 살펴보자.
첫째로 적립식 투자를 하고 있다면 물타기가 가능하다. 적립식 투자는 긴 시간을 두고 꾸준히 자금을 시장에 투입하는 투자방식이기 때문에 주가의 상황에 상관없이 주식을 매수하게 되고, 이때 주가가 빠져 있다면(물타기가 되면서) 평균 매입단가가 하락하게 된다.

두번째는 투자자가 가치투자를 하면서 긴 기간 투자를 하는 경우이다. 이때 중요한 점은 기업의 가치변화에 대한 판단을 잘 해야 한다는 것이다. 가치투자를 한다고 주가 하락시에 무조건 매수에 들어가는 것이 아니라, 그 하락 원인이 무엇인가에 따라서 신중히 판단하여 때로는 손절로 대응하기도 해야 한다. 종목의 가치가 훼손되었다고 판단되면 주식을 더 편입시키는 물타기는 계좌를 망치는 행위가 된다.

그러나 그저 일시적 변화로 판명이 난다면 물타기는 매우 합리적이고 올바른 투자 방법 중 하나로 추가적인 '안전마진'을 확보하는 행위이다. 이렇듯 매매는 하나의 공식으로 봐서는 안되고 자신의 성향과 투자 철학에 따라서 전략을 수립하고 실천하는 것이 중요하다.

여기서 잠깐, 만약 투자자가 어떠한 이유이든지 물타기를 하기로 결정했다면 시점의 선택이 매우 중요하다고 말하고 싶다. 흔히 물타기를 주가가 하락하는 시기에 성급히 하는 경우가 많다. 하지만 물타기는 주가의 조정이 마무리되고 상승하는 국면에서 해야 한다. '떨어지는 칼날을 잡지 말라'는 증시 격언처럼 하락기에는 관망을 하고 주가가 반등시에 조금씩 수량을 늘려가야 하는 것이다. 하락기에 물타기는 위험하다. 바닥이 어디인지 알 수 없기 때문이다.

또 하나의 증시 격언으로 '무릎에서 사서 어깨에서 팔아라'는 말이 있다. 무릎에서 주식을 사는 것에 대해 일부 투자자는 허리에서 주가가 빠지면서 바닥 근처에 왔다고 판단되면 사라는 의미로 잘못 이해하고 있기도 하다. 이 격언의 진정한 의미는 바닥을 확인하고 반등하는 국면에서 매수하라는 것이다. 무릎은 발이 있어야 형성이 되기 때문이다. 증시의 격언은 오랜 세월 투자자들의 경험에 의해 만들어진 것이다. 그 진정한 의미를 잘 새기기 바란다.

3) 주식의 가격과 상관없는 매도

주식 매매 방법은 투자자의 성향에 따라 다르다고 설명했다. 지금 이야기는 기본적 분석에 중심을 두고 기업의 가치에 집중하여 매도 원칙을 정하는 방식이다. 이는 시장에서 변동성을 가지는 주식의 '가격'이 매도의 기준이 되지 않기 때문에 차트를 적용한 방식과는 다르게 이해해야 한다. 즉, 차트와 가격이 기준이 되지 않기 때문에 손실 한도를 미리 정할 수 없다. 그래서 계획에 의한 손실을 미리 예측할 수는 없다. 극단적으로 매우 큰 손실을 보고 매도를 통해 시장에서 겨우 빠져나올 수도 있다. 하지만 매도를 해야 할 분명한 이유가 있다면 손실의 규모와는 상관없이 매도를 시행하는 것이다. 이는 투자자의 자금을 지키는 생존의 문제이기 때문이다.

"주식투자를 하면서 손실을 보는 가장 큰 원인은 처음에 어떤 이유를 갖고 투자를 시작했는데, 그 이유가 제대로 실현되지 않았음에도 불구하고 투자를 종결짓지 못하기 때문이다."

(목숨을 걸고 투자하라 / 제럴드 로브 지음 / 박정태 옮김 / P195)

자, 이를 구체적으로 몇 가지 경우로 나누어 생각해 보자.

먼저 처음 매수할 당시 기업의 상황과 현재의 상황이 변화했을 때 매도를 하는 것이다. 투자자가 매수한 기업들이 모두 예측했던 상황으로 움직일 수는 없다. 이렇듯 매수한 기업에 변화가 생겼을 때 주가의 움직임과 상관없이 – 주가가 상승 중이든 하락 중이든 그 움직임을 따지지 않고 즉시 매도를 통해서 투자를 종결하는 것이다. 이를 시행하기 위해서는 주식을 매수할 때, 매수 이유와 매도 이유를 정확히 기록해 두는 것이 중요하다. 기록이 있어야 기업의 변화를 감지할 수 있고 매도를 망설이거나 고민하지 않고 시행할 수 있게 된다.

투자자가 기업의 상황변화에서 주목해야 하는 가장 중요한 것은 매출의 감소와 이에 따른 이익의 감소다. 특히 근본적인 사업환경의 변화로 이들이 감소한다면 앞으로 주가의 상승을 기대할 수 없게 된다. 여기서 제시 리버모어의 격언을 소개하면, "투자자는 손실을 두려워해야 할 때 희망을 갖고, 희망을 가져야 할 때 두려움을 갖는다."고 말했다. 이는 기업의 가치가 변했는데도 다양한 이유로 투자자가 희망을 가지고 주식을 보유하는 것이 위험하다는 것을 설명하는 것이다.

기업의 변화에 따른 매도 적용은 특히 신사업이나 신생기업 등에 투자를 할 때 그 중요성이 더욱 커진다. 신사업이 시장이나 투자자의 바람과 달리 우리 경제에 적용이 되지 않거나 늦춰지거나 변형될 수 있고, 신생 기업은 기존기업의 방어 전략에 따라 꽃을 못 피우게 될 수도 있다. 따라서 기업의 상황을 잘 체크하여, 상황의 변화시 과감한 매도가 필요하다.

두 번째는 기업의 경쟁력이 약화된, 즉 '경제적 해자'가 무너졌을 때 매도하는 방법이다. 이 또한 매도는 주가와 상관없다. 경제적 해자란 다른 기업과 차별화된 면으로, 경쟁이 치열한 상황에서도 다른 기업들이 이를 쉽게 침범하지 못하는 그 기업만의 장점으로 표현할 수 있다. 경제적 해자가 중요한 것은 기업의 가치를 높여 주기 때문이다. 이에 따라 경제적 해자를 가지는 기업의 영업 이익률은 대체적으로 평균을 상회한다.

경제적 해자는 유 · 무형 자산, 원가 우위, 전환 비용, 네트워크 효과, 규모의 경제 등 다양한 이유가 작용하여 형성된다. 이들은 웬만해서는 쉽게 무너지지 않는 장점이 된다. 네트워크 효과는 한번 형성되면 강력한 힘을 가지며 웬만해서는 무너지지 않는다. 또한 규모의 경제와 원가의 우위 등도 다른 기업이 침범하기 쉽지 않다. 따라서 이러한 기업 등은 가치 투자들에게 훌륭한 투자 대상이 된다.

그런데 이러한 우위 - 경제적 해자를 다른 기업에 침범당했다면, 투자자는 매도를 고려해야 한다. 그동안 기업이 경제적 해자를 통해 유지된 높은 영업 이익률이 훼손될 수 있기 때문이다.

5
상황에 대응하는 투자

1) 일시적 구조의 변화에 따른 투자

이는 주식시장과 투자대상 기업이 일시적 변화로 변동성이 확대될 때 적극적인 의지로 투자에 나서는 방법이다. 주식시장에서 '일시적 이유'로 주가의 급등락이 발생하면 그 이유를 찬찬히 잘 따져서 결국 주가가 제자리를 찾아 갈 것이라는 속성을 이용하여 매매에 나서는 방식인 것이다. 이러한 투자방법을 잘 익히면 안정적으로 투자수익을 올릴 수 있는 좋은 방법이 된다. 그러기 위해서는 역시 해당 기업에 대한 정확한 분석이 필요하다. 이 분석은 기본적 분석뿐만 아니라 기술적 분석도 해당된다.

'일시적 이유'라 함은 환율의 변동, 금리의 변화, 자연재해, 기업의 특허소송 및 외생변수에 의한 일시적 매출의 변화 등 여러 가지 있을 수 있다. 이런 다양한 이유들이 기업들에게 일시적 호재와 악재로 작용하여 주가의 움직임을 주게 되는데, 이때의 호재와 악재는 한쪽 방향으로 계속 영향을 미치는 것이 아니다. 조만간 다시 방향이 바뀌어 호재가 악재로, 악재가 호재로 영향을 미치므로 이런 현상을 주의 깊게 관찰하고 고민하여 투자기회를 잡는 것이 중요하다.

예를 들어, 과거 국내 중소기업 중 일부가 '키코'라는 금융상품에 의해 큰 피해를 입은 적이 있다. 이로 인해 일부 기업은 도산으로 이어질 정도였고, 따라서 해당 기업들의 주가는 크게 하락했었다. 역설적으로 키코에 피해를 본 기업들 대부분은 우량회사였다. 그래서 그 중 몇몇 기업들이 기업 본연의 영업활동을 통해 사태를 수습해 나갔고, 이로 인해 주가 또한 반등세를 나타냈다. 키코와 관련된 기업을 투자자들이 외면한 상황에서 이런 회사의 움직임을 관찰하고 추적한 투자자는 큰 수익을 볼 기회였던 것이다.

"미공개정보를 입수할 수 있는 투자자는 거의 없지만, 공개정보는 누구나 입수할 수 있다. 미국에서는 매년 네 번씩 발표되는 실적보고서와 배당금, 간혹 발표되는 기업인수나 피인수 뉴스, 주요 투자나 자산매각 등이 공개정보의 예다. 때로는 기업을 감독하는 규제당국에서 정보가 나오기도 한다. 예를 들면 FDA는 치료제 승인을 발표한다. 이런 발표가 날 때마다 주가가 반응한다고 보아야 한다. 시장의 반응이 적절하다면 이런 정보를 이용해서 이득을 얻기 어렵지만, 시장의 반응이 적절치 않다면 이득을 얻을 수 있다."

(어스워스 다모다란의 투자철학 / 어스워스 다모다란 지음 / 이건 옮김 / 리딩리더 / P479)

이러한 방식은 가치투자의 변형된 방식이라고 할 수 있다. 가치투자는 주식시장이 기업의 가치를 반영하지 못하는 저평가 구간에 매수하여 시장이 가치를 인정할 때 매도하는 방식인데 우량기업이 일시적 변수로 하락세를 나타낼 때는 좋은 투자기회로 삼을 수 있게 되는 것이다.

물론 기업에 변화를 주는 요인이 일시적 요인인지, 구조적 변화의 요인인지를 구분할 줄은 알아야 한다. 이는 기업과 해당 업종을 관찰하여 분석하면 구분이 가능해진다. 구조적 요인이라면 주가의 하락은 오히려 주식을 멀리해야 하는 요인으로 판단해야 한다.

2) 경기와 산업, 업종에 대한 그림을 그리자 - 순환매

산업은 복잡한 미로처럼 얽혀 있는데, 투자자라면 이러한 산업 전반에 대한 그림을 그리려 노력해야 한다. 산업의 흐름을 파악하고 그 흐름을 읽어야 투자포인트를 잡을 수 있고, 구조를 파악하고 있어야 하나의 사건이 어떻게 연쇄적으로 산업 구조에 변화를 주어 자신의 투자기업에 영향을 주는지 알 수 있기 때문이다.

경기와 산업은 보통 10년, 짧으면 3~4년의 일정한 주기로 순환을 한다. 그러나 최근엔 그 주기가 다소 빨라지고 있다. 경기는 호황과 불황의 과정으로 순환되는데 투자자는 이에 따른 산업과 업종의 초기 개발, 발전, 성숙, 사양화의 흐름에 따라 투자타이밍을 결정해야 한다. 각 시기별로 기업의 수익과 주식시장의 기대가 달라지기 때문이다. 또한 이를 이용하면 역발상 투자 등 다양한 투자기법을 활용할 기회를 포착할 수 있게 된다. 통상 산업의 진행상황을 알게 되면 그 산업의 수명과 추세를 예측할 수 있게 된다.

"거의 모든 것에는 '주기'가 있음을 꼭 기억해야 한다. 주기에 대해 내가 확신할 수 있는 것은 많지 않지만, 다음의 몇 가지는 사실이다. 먼저 주기는 언제나 이긴다는 것이다. 그 어떤 것도 영원히 한 방향으로 움직이지 않는다. 그리고 현재 상황이 미래에도 계속될 것이라고 굳게 믿는 것처럼 건전한 투자에 위험한 것은 없다."

(투자에 대한 생각 / 하워드 막스 지음 / 김경미 옮김 / 비즈니스맵 / P116)

3) 시장의 주도주를 찾아라 - 미인대회

주식시장은 시장을 선도하는 업종과 종목들이 매번 번갈아 나타난다. 이들은 높은 기업이익과 성장성을 바탕으로 시장의 관심이 몰리면서 주가 또한 강한 상승세를 시현한다. 하지만 한편에서는 기업의 이익이 증가하고 있음에도 불구하고 주가의 움직임이 크지 않은 소위 소외주들도 필연적으로 생긴다. 이렇듯 시장의 관심 종목이 집중 상승하는 현상을 가리켜 '주식투자는 미인대회'라는 표현을 쓰기도 하는데, 여러 투자종목 중 지금 시점에서 가장 예쁜 종목(공통적으로 관심을 갖는 종목)을 찾아 투자자들이 몰리는 현상을 빗댄 표현이다.

미인대회는 기본적으로 자격이 없는 사람은 뽑지 않는다. 그러나 미인대회의 기준은 시대에 따라 변하고 있다. 하지만 미인대회는 '다수가 예쁘다고 생각하는 사람'을 뽑는 행위이다. 따라서 내 기준의 미인과는 차이가 발생할 수 있다. 물론 다수의 의견이 항상 옳은 것(?)은 아니라는 한계도 가지고 있다.

투자자는 '지금 시장이 예쁘다고 느끼는 종목'이 무엇인지를 주의 깊게 살펴보아야 한다. 한번 시장이 미인이라고 선정하면 그것은 상당 기간 유지된다. 시장의 미인이 나의 미의 기준과 다르다면 일정기간 고독한 시간을 보내게 될 수도 있다. 이것을 견딜 수 없다면 나의 미의 기준을 바꾸는 것도 현실적인 방법 중 하나일 것이다.

그러나 혼자만의 미인을 고집하는 것도 나쁜 것 만은 아니다. 내 눈의 안경이라고, 남들과 상관없이 나의 미의 기준도 결국 행복한 수익을 낼 수도 있기 때문이다.

"단기로 주식을 매매하는 트레이딩이라면 케인즈의 미인 투표론처럼 모두가 좋아할 것이라 생각하는 회사를 고르는 일이 필요할지도 모른다. 그러나 우리가 지향하는 것은 장기투자이므로 어디까지나 '내가 보기에 미인'을 고르면 된다."

(10년 보유할 주식을 찾아라 / 사와가미 아쓰토 지음 / 유주현 옮김 / 이콘 / P58)

주도주(미인주)는 시대 흐름의 반영이기도 하다. 하지만 주도주 투자는 조심해야 할 면도 있다. 시장의 관심이 과도하게 쏠리면서 거품을 형성할 수 있기 때문이다. 시장은 때때로 주도주에 과도한 가치를 부여하기도 하는데, 이는 고밸류의 형태로 나타나게 된다. 과거 거품의 역사를 보면 투자자가 시장의 흥분 속에 있을 때는 고 밸류가 부여되는 것을 잘 탐지하지 못하게 된다. 미래에 대한 기대감으로 포장된 과도한 의미 부여로 쉽게 정당화되기 때문이다.

2019년 현재 제약 / 바이오 관련주들의 주가 움직임이 별로 좋지 못하다. 이들은 2015~16년 사이에 임상이나 신약 개발에 대한 기대감으로 고밸류를 부여 받았던 업종이다. 하지만 최근 잇따른 실패 소식과 기대감 상실로 주가의 움직임이 부진한 것이다.

"그들은 인수합병 열풍의 불을 댕긴 선두주자들이었다. 그들이 성공을 거두자 이를 모방하려는 사람들이 줄을 이었다. 이후에는 평범하기 짝이 없는 기업들도 인수합병 대열에 발을 들여놓음으로써 주가이익비율을 높였다. 궁극적으로 기업은 인수합병으로 성장을 이루겠다는 약속만으로 높은 재무비율을 취할 수 있었다."

(금융시장의 새로운 패러다임 / 조지 소로스 지음 / 황숙혜 옮김 / 위즈덤하우스/ P120)

이렇듯 시장의 관심이 과도하게 몰릴 경우 투자자는 높은 경계감을 가져야 한다. 기업의 실적이 시장의 기대치에 미치지 못하는 것이 투자자들에 인식되는 순간 주가는 급격히 조정을 받게 되기 때문이다. 따라서 냉정히 기업의 실적 변화에 보다 많은 관심을 가져야 한다. 미인은 실적으로 귀결된다.

4) 정부정책을 보면 투자기업이 보인다

세계 각국 정부는 각자 발전 방향에 대한 목표를 가지고 큰 그림과 함께 그 세부 시행계획을 주기적으로 발표하고 있다. 이에는 경제성장율 목표와 달성방안, 중점 추진사업과 육성산업 등 광범위한 자료들을 포함하고 있다.

"투자자들이 가장 간과하기 쉬운 것은 정부정책에 대한 숙고다. 사실 정부의 정책이나 법률안과 같은 사안들은 너무나 명백하고 확실한 이익을 줄 때가 많다. 그리고 그 이면에는 생각지도 못한 이야기들이 담겨 있는 경우도 부지기수다."

(시골의사의 주식투자란 무엇인가 / 박경철 지음 / 리더스북 / P284~285)

증시 격언에 '정부정책에 맞서지 말라'는 말이 있다. 이는 정부가 의지를 가지고 어떠한 정책을 시행할 때는 법규와 자금을 동원해서 해당 부분에 전력을 다하기 때문에 투자자는 자신의 투자를 정부의 방향과 맞출 필요가 있다는 말이다. 일단 정부가 의지를 가지고 움직이면, 이는 해당분야 기업의 이익원이 되고 실적이 개선되면서 주가의 움직임에 긍정적인 역할을 하게 된다.

반면 정책의 변화로 투자한 기업이 갑자기 규제 대상 업종에 묶이게 될 수도 있다. 이럴 때는 대책을 세워야 한다. 규제는 이익을 제어하는 형태로 나타나 주가하락으로 이어지기 때문이다. 과거 게임사업의 보드게임 규제 등이 좋은 예라 할 수 있다.

정부정책에 대한 자료는(전세계) 정부 공공 사이트에 일목요연하게 잘 정리되어 있다. 따라서 투자자는 주기적으로 이를 살펴봐야 한다. 이는 매우 고급 정보로 작용할 수 있다. 다른 투자자들보다 조금만 부지런하면 된다.

5) 신기술, 새로운 산업의 출현에 투자하는 법

사회는 끊임없이 새로운 기술과 산업이 등장하면서 발전을 거듭하고 있다. 따라서 투자자가 그런 다양한 신산업과 기술의 등장을 잘 잡아내어 투자에 나서는 것이 매우 중요하게 대두되고 있다. 새로운 산업과 기술 등은 투자자들을 흥분시키고 해당 주가를 강하게 상승시킨다. 특히 생활을 근본적으로 바꿀 수 있는 것이라는 전망이 더해지면 높은 수익률을 기대하는 매수세가 강하게 유입되게 된다.

때때로 생활을 바꿀 수 있을 것으로 생각되는 산업과 기술이 생각보다 많은 적응시간이 필요하거나, 큰 의미가 없는 것으로 판명 나는 경우도 있다. 일단 초기에는 그런 구분없이 '비 이성적 흥분'에 의해 관련주들이 큰 변동성을 나타내기 때문에 투자자는 이에 대한 구분을 할 줄 아는 것이 매우 중요하다.

"기술 혁신은 소비자의 효용을 증대시키는 방향으로 진행되어야 한다. 미래 예측을 위한 기술 혁신을 정확히 이해하려면 기술 혁신이 언제 어떻게 소비자의 효용을 증대시켜 주는지 알아야 한다. 신기술이 가져다 주는 새로움이나 신기함 보다는 비용

편익의 관점에서 소비자의 마음을 움직일 수 있어야 한다. 신제품은 거래비용과 전환 비용이 낮아서 소비자가 원하는 것을 이전 비용보다 낮은 가격으로 제공해 주어야 한다."

(왜 트렌드의 절반은 빗나가는가 / 애덤 고든 / 안세민 역 / 흐름출판 / P135)

그러면 새로운 산업과 기술의 출현에 대해 투자자들이 어떻게 대응해야 하는지 살펴보자.

시장에 등장하는 새로운 산업과 기술의 특징은 그 '꿈'이 화려하다. 당장이라도 세상을 바꿀 것처럼 매일 언론에서 기사화되고, 이에 따라 산업 전반의 패러다임이 바뀔 것 같은 희망을 투자자들에게 심어준다. 하지만 이러한 희망 속에는 새롭게 보이는 산업과 기술이 실제로 적용되어, 기존의 틀을 바꾸는 과정이 생각보다 많은 시간을 요구한다거나 다양한 리스크가 존재한다는 것은 쉽게 부각되지 않는다.

따라서 투자자는 언론의 기사 등에 집중하지 말고 주위를 돌아보면서 투자포인트를 생각해야 한다. 새로운 기술이 기존의 것을 당장 대체할 수 있을까? 나라면 바꿀 것인가? 이러한 생각을 해보면 냉정히 바라볼 수 있게 된다. 새로운 것으로 판명이 나면 실적 개선을 보면서 투자를 해도 늦지 않고 안정적으로 투자를 할 수 있게 된다.

6) 신규 상장주 투자

기업공개 즉, 기업이 증권시장에 상장되면 여러가지 혜택을 볼 수 있기에 많은 기업들이 상장을 추진한다. 이에 금융당국은 투자자 보호를 위해 엄격한 상장기준을 두고 이를 통과한 기업에 한해서만 상장을 허가하고 있다.

기업은 상장을 통해 초기 투자자들(주로 엔젤 투자자들)의 투자자금을 회수할 수 있게 되고, 새로운 일반 투자자들의 자금유입으로 자본을 증가시킬 수 있다. 대외신인도 증가로 자금차입과 회사채 발행 등에서 금리가 유리해지는 등 자금조달 방식이 다양화되면서 회사운용에 긍정적인 영향도 받게 된다.

이런 점 때문에 일부 기업은 간혹 상장을 위해서 다소 무리(?)를 하기도 하는데 즉, 상장 시 좋은 점수와 투자자들의 관심을 받기 위해서 상장 직전의 회사 모양을 가장 좋게 포장하고픈 유혹에 빠지기도 하는 것이다.

"그런데 말이죠, 남자들이 거들떠도 안보는 동네 아줌마도 괜찮은 옷을 입히고 미용실에 가서 머리하고 화장하면 십년은 더 어려 보이는 겁니다. 잘난 놈들도 눈길이 가는 것이죠. 회사도 마찬가지입니다. 증권사 애들 들어오기 전에 손만 좀 보면 증권사 애들이 와서 부르는 가격 자체가 달라질 수 있습니다."

(소설로 배우는 기업공개 / 김태수 지음 / 새빛 / P61)

기업을 포장하는 데는 다양한 방법들이 있다. 가장 대표적인 것이 기업의 재무제표를 일시적으로 좋게 만드는 것이다. 무리를 해서라도 매출을 늘리고 비용을 줄여서 이익을 증가시키고, 이와 더불어 향후 장밋빛 전망을 만들어 시장에 내놓는 것이다. 그렇게 좋아진 재무제표는 시장과 언론의 관심을 받게 되어 상장 시 기업의 가치를 높게 평가받도록 만든다. 이를 통해 기업의 입장에서는 상장이익을 극대화 시킬 수 있게 된다. 따라서 상장기업에 투자하는 투자자들은 기업을 다각도로 살펴야 한다. 특히 재무제표는 최대한 비판적으로 봐야 한다. 그래서 가능한한 과거의 재무제표를 구해서 변화의 추이를 살피는 것은 필수다.

만약 기업이 상장을 위해서 회사를 포장했다면 상장 이후에 후유증이 반드시 나타나게 된다. 무리한 매출은 이후 매출 감소로 나타나고, 줄인 비용은 언젠가 다시 부과되어 실적을 악화시킨다. 이렇게 되면 재무제표가 투자자들 생각보다 악화되고, 이는 시장의 신뢰를 잃게 되어 주가는 하락세를 벗어나지 못하게 되는 것이다.

기업이 주식시장에 처음 들어올 때 어느 정도 가치를 부여해야 하는지도 매우 중요한데, 기업의 가치는 장부가치와 시장가치 등 산정방식에 따라 달라진다. 우리나라는 상장 시 시장 가치만을 기준으로 하도록 권고하고 있다.

"공모 희망가는 자산가치와 수익가치를 감안해 정하는 본질가치법과 동종 업종의 주가를 비교하는 비교가치법이 쓰인다. 금융감독원 지침에 따라 2004년 이후로 거의 쓰이지 않는다. 본질가치법은 미래이익에 대한 가정과 할인률 등 주관사나 회사의 입김이 개입될 요소가 많기 때문이다. 비교가치법은 동종 업계의 주가 및 실적 그리고 해당기업의 실적을 비교해 공모가를 산정한다.”

(대한민국 공시의 비밀 / 머니투데이 증권부 / 거름 / P15)

기업 입장에서는 당연히 높은 가치를 부여받고 싶기 때문에 동종 업종 내에서 최고의 시장 가치를 부여받고 있는 기업과 비교해 가치를 산정하려 한다. 만약 국내에 동일 업종의 기업이 없다면 해외 기업을 통해서라도 그 가치를 인정받으려고 하게 된다. 이러한 점은 기업의 가치를 산정하는데 깔끔한 면이 있지만, 시장이 과열 상태일 때는 과도한 가치를 부여받게 되어 투자자들의 주의가 요구된다.

투자자들이 주의해야 할 또 다른 점은 기존 투자자들(상장 전에 투자를 했던 투자자)이 자금을 회수하는 과정에서 매물 부담이 발생할 수 있게 되는데, 이 또한 주의 깊게 체크해야 한다.

기업을 설립하고 운영하기 위해서는 초기 자본이 많이 필요하다. 그러나 기업의 성장이 본격적으로 이루어지기 전까지 선뜻 투자자를 찾기가 쉽지 않다. 이러한 상황에서 기업의 미래를 믿고 리스크를 감수한 채 자금을 투자한 입장에서는 기업의 상장을 통해 그 자금을 회수하여 과실을 나누고 싶은 것이 당연한 것이다. 이에 기존 투자자들의 매도(자금회수)와 신규 투자자들의 매수가 부딪치게 되는데, 그렇게 되면 상장이 원활히 이루어지기 힘들어지게 되어, 금융당국은 일정기간 기존 투자자들의 자금 회수를 자제

토록 규정하고 있다. 이러한 것을 '보호 예수'라고 한다.

이는 기존 주주별로 그 기간이 상이하다.(통상 벤처캐피탈은 한 달에서 석달, 대주주의 경우는 6~12개월 정도의 기간을 두고 주식을 매도할 수 없는 기간을 강제적으로 두게 한다. 이는 기업별로 상장 과정에서 금융당국과 협의하에 정하고 공시를 통해 발표된다. 그래서 상장관련 공시자료를 꼼꼼히 살피면 어떤 주주의 주식이 언제 풀릴 가능성이 있는지 정확히 파악할 수 있다.)

물론 기업의 성장이 크다면 보호 예수기간 만료 후에도 매물이 나오지 않을 수 있기 때문에 꼭 매물화 된다고 볼 수는 없다. 그러나 통상 벤처캐피탈 등은 기업 초기에 투자하여 상장을 통해 자금을 회수하고, 이를 또 다른 기업에 투자하는 역할을 하기 때문에 대부분 매물화 된다고 보고 투자전략을 수립하는 것이 타당하다. 따라서 상장주식은 일정 기간 후에 기존 투자자들의 매물이 나올 것이 예상된다고 봐야 하고 이를 '오버행 이슈'라고 한다. 그래서 중기적 입장에서 투자를 한다면 이 오버행 이슈 해소를 살피면서 매수시점을 잡는 것이 타당하다.

6
직장인이 피해야 할 매매

이제부터는 직장인에게 적합하지 않는 방법들에 대해 집중적으로 살펴보고자 한다. 주식에 대한 투자 방법은 다양하다. 직장인 투자자는 시장에 알려진 어떠한 방법을 이용하여 주식투자를 해도 상관이 없다. 또한 투자자의 성향과 투자 목표에 따라 다양한 투자 방법을 잘 활용할 수 있다. 투자 방법에 옳고 그름을 특별히 따질 수는 없다.

하지만 직장인 투자자는 다른 여타 투자 주체와 다르게 피해야 할 투자법이 있다. 이는 보편적인 직장인이 가지고 있는 특성을 고려할 때 한번쯤은 생각해야 하는 중요한 부분이다. 직장인이 펀드매니저와 같은 투자 방법을 이용하기는 쉽지 않다. 전업 투자 기법도 마찬가지이다. 이러한 점을 바탕으로 직장인 투자자에게 맞지 않는(가급적 피해야 할) 투자법을 구체적으로 생각해 봐야 한다. 그래야 주식투자의 위험으로부터 자신을 효율적으로 보호할 수 있기 때문이다.

다음에 언급되는 방식들은 다양한 직장인 투자자들이 진지한 고려없이(모든 방식의) 투자를 하여, 그로 인해 고통받는 것을 보고, 피해야 할 매매방식으로 생각되는 것들을 정리한 것이다. 따라서 이 또한 절대적이진 않다. 만약 여기서 이야기하는 투자법을 이용하고자 한다면 그 단점을 충분히 숙지하고 그를 극복하는 방법을 찾고자 노력하는 것도 하나의 방법이 될 것이다.

1) 데이트레이딩 - 직장인이 할 수 있는 매매가 아니다

데이트레이딩은 단기 변동성을 이용하여 짧은 시간에 치고 빠지는 투자법이다. 현재(2019년 8월 기준) 주가의 당일 움직일 수 있는 범위, 즉 상 · 하한가 폭은 30%이므로 이론적으로 하한가에 주식을 사서 상한가에 팔면 약 60%의 수익을 거둘 수 있다.(물론 반대도 가능하다) 여기에 신용매매 등 레버리지까지 사용하면 그 폭은 더욱 확대된다. 주식시장에는 다양한 투자방식을 사용하는 투자자들이 모여 있는데, 단기 변동성을 이용하여 매일 조금씩 수익을 모아 가려는 투자자들도 상당수 존재한다.

그러나 직장인들에게는 이러한 방식의 투자는 맞지 않다고 강조한다. 데이트레이딩을 하려면 변동성을 잡아내어 빠르게 매매를 해야 하기 때문에 많은 시간과 집중력이 필요하다. 간간이 짬을 내어 시장을 보는 것으로는 부족하고, 주식시장이 열려 있는 시간 동안은 시장에 집중하여 매매타이밍을 잡아 내는 것이 필요하다. 변동성을 이용한 매매는 그 흐름에 잘못 대처하면 손실이 커질 수 있기 때문에 빠른 대응도 필연적으로 필요하다. 즉 과감한 손절은 필수다.

직장인 투자자처럼 간간이 시장을 보는 것만으로는 빠른 매수, 매도에 적절히 대응하는 것이 현실적으로 어렵다. 일부는 모바일 기기를 이용하여 짬을 내어 데이트레이딩을 하기도 하는데, 애석하게도 꾸준히 수익률을 내는 투자자를 보지 못했다. 근무시간에 이러한 노력을 하게 되면 직장생활이 결코 순탄치 않게 될 수도 있다.

이 책을 정상적으로 따라온 투자자라면 자신만의 종목 POOL을 구성하여 매매에 나서게 될 것인데, 아마도 대부분 변동성이 크지 않은 종목이 상당수 있을 것으로 생각된다. 따라서 한 두 번은 몰라도 데이트레이딩을 하기는 결코 쉽지 않다.

"10년 동안 보유하려는 생각이 아니라면 단 10분도 보유해서는 안됩니다. 이익이 장기간 꾸준히 증가하는 기업으로 포트폴리오를 구성하십시오. 그러면 포트폴리오의 시장가치도 장기간 꾸준히 증가할 것입니다."

(워렌 버핏, 1999년 주주서한 중에서)

하지만 빠른 수익을 위해 데이트레이딩에 관심을 가지는 투자자들이 있을 수도 있다. 이와 관련된 서적도 많이 나와 있다. 지금 여기서는 데이트레이딩이 나쁜 방식이라는 것이 아니라, 직장인에게 권할 수 있는 방식이 아니라는 것을 이야기하고 있다. 앞서 직장인 투자자는 주식시장과 떨어지는 훈련을 하라고 이야기 했는데, 데이트레이딩은 주식시장에 바싹 붙어 있어야 가능한 매매이다. 많은 투자방식 중 자신에게 맞는 방식을 찾는 것이 중요함을 다시 한번 강조한다.

2) 테마주 매매 – 불나방

증권시장에서는 다양한 이슈에 대해 소위 '테마주'라는 이름으로 일부 종목의 시세가 급등락을 연출하는 경우가 나타난다. 이들은 선거나 전쟁과 각종 질병, 그리고 사회의 특정 이슈에 대해서 다양한 연관성을 바탕으로 시세는 급등락을 한다. 증시에서 테마주만큼 드라마틱하게 단기간에 강한 시세 움직임을 나타내는 주식을 찾기도 쉽지 않다. 그렇기 때문에 단기간에 이루어지는 큰 변동성을 잘 활용하면 큰 이익 기회로 삼을 수 있다는 생각이 투자자를 강하게 유혹한다. 테마주는 소형주가 많기 때문에 가벼운 움직임으로 투자자들을 유혹하는 것이다.

테마주들은 일반 주식들과는 확연히 다른 형태의 움직임을 보인다. 주가가 투자의 본질인 실적 가시성에 따라 움직이는 것이 아니라, 강한 이슈를 형성하는 뉴스에 따라 구체적인 실체와는 상관없이, 단지 과도한 기대감만으로 장중 대량 거래로 급등락이 이뤄지는 것이다.

이런 움직임 속에서 매매는 쉽지 않다. 강한 움직임 속에서 장중 등락이 너무 심하기 때문에 시세 흐름에 편승하여 방향을 가늠하고 매매를 하는 것은 결코 쉽지 않다. 한 차례 폭풍이 지나고 나면 간혹 누군가가 시세를 조정하고 있는 것이 아닌가 하는 생각이 들기도 한다. 이처럼 빠른 움직임에 대응하기 위해서는 앞서 데이트레이딩과 마찬가지로 강한 시장에 집중력이 필요하기 때문에 직장인 투자자들이 접근하기엔 무리가 따른다.

정상적이라면 투자자들은 뉴스에 따라 기업의 이익이 어떻게 증가하는 가에 대해 집중하게 된다. 그러나 테마주의 경우는 대부분 실체가 없기 때문에 올바른 실적을 가늠할 수 없고, 단지 타인들이 매매를 할 때 편승하여 매매를 할 수밖에 없다.

이는 테마주 매매에 있어 매우 중요한 것으로 만약 테마주 매매를 하려면 그 기대감이 존재할 때만 매매를 해야 하는 것을 알아야 한다. 시간이 지나서 기대감이 사라지면 주목받던 테마주들이 대부분 변동성 확대 전의 가격으로 돌아오는 경우가 많다. 이는 실적이 담보 되지 않았기 때문에 당연한 결과이다. 그래서 적절한 시점에 빠져나오지 못하게 되면 장기간 손실이 불가피 하게 된다.

즉, 모호한 실체에 따른 거품이 터지면 무수한 손실과 이에 따른 후유증을 증시에 남기게 된다. 그래서 테마주에 편승해서 매매를 하는 것은 마치 횃불의 유혹에 자신이 죽을 수도 있다는 것을 망각하고 뛰어드는 불나방과 같다는 생각을 하게 된다.

투자 경력이 많지 않은 투자자들 중에는 테마주 매매에서 잘못된 투자심리를 갖게 되는 경우도 발생하는데, 이는 테마주 매매에서 성공한 경우이다. 빠른 시간에 큰 이익을 얻게 되면 항상 그러한 매매를 찾아 다니게 된다. 쉽고 빠르게 돈을 벌 수 있다는 생각에 긴 안목의 투자를 하지 못하게 되고, 과도한 리스크를 망각한 채 매매에 나서는 것이다. '나는 한 두번만 하고 그만 둘거야'는 생각처럼 실전에서 잘 통용되지 않는다. 유혹 앞에 투자를 멈추기는 생각보다 훨씬 어렵기 때문이다. 무수히 봐왔다.

"언제든지 내가 포지션에 대해 기도를 하게 되면 나는 그 즉시 포지션을 청산합니다. 그러한 기도는 재앙을 부릅니다. 신은 시장을 조작하지 않습니다. 나는 그렇다고 생각했던 트레이더를 알고 있습니다. 그는 결국 파산했습니다. – 마크리치"

(타이밍의 승부사 / 잭 슈웨거 / 김태완 역 / 21세기북스 / P38)

두 번째는 작은 수익을 보고 매도한 종목이 더욱더 강하게 상승하는 경우이다. 그간 거둔 이익이 있음에도 불구하고 일생일대의 기회를 놓친 상대적 박탈감이 투자자를 강하게 압박하여 다음엔 기필코 기회를 놓치지 않겠다는 생각에 오히려 적절한 시점에 매도를 하지 못하게 된다.

테마주 매매는 하나의 막대기를 가지고 번갈아 잡다가 마지막에 잡은 사람이 지는 게임과 룰이 같다고 생각한다. 즉 '주식은 나보다 어리석은 사람을 만나는 게임' 이라는 증시 격언이 어울린다 하겠다.

지금까지 말한 주식과 다른 성격을 가진 테마주 매매는 전문가의 영역이라고 말하고 싶다. 장중 매매 움직임을 실시간 집중해서 파악이 가능하고 언제든지 동물적인 감각으로 빠른 판단과 손실의 과감한 결단력을 가진 투자자만이 할 수 있다. 보통의 직장인과는 맞지 않다.

3) 정보매매 – 악어의 눈물

정보는 쉽게 돈을 벌게 해주는 마법과도 같이 모든 투자자로부터 '추앙'을 받게 된다. 고급정보를 남들보다 빠르게 얻을 수 있다면 땅 짚고 헤엄치기 식으로 쉽게 큰 돈을 벌 수 있다는 생각을 주기 때문이다. 물론 여기서 이야기하는 정보는 단기간의 시세 움직임에 대한 정보를 지칭한다.

과거 증권회사에 다녔다는 이유로 수시로 '어디 좋은 정보나 종목 없느냐'라는 질문을 자주 받는다. 아무래도 남들보다 고급 정보를 많이 알고 있을 것이라는 선입견과 그 정보를 귀뜸받아 돈을 벌고 싶다는 욕구가 발동하여 지인 뿐만 아니라 처음 명함을 주고 받는 상황에서도 종종 듣는다.

실제 증권가에는 다양한 루트를 통해서 많은 양의 정보들이 실시간으로 움직인다. 그 중 일부만을 추려서 차분히 분석을 하려 해도 하루에 감당하기 어려울 정도다. 가끔 고급 정보(큰 돈이 되는 정보)를 만나기도 하지만, 평소 많은 정보 속에 묻혀서 지내다 보면 안타깝게도 시간이 지나고 나서야 고급 정보였음이 판명나는 경우가 대부분이다. 한편으론 많은 양의 정보가 위험성을 내포하고 있어서 증권사 직원들은 정보의 가치에 크게 베팅을 하는 경우가 많지 않다. '나에게 올 정도의 정보는 정보가 아니다'라는 증권가의 격언은 정보를 그다지 높게 신뢰하지 않는다는 반증이기도 하다.

"우리는 친척이나 친구에게 투자자문을 구하는 널리 퍼져 있는 관습에 대해 비판적인 태도를 취하고자 한다. 문의하는 사람은 항상 상담해주는 사람의 지식이나 경험이 우수하다고 가정할 만한 충분한 이유가 있다고 생각한다. 우리의 관찰에 의하면 만족스런 비전문 조언가를 찾는다는 것은 주위의 도움 없이 좋은 증권을 선택하는 것만큼이나 어렵다. 나쁜 충고는 공짜로 많이 널려 있다."

(현명한 투자자 / 벤저민 그레이엄 / 김수진 역 / 국일증권경제연구소 / P210)

정보에 대한 유혹은 생각보다 매우 강력하다. 지난번 정보매매로 큰 손실을 본 투자자라도 새로운 정보를 듣게 되면 '이번만은 다르다'라는 생각으로 또다시 투자에 나서고 싶은 유혹에 빠진다. 정보 매매로 성공할 가능성이 적음에도 불구하고 말이다.(그래도 혹시 알아? 이번에는….)

'악어의 눈물'의 의미를 아는가? 악어는 먹이를 잡아먹을 때 눈물을 흘리는데, 그것이 마치 먹이가 불쌍해서 눈물을 흘리는 것으로 보인다는 것이다. 그러나 그것은 인간의 생각일 뿐 눈물은 악어의 자연스러운 행동으로 동정심과는 상관이 없다는 것이 밝혀졌다. 그래서 '악어의 눈물'은 냉혹하고 잔인함이 동정심으로 감추어져 그 현실을 직시하지 못한다는 의미로 쓰이고 있다.

투자자에게 있어서 정보는 '악어의 눈물'에 비유하고 싶다. 정보는 전달자의 본의든, 본의가 아니든 투자자들에게 손쉽게 고수익을 올릴 수 있는 '천사의 모습'으로 다가오지만, 일부는 투자자를 파멸로 이끌기도 하기 때문이다.

정보매매의 어려움은 자신의 방식으로 매매하기가 어렵게 된다는 점이다. 따라서 이는 자신만의 매매기준이 없는 투자자에게는 더욱 치명적일 수 있다. 왜냐하면 정보 매매를 하게 되는 순간 매매의 주체는 투자자 자신이 되지 못하고 정보를 전한 사람에게 전적으로 의지하는 매우 수동적인 매매로 변하게 된다. 즉, 냉정히 자신만의 시각으로 주식을 보고 판단하지 못하고 전적으로 타인에게 매달리게 된다. 따라서 올바른 판단을 할 수 없게 되어 그 피해는 더욱 심각하게 된다.

여러분은 주가가 하락하면 정보를 전한 쪽에 연락을 기다리면서 마음만 졸였던 경험이 한번은 있을 것이다. 그때 그쪽 대답은 대부분 '기다려봐라!'이다.

과거 선배의 추천을 받아 우선주를 매수하였는데, 그날 이후 매일 상한가를 기록하며 투자금액이 순식간에 두 배가 되었던 적이 있었다. 문제는 두 배가 되었을 때 대량거래가 이루어지면서 하락세로 주가가 변하는 것을 단지 선배의 기다려 보라는 말 때문에 지켜만 보았다. 결국 다음날부터 그 주식은 하한가를 기록하여 오히려 –10%에 손절했던 경험이 있다. 정보(희망)에 의지하여 '고점에서 대량거래는 매도'라는 주식의 ABC를 알면서도, 상황을 뻔히 보면서도 자신의 매매규칙을 적용하지 못했던 것이다.

한편, 투자자는 특히 지인을 통해 그들의 관계 회사의 내용을 듣게 되는 경우도 종종 있다. 이때 투자자는 이러한 정보를 고급정보라고 생각을 하고 덥석 주식을 사게 된다. 회사의 대규모 계약, 신제품 출시, 재무구조개선 등은 매우 고급스러운 정보임에는 틀림없다. 또한 지인의 이러한 이야기는 돈을 벌었으면 하는 선의의 마음으로 다가오게 된다. 이렇게 듣는 정보는 잘못될 확률이 별로 없다고 믿게 된다.(최근엔 법 개정으로 이런 정보로 수익이 발생할 경우 처벌을 받을 수도 있기 때문에 조심해야 한다.)

그런데 이러한 정보는 치명적인 오류가 숨어 있다. 이 점을 알고 있는가? 아니 지금껏 그런 점이 있다는 점을 들은 적이 있는가? 그 점은 바로 기업에서 벌어지고 있는 일과 주식시장의 움직임은 별개라는 것이다.

솔직히 지인은 주식시장이 움직이는 시스템에 대해 정확히 아는 경우가 많지 않기 때문에 단지 기업이 좋아진다 라는 이유만으로 주가가 강하게 오르지 않는다는 것을 알지 못한다. 증권시장에서는 이미 그 내용이 주가에 반영되었을 수도 있고, 해당 기업의 다른 부정적 사건에 더 관심을 갖는 경우도 있다. 즉, 기업 내부에서 자신의 기업을 바라보는 시각과 주식시장에서 해당 기업을 바라보는 시각은 엄연히 다르다. 우리는 주식시장의 관점에서 해당 기업을 봐야 하는 것이다. 그들의 말에만 전적으로 의존하여 시장의 다른 시각을 무시하면 오류에 빠질 수 있다.

또 다른 리스크는 기업정보의 변화 가능성이다. 직장생활을 하다 보면 아무 문제없이 이루어지던 일들이 마지막에 가서 변경되거나, 심하면 무산되는 경우를 종종 보게 된다. 기업 입장에서는 서서히 그 문제를 풀어가면 되지만, 이를 기대하며 투자했던 투자자 입장에서는 빨리 대응하지 않는 한 치명적 손실을 입게 된다. 또한 실시간으로 부정적 뉴스를 전달받지 못하여 대응하지 못하면 오히려 큰 손실을 볼 수 있다. 이렇듯 다양한 이유로 지인들의 회사 이야기도 가려서 듣고, 행동해야 한다.

지금까지 정보매매의 위험성에 대해 이야기했지만, 투자자가 정보로부터 완전히 자유로워져서 정보매매를 하지 않을 수 있을까? 안타깝게도 쉽지 않음을 인정해야 한다. 지금 당장 'A종목을 사봐, 좋은 일 있을 거야'라는 한마디에 모든 우려가 사라지고 마음이 움직이는 것은 어쩔 수 없는 투자자들의 심리이다. 하지만 사슬은 끊어야 한다. 그렇지 않으면 계속해서 실수를 반복적으로 저지르게 된다.

정보가 들어오면 심리적 혼란을 가중시키지 말고 그냥 편하게 듣기를 권한다. 현실적으로 눈과 귀를 막을 수는 없다. 만에 하나 진정 좋은 정보(?) 일수도 있기 때문이다 – 되돌이 표인가?? 혹시 아나? 대박 정보일지….

정보 중 특히 마음이 움직인다면 더욱 잘 듣기를 권한다. 많이 들어라. 정말이다. 그 후 부터가 중요하다. 정보를 액면 그대로 인정(믿는 것과는 다르다. 지금은 믿지 마라)하고, 앞서 이야기한 바와 같이 자신의 검증시스템을 가동하여 종목을 살펴보는 것이 꼭 필요하다.

이때 중요한 것은 매우 혹독하게 비판적으로 검증하라는 것이다. 정보를 듣고 검증한다는 것은 이미 심리적으로 우호적으로 치우치기 때문에 평소와 같이 검증을 하면 매력적인 결과가 나올 확률이 높아지게 된다. 그래서 매우 비판적인 상황으로 더욱 강화된 필터로 걸러내야 하는 것이다. 일단 '안산다'라는 굳은 마음으로 검증을 해야 한다. 이렇게 비판적 시각으로 봤는데 정말 좋다면 비로소 매수대상으로 삼을 수 있게 되는 것이다.

"우리가 한 기업이나 주식의 가치를 평가할 때, 이미 한쪽으로 치우친 상태에서 시작하기 쉽다. 흔히 기업이나 주식에 대한 사람들의 관점은 모형이나 지표에 숫자를 대입하기 이전부터 굳어져 있다. 우리는 자연스럽게 이러한 편견을 결론에 반영하게 된다."

(주식 가치평가를 위한 작은책 / 애스워드 다모다란 지음 / 정호성 옮김 / 부크온/ P13)

때론 정보 전달자로 하여금 더 많은 정보를 입수하도록 요청하는 것도 좋다. 정보원에 의한 추가적인 정보는 초기 검증단계에서 의미를 두고, 이후부터는 그 의미를 점차 희석시켜서 스스로 판단하도록 노력해야 한다. 그렇지 않고 주가의 변동 시마다 정보원을 찾아서 그들의 의견을 구하려 들게 되면 앞서 비판적으로 분석한 의미가 퇴색되면서 실패한 정보매매로 변형되게 된다.

비판적인 검증을 통과했다면 다른 종목들과 같이 관심종목 POOL에 포함시키고 자신의 매매규칙을 적용해 가면서 매매를 하는 것 또한 중요하다. 자신의 매매 규칙을 동일하게 적용하면서 상황에 따라 자신의 판단으로 손절과 익절을 해야 하는 것이다. 자신의 종목 POOL에 넣은 후에는 더 이상 정보원의 종목이 아니라 자신의 종목이라고 인식하고 매매를 해야 하는 것이다. 이럴 때 비로소 그 정보는 내게 고급정보가 되는 것이다.

"캐럴린이 나에게 헤인즈를 일깨워 주었을 때, 나는 늘 하던 대로 그 이야기에 대해 조사했다. 그 이야기는 내가 생각했던 것 보다 더 좋았다. 새러리에 합병되기 전까지 헤인즈는 6루타가 되었다."

(전설로 떠나는 월가의 영웅 / 피터 린치 / 이건 역 / 국일증권경제연구소 / P66)

이러한 과정 없이 정보를 받았다고 있는 돈, 없는 돈 다 끌어 모아 이 기회에 팔자를 고쳐보겠다는 식으로 무턱대고 접근했다가는, '정보'가 때로는 투자자를 패가망신으로 내모는 치명적인 독으로 작용하게 될 수도 있는 것이다.

4) 타인자금 매매(신용매매) – 목숨을 건 관리의 중요성

주식투자는 자신의 자금뿐만 아니라 타인자금(다양한 형태의 대출 등)을 끌어와서 매매를 할 수도 있다. 타인자금을 이용하여 매매를 할 경우 재무 레버리지 효과가 생겨서 주가 상승시 이익이 크게 늘어나게 된다. 요즘은 자기 자금 대비 최대 5배의 매매가 가능하도록 자금을 대여해주는 곳도 있다. 이 경우 주식이 20% 상승하면 자신의 자금이 2배가 될 수도 있으므로, 투자자금이 적거나 확실한 종목(?)이 있을 경우 소위 대박을 노리며 타인자금에 의한 매매를 하게 되는 경우가 있다.

그러나 모든 일은 동일하게 반대가 있는 법. 생각과 다르게 주식이 20%가 하락하면 투자원금이 전부 없어지게 된다. 하지만 타인자금을 쓰려 하는 투자자들은 대부분 수익에는 눈이 가지만, 그 위험성에 대해서는 잘 생각하지 않는다.

타인자금에 의한 매매는 자금관리에 각별한 주의를 기울여야 하는 주식시장에서 더욱 큰 관심과 관리를 요구한다. 만약 자금관리에 실패할 경우 화약을 들고 불구덩이에 뛰어드는 결과를 초래할 수도 있다. 지금도 일부 투자자들이 단기간에 장렬히 산화하는 경우를 종종 보고 있다.

타인자금에 의한 매매는 '미수, 신용, 담보대출, 스탁론' 등으로 나누어 지는데, 만약 투자자가 이를 이용할 경우 각 특성을 파악하고 그에 대한 대비를 철저히 갖추어야 한다. 미수매매는 매수 후 3영업일 이내에 꼭 매도나 추가 자금을 입금해야 하고, 일부 스탁론의 경우 증권사의 신용과 담보와는 다르게 다음날 동시호가가 아닌 주식시장이 열린 장중에도 반대매매가 나가므로, 그 특성을 꼭 숙지하고 있어야 한다.

타인자금에 의한 매매가 어려운 이유 중 하나는 일반매매에서 정한 자신의 매매규칙을 적용할 수 없다는 점이다. 자금 움직임의 범위와 틀이 다르기 때문인데, 특히 손절 규칙을 적용하기가 어렵게 된다. 예를 들어 일반적인 매매에서 −10% 손절매를 정한 투자자라 하더라도 타인자금을 이용한 매매에서는 다른 방식을 적용해야 한다. 단순히 -10%에서 하게 되면 신용매매(통상 3배 매수)의 경우 원금 손실이 -30%가 되기 때문이다. 이를 방지하기 위해서 -3%에 손절을 하게 되면 너무 짧은 손절로 휩소(일시적 움직임에 반응하게 되는 것. 즉 일시적 추세선 매도에 반응하여 주식을 손절 했는데 바로 주가가 회복하여 정상적으로 상승하는 경우)가 발생할 가능성이 높아지기 때문이다. 따라서 타인자본 매매를 하기 위해서는 투자원칙을 다시 세워야 한다. 그러면 조그마한 원칙의 실수에서도 변동성이 확대되어 심리적으로도 매우 불리하게 된다.

직장인 투자자는 대체적으로 가치투자를 전제로 해야 하는데, 타인자금 매매로는 이를 쉽게 실천하기가 어렵다. 가치투자는 기본적으로 장기적 관점에서 접근해야 한다. 그러나 타인자금은 비교적 짧은 기간이 정해진 자금이다. 따라서 자금과 투자 기간 사이에 미스매치가 발생하게 된다.

타인자금을 이용한 매매는 여러가지 사항을 고려한 매우 신중한 투자가 되어야 함을 인식하고 심사숙고해서 그 여부를 결정해야 한다.

5) 짧은 기간 여유자금을 이용한 매매
- 책임이 필요한 자금으로 투자해서는 안된다

짧은 기간 일시적으로 생긴 목돈 - 여유자금이 아니라 일시적 시간 타이밍, 예를 들면 주택자금이나 학자금이나 모임관련 자금 등 불과 짧은 기간 동안만 자신의 통장에 머무는 돈을 이용하여 투자를 해볼까 하는 분들이 있다. 설마 그럴까 하지만, 이러한 상담을 적지 않게 접하게 된다. 그들은 이 자금으로 큰 돈을 벌기 보다는 한 두번 정도의 짧은 매매로 용돈이나 벌고 싶은 소박한 생각(?)으로 접근을 한다. 5천만원에서 10%이익이 나면 5백만원, 큰 욕심 없이 5%정도의 수익이 나면 250여만원의 여유자금이 생기니 구미가 당길 수도 있다. 주식시장의 변동성에 신중히 올라타면 전혀 불가능해 보이지 않기 때문이다.

만약 여기까지 생각이 들었다면 5백만원이라는 숫자가 머리 속에 각인되어 주식시장의 위험성은 보이지 않게 되고, 자신에게 꼭 5백만원의 행운을 가져다 주는 착하고 확실한 곳으로 주식시장을 바라보게 된다. 심하면 작은 이익의 행복감으로 주위의 만류는 귀에 들어오지 않게 된다.

이 경우 "기대하는 바와 같이 상황이 잘 풀리면 좋은 일이다. 하지만 애석하게도 주식시장은 미래를 알 수 없는 곳이다. 그래서 잘 된다는 것이 아닌, 잘못될 경우 어떻게 대처할 것인가에 대한 답을 가지고 있어야 한다. 단기에 소소하게 5%를 벌겠다는 것은 소소하게 5%가 빠질 수 있다는 것과 동일한 확률에 접근하는 것이다. 또한 단기 자금은 시장변동성 확대 시 기다릴 수도 없다. 돈을 본래 써야 하는 날짜가 있기 때문에 여러모로 불리한 게임에 참여하는 것이다. 만약 잘못되면 오히려 자신의 자금을 가지고 메워야 하기 때문에 용돈 벌려다가 큰 코 다치게 될 수도 있다. 그래도 해보고 싶다면 내 돈 5백만원을 내놓을 수 있다는 마음과 자금을 준비해두고 하라." 이렇게 이야기하면 대부분 냉정을 되찾게 된다.

작은 돈에 연연해 하지 말아야 한다. 시간에 지고 들어가는 매매(일정기간 안에 무조건 팔아야 하는 매매)가 성공하기는 매우 어려운 일이다. 내게 잠시 머무는 돈의 활용은 무척 신중해야 한다. 반드시 '필요한 시간'에 '필요한 곳'에 있어야 하기 때문이다. 잘못되면 자신이 100% 책임져야 한다. 그래서 이 돈은 그냥 없는 돈이다 라고 생각하는 것이 마음 편할 것이다.

6) 마지막 경마 - 로또 매매

경마장에서 마지막 경마엔 우승확률이 가장 희박해서 배당수익률이 가장 높은 말에 베팅이 몰리는 경향이 있다고 한다. 하루 종일 신중한 베팅을 하던 사람들도 손실을 계속 보다 보면 '어차피 다 잃은거나 마찬가지'라는 자포자기 심정에서, '만에 하나 마지막에 손실을 한방에 만회할 수도 있지 않겠느냐'라는 로또식 욕망을 가지고 베팅을 하기 때문이라고 한다. 행동경제학을 연구한 카너먼과 트버스키는 우승 가능성이 거의 없는 말에 대한 배당률은 특히 마지막 경주에서 크게 떨어지는, 다시 말해 마지막 경주에서 더 많은 사람들이 이길 가능성이 가장 낮은 말에 베팅을 한다는 결과를 실증적으로 확인시켜 주고 있다.

이러한 현상은 주식시장에서도 가끔 관찰되는데, 거듭된 손실로 투자자금이 줄어든 투자자가 무리한 베팅을 통해 무리한 수익을 바라는 경우가 바로 그것이다. 주식시장이나 경마는 소위 한방에 대박이 난다는 것이 전혀 불가능하지 않은 불편한(?) 현실 때문이다. 가끔 이러한 일들이 일어난 것에 대해 확인되지 않는 전설과도 같은 구전도 이런 현상이 나타나는데 한몫하게 된다.

"사람은 말이죠, 손실이 커지면 커질수록 그 절대적인 크기에 둔감해지기 마련입니다. 처음 100만원을 잃었을 때는 마음이 몹시 아프지만 그게 200만원 손실이 되면 그런가 하게 되고, 500만원 손실이 되면 주식에 조금씩 관심이 없어지며 1000만원 손실이 되면 자포자기하게 됩니다."

(쩐의 흐름을 타라 / 미녀53 지음 / 에디터 / P100)

주식시장에서 돈을 계속 잃으면서 무리한 투자를 하게 된다. 손실이 발생해서 자금이 작다고 한방에 만회하겠다는 조급한 생각이 오지도 않을 행운에 자신을 거는, 즉 투자가 아닌 투기를 하도록 만드는 것이다. 이 이야기가 우울한 것은 주위에 심심찮게 이런 투자자들이 보인다는 것이다.(더욱 우울한 건 행운을 거머쥔 사람을 아직 한번도 보지 못했다.)

투자에서 계속 손실이 발생한다면 일단 매매를 중지해야 한다. 지속된 손실은 자신의 투자방식이 잘못되고 있다는 것이므로 자신의 투자방법에 대한 철저한 분석으로 투자방식을 바꾸도록 노력해야 한다. 그리고 더욱 철저한 리스크 관리를 통해서 작게라도 남아 있는 자금을 지키고 활용해야 한다.

"돈을 잃었음에도 불구하고 준거점을 바꾸지 않는 사람들은 도저히 상식적으로 납득하기 힘든 극히 낮은 확률에도 판돈을 거는 것이다."

(작지만 강한 기업에 투자하라 / 랄프 웬저 / 박정태 역 / 굿모닝북스 / P104)

겨우 정신을 가다듬고 매매를 다시 하려고 하니 투자금이 많이 줄어들어서 손실을 만회하는데 긴 시간이 필요하게 되어 아득히 불가능해 보일수도 있다. 즉, 절대금액이 작아서 노력을 하고 싶은 마음이 들지 않게 될 수도 있다. 이때 투자자는 정보매매, 테마주, 레버리지 등의 유혹을 쉽게 받게 된다. 하지만 주식시장은 나의 조급함을 알지 못하고 신경을 쓰지 않으며, 오히려 내가 조급해질수록 약점을 교묘히 파고 들어 파멸로 몰아가는 곳임을 명심해야 한다. 그마저 다 잃게 될 수 있다.

알렉산더 엘더는 『심리 투자법칙』에서 투자자금이 줄어들면 부업을 해서라도 자금을 늘리라고 강조하고 있다. 이런 이야기는 지금까지 엘더 외에는 단 한번도 언급하지 않았던 말이다. 투자자는 엘더의 조언을 무겁게 받아들여야 한다.

엘더의 조언은 굉장히 중요한 의미를 내포하고 있다고 생각한다. 그의 조언에서 '절치부심'이라는 말이 연상된다. 투자자가 그간 자신의 잘못된 투자는 돌아보고, 반성하며 스스로 일어서겠다는 마음을 갖게 되는 것이라고 생각한다. 오래 전 신문에서 자신의 난관을 극복한 사람이 "난 삶을 헤쳐 나가는 유일한 방법이 무엇인지 깨달았습니다. 그것은 자신이 갖고 있는 것을 돌아보고, 아직도 할 수 있는 일이 무엇인지 아는 겁니다."란 글을 본 적이 있다.

증권가에는 연속된 실패 이후 마지막 남은 작은 자금을 활용해서 재기에 성공한 이야기는 심심찮게 들린다. 즉, 절망적 매매에서 행운을 거머쥔 경우는 없지만, 절치부심해서 성공한 이야기는 있다는 점을 명심해야 한다

직장인의 은퇴없는 실전 주식투자

V
매매 계획 및 심리

1
매매 계획 세우기

주식투자를 하기로 결정했다면 매매계획을 세워야 한다. 앞서 이야기한 자신의 성향에 맞는 투자 방식을 적용한 구체적인 자금집행 계획을 수립하는 것이 첫번째 단계이다. 주식투자는 주가의 미래 움직임에 대해, 상승을 전제로 투자자가 예측하여 이루어지게 된다. 그러나 우리는 단 1초 뒤에 벌어질 일을 알 수가 없기 때문에 투자자의 생각처럼 주가의 움직임이 이루어진다고 장담할 수는 없다. 따라서 투자자는 주가의 움직임에 따라 자신이 어떻게 대응할 것인가에 대한 사전의 계획이 필요하다.

목숨을 걸고 싸우는 전쟁터에서 치밀한 군사작전 없이 그때그때 즉흥적으로 대응하며 싸우는 법은 절대 없다. 주식시장은 일종의 치열한 전쟁터로 목숨과도 같은 돈을 걸고 서로가 보이지 않게 싸우는 곳이다. 따라서 주식 매매도 군사작전과 같이 치밀한 계획 하에 이루어져야 한다.

"주의 깊게 작성된 투자 계획(이성적 상태에서 작성된 투자 계획)을 따르고 자신의 감정적 본능을 통제(시장의 흥분 속에서 이성으로 본능을 통제할 수 있는 능력) 할 수 있다면 성공 가능성이 훨씬 높아진다."

(심리 투자 법칙 / 마틴 프링 / 이광희 역 / 국일증권경제연구소 / P11)

투자의 속성상 모든 것을 예측할 수밖에 없기 때문에 투자자는 투자활동에서 이루어질 수 있는 모든 경우의 수를 감안해서 계획을 수립하는 것이 중요하다. 그래야 불확실한 증권시장에서 자신을 지킬 수 있게 된다.

투자계획을 세운다는 것은 이성적인 행동이다. 투자자가 매매에 들어가면 시장의 변동성에 매몰되어 때론 이성적인 판단이 어려울 수 있게 되는데 투자계획은 이러한 점을 방지하도록 만들어 준다. 특히 직장인 투자자는 증권시장과 떨어져 있을 수밖에 없기 때문에 계획에 의한 매매의 필요성이 더욱 강조된다. 투자계획은 최악의 상황을 대비한 – 최선의 상황을 예측하는 것이 아니라 – 나를 보호하는 방책이며, 직장생활과 병행하며 안정적 매매를 하기 위한 심리적 대비책인 것이다.

"저는 제 매매를 늘 사전에 설계합니다. 매일 밤 자기 전에 다음날 일어날 수 있는 가능한 시나리오를 산정하고 각각의 시나리오에 따라 전반적인 매매계획을 수립한 다음 잠자리에 듭니다. 다음날 실전에서는 실제 상황에 맞춰 매매계획을 구체화시킨 후 실행합니다. 때로 약간의 임기응변이 필요하기도 하지만 매매의 큰 틀은 이미 정해져 있는 거지요."

(쩐의 흐름을 타라 / 미녀 53 지음 / 에디터 / P266)

훌륭한 투자자와 평범한 투자자의 차이점이 여기서 나누어진다. 주식은 그 특성상 투자자의 생각과 다르게 움직일 확률이 50%이다.(주가의 움직임이 없을 수도 있기 때문에 엄밀히 말하면 50%가 안된다.) 중요한 건 확률이 아니다. 투자자의 생각처럼 움직이지 않는다는 것은 바로 손실을 의미한다. 투자자들이 주식 투자에서 실패하는 대표적인 이유가 매수시 상승만을 기대로 하고, 생각과 다르게 주가가 하락하면 어떻게 대응할지에 대한 방법론을 고민하지 않는다는 데 있다. 이러한 투자자일수록 주가의 움직임이 하락세를 나타내면 당황해하면서 그때부터 어떻게 할까 고민하다가 결국 비자발적 장기투자로 전환하여 주식을 방치하거나 도저히 견딜 수 없는 상황에 가서야 마지 못해 수동적으로 손절을 하게 된다.

계획 수립의 중요성은 아무리 강조해도 지나치지 않는다. 치밀한 계획은 계획 단계에서 시장상황에 따른 극단적인 상황, 즉 얼마나 손실을 수용하고 받아들일 것인지까지 미리 예상을 하였기 때문에 어떠한 상황에서도 큰 심리적 동요 없이 투자 활동을 하게 해주고 이를 통해 투자자는 보호를 받을 수 있게 된다.

"예컨대 X, Y 또는 Z라는 상황이 발생했을 때 무엇을 할지를 미리 결정합니다. 그 X, Y, Z 라는 상황이 놀라움으로 다가온다면 그런 사람은 대중의 일부입니다."

(타이밍의 승부사 / 잭 슈웨거 /김태완 역 / 21세기북스 / P40)

앞선 설명처럼 투자자는 주가의 움직임을 통제할 수 없고 단지 그 흐름에 수동적으로 따라야만 하는 존재이다. 매매계획은 주가의 움직임에 대한 여러 가지 상황을 고려하여, 특히 매매가 최악으로 잘못될 수 있을 때 어떻게 대응할 것인지 미리 생각을 하고 그 부분에 대한 대비책을 세우는 것이다.

그런데 계획 수립보다 더 중요한 것은 그 계획을 철저히 지키는 것이다. 계획은 계획이고 이를 실천하지 않는다면 계획을 수립하지 않는 것과 똑같다. 조계종 종정을 지내신 성철스님은 『불기자심(불기자심: 자기자신을 속이지 말라)』이란 책에서 '부도는 기업만이 내는 것이 아니다. 우리는 자주 자기와의 약속에 대해 부도를 내고 있다'라고 말하는데 자기 자신이 스스로 정한 약속(매매계획)의 실천이 얼마나 어렵고, 일상 생활 속에서 쉽게 어겨지는지에 대해 냉엄하게 질타하고 있다. 계획은 실천이 따르지 않으면 아무런 의미가 없다.

빅 스페란데오도 그의 저서에서 자신이 큰 돈을 벌게 된 이유가 자신이 정한 원칙을 단 한번도 어기지 않았기 때문이라고 밝히고 있다. 단 한번도!!!.

그가 정한 원칙은 ① 계획을 세운다 ② 계획을 지킨다 ③ ①과 ②를 반복한다 이다.

"대부분의 트레이더들은 지식이 부족해서가 아니라 원칙을 지키지 못해서 실패한다. 그러나 우리는 그 중요한 진실을 불편하게 생각한다. 실제로는 원칙을 지키지 못하면서도 지킬 수 있다고 착각하는 것이다. 매매원칙을 고수하지 못하면 이 책에 담긴 전략과 접근법은 아무 쓸모가 없다."

(실전 스윙 트레이딩기법 / 앨런 S. 팔리 지음 / 김태훈 옮김 / 이레미디어 / P31)

그러면 계획에는 구체적으로 어떠한 것들이 들어가야 할까?

먼저 주식투자를 왜 하려 하는지, '투자의 목적'에 대한 구체적인 계획부터 시작해야 한다. 직장인이 주식투자를 하고자 하는 것은 본업과 달리 여유자금을 가지고 부가수익을 얻기 위함이다. 그러기 위해서 투자 자금을 어떻게 조달하고 집행할 것인가에 대한 계획이 필요하다. 그리고 또 중점을 두어야 할 것이 자금을 집행하는 계획이다.

집행에 대한 계획은 자신의 투자성향에 맞춘 투자 방법, 즉 가치 vs 기술적 투자, 장기 vs 단기 투자, 적립식 vs 목돈 투자, 분산 vs 집중투자, 상승 vs 하락에 대한 대응법, 펀드 등 다양한 금융 상품의 포트폴리오 구성 등 전체적인 윤곽을 먼저 그리는 것이며 그리고 각 상황에 맞는 구체적인 실천 방안을 수립하는 것이다.

계획은 투자자의 실력에 따라서 구성이 조금 달라질 수 있다. 초심자일수록 꼼꼼하고 치밀하게 계획을 수립한 후 원칙에 충실하며, 시행착오를 겪으면서 자신에게 적합한 방식을 찾아가야 한다. 실력이 늘어날수록 변형된 기법을 추가해가며 활용하면 된다.

보통 계획은 매수에 대한 계획과 매도에 대한 계획만을 생각하게 되는데, 매매 계획 이전에 자금에 대한 계획이 먼저 선행되어야 한다. 자금에 대한 계획은 한번의 매매에서 내가 감당할 수 있는 최대의 손실한도를 정하는 것이다. 이는 매수, 매도 모두 연계하여 생각하여야 한다. 즉, 자금 집행계획 속에 매수 수량과 매도 시점에 대한 계획이 포함되어야 하는 것이다. 이 중 매도에 대한 계획은 상승과 하락 시 가능한 모든 경우의 수를 감안하여 세워야 한다.

예약주문

직장인 투자자의 경우 자신의 성향에 맞는 계획을 세우고 실천해야 한다는 점을 알게 되었을 것이다. 그러나 실천과정에서 현실적인 문제에 부딪히게 된다. 계획이 아무리 완벽하다 하더라도 시장의 대응이 실시간으로 이루어지기는 어렵다. 이는 직장생활을 하느라 시장을 볼 수 없기 때문이다.
이에 대한 방지책으로 증권사에서 제공하는 '예약주문' 시스템을 이용하는 것이 필요하다. 예약주문은 사전에 다양한 조건의 주문을 입력할 수 있다. 이후 시장상황이 조건과 맞으면 그 주문이 자동적으로 실행되는 시스템으로 많은 증권사들이 시행하고 있다. 대략 전일 주문이 다음날 하루 정도 유지되는 형태를 쓰고 있지만, 일부 증권사는 일정기간(30일) 주문이 유지되는 시스템을 구축해 놓고 있다.
예약주문은 다양한 형태가 가능하다. 지정된 가격에 매수 되거나, 지정된 조건 - 가격, %의 변동 등 회사가 제공하는 툴에 투자자가 원하는 조건을 입력하고 저장하면 기간동안 주가의 움직임에 따라서 주문이 실행된다. 따라서 계획 수립이 잘 되어 있다면 시장의 변동성에 크게 개의치 않고 직장생활에 집중할 수 있게 된다.

2

기록 - 매매일지

매매 기록은 그 중요성에 비해 잘 무시되고 있는 대표적인 항목 중 하나인데, 인류는 기록을 통해서 발전해 왔듯이 투자자들도 자신의 매매를 기록함으로써 투자의 실력을 발전시켜야 한다.

"경험에서 배우는 최선의 길은 기록을 잘 하는 것이다. 기록하지 않으면 덧없이 흘러버릴 경험들이지만, 기록하면 확실히 기억으로, 그리고 교훈으로 남는다. 시장분석과 매수 또는 매도 결정을 데이터 뱅크에 차곡차곡 쌓고 이 기억들을 끌어내어 다시 검토하고 활용하면 보다 나은 트레이더로 성장할 수 있다."

(언제 매도할 것인가 / 알렉산더 엘더 / 신가을 역 / 이레미디어 / P33)

매매일지를 쓰면 자신의 투자를 객관적으로 되돌아보게 되고 냉정히 투자에 대한 여러 문제점을 파악할 수 있게 된다. 그래서 자신의 단점을 보완한 투자계획을 수립할 수 있게 해주고, 자신만의 투자기법을 찾는데 도움을 준다. 충실한 가계부가 가정경제를 굳건히 하듯이, 충실하게 작성된 매매일지는 자신의 매매를 더욱 굳건하게 해준다.

같은 직장에서 임원을 거쳐 전업투자가가 된 선배는 부장 시절 자신의 주 매매를 주식에서 선물투자로 그 영역을 바꾸었다. 이후 그는 아무리 바빠도 매일 장 종료 후 그날 매매를 정리하는 시간을 갖고 매매일지를 작성하였고 그것이 쌓이기 시작하면서 시행착오가 줄어 들고 수익은 증가하기 시작했다. 지금은 그 분야를 통해 경제적 자유를 누리고 있다. 그의 매매일지는 어느덧 수십권으로 이루어져 있고 본인 투자에 대한 소중한 재산이 되었다.

"정직하고 성실하게 자신의 거래를 지속적으로 기록하는 노력과 스스로 생각하여 자신만의 결론에 도달하게 되는 것과 정비례한다는 것이다."

(주식 매매하는 법 / 제시 리버모어 / 박성환 역 / 이레미디어 / P101)

매매기록은 자신의 매매에 관한 모든 진행사항을 솔직히 기록해야 한다. 계획의 수립부터 매매의 결과, 그리고 그 과정에서 느끼는 심리까지 모두 다 기록해야 한다. 때론 매매 일지를 쓴다는 것이 무척 괴로운 일일 수도 있다. 잘못된 매매에 대해 뼈아픈 실패를 되새기면서 기록을 남겨야 하기 때문이다. 회피하고 싶은 자신의 실수를 매번 눈으로 확인하며 접해야 하기 때문에 이를 꾸준히 기록한다는 것은 여러 면에서 자신과의 힘겨운 싸움이 된다.

상처는 도려내야 치료를 할 수 있는데, 많은 투자자들은 실패한 매매에 대해선 괴롭다는 이유로 애써 잊고 지내려는 것이 현실이다. 그래서는 반성과 개선이 안되고 매매 실수를 되풀이하게 되어 평범한 일반 투자자로 남게 되는 것이다. 알버트 아인슈타인은 '똑같은 과정을 반복하면서 다른 결과를 기대하는 것은 멍청한 사람들'이라고 말한 바 있다. 훌륭한 투자자가 되기 위해서는 기록을 통해 자신의 매매와 냉정히 마주 앉을 수 있는 용기가 있어야 한다.

"대부분 목표를 성취하기 위한 큰 그림을 보지 못한다. 하지만 내가 이룬 것, 생각들을 일지로 적어 나가면 내면에서 어떤 변화가 일어나고 있는지 이해할 수 있다."

(슈퍼 트레이더 / 반 K. 타프 / 신가을 역 / 이레미디어 / P138)

매매일지 작성은 엑셀시트나 일반노트 등 어떠한 형식이든지 무방하다. 매매일지에 매매 종목의 차트를 첨부하는 것이 좋다고 생각하기 때문에 그 부분을 감안해서 투자자가 작성하기 편한 것으로 준비하기를 권한다.

매매일지 서두에는 사업계획서를 작성한다는 생각으로 왜 투자를 하려고 하며(투자의 목적), 어떻게 투자를 할 것인지(투자의 방법), 그리고 투자를 통해 무엇을 어떻게 이룰 것인지를 적어 놓아야 한다. 이는 향후 투자에 많은 영향을 미치게 된다. 자신이 왜 투자를 하는지 정확히 알게 되면 자신의 투자 정체성이 흔들리지 않게 되는 것이다. 이들은 시간이 지나면서 수정 보완되어 보다 현실적으로 구체화되면서 투자자가 투자의 근간으로부터 멀어질 때 초심으로 돌아가 중심을 잡게 도움을 준다. 또한 그 목적을 달성하기 위해 더욱 매진하게 자신을 다독거리게 해준다.

이후 실전매매를 기록하는 부분은 종목을 선정한 구체적인 이유와 향후 변동성에 대비한 계획 등을 기록한다. 어떠한 이유로 종목을 선정하였는지, 비록 그것이 비논리적이라 하더라도 가능한한 사소한 것이라도 다 적도록 노력해야 한다. 매수한 이유가 명확할수록 그 이유가 변할 때 매도를 결정하는데 수월하기 때문이다. 이는 종목과 시장의 상황이 자신의 생각과 다르게 움직일 때 큰 고민 없이 과감한 행동을 하게 하는 근거가 된다.

"주식을 매수하기 전에 나는 주식에 흥미를 느끼는 이유, 회사가 성공하려면 무엇이 필요한가, 앞길에 놓인 함정은 무엇인가에 대해 2분 동안 혼자 말하기를 좋아한다. 2분 독백은 소곤거려도 좋고, 근처에 있는 동료에게 들릴 정도로 크게 떠들어도 좋다. 일단 주식의 스토리를 가족, 친구, 어린아이도 이해할 정도로 쉽게 설명할 수 있다면, 당신은 상황을 적절하게 파악한 셈이다."

(월가의 영웅 / 피터 린치. 존 로스차일드 지음 /이건 옮김 / 국일증권경제연구소/ P274)

두 번째는 투자 종목에 자신의 투자자금 중 어느 정도 자금을 배분해서 투자를 하고, 그 손실의 한계를 어느 정도까지 받아들일 것인지를 결정해서 기록한다. 계획 단계에서 손실을 생각하는 것은 매우 이성적인 판단 속에 차분하고 냉정한 결정을 내리도록 도와준다. 만약 이러한 결정이 없다면 투자자는 매매 중, 즉 흥분된 비이성적인 상황에서 손실에 대한 결정을 내릴 수밖에 없고 그 결과의 문제는 이미 많이 경험했을 것이다.

또한 이익 실현에 대한 구체적인 계획도 수립해야 한다. 투자자가 이익을 보고 있다는 것은 자신의 생각처럼 종목이 움직이고 있다는 즐거운 일이다. 그러나 이 또한 어느 시점에 주식을 반드시 매도해서 계좌로 돈이 들어와야 수익이 확정되는 것이다. 따라서 어떠한 방식으로 이익을 확정할 것인가에 대한 계획도 세우고 있어야 한다. 이는 손실과 다르게 다소 유연하게 전략을 수립해도 괜찮다.

"투자하는 이유를 적어 놓게 되면 자신이 정말로 무엇을 기대하는지 알 수 있다. 이건 투자수익과 직결되는 매우 중요한 것이다."

(목숨을 걸고 투자하라 / 제럴드 로브 / 박정태 역 / 굿모닝북스 / P194)

세 번째는 매도를 시행한 이후에 그 이유와 매매의 결과인 손익을 기록하는 것이다. 매매가 계획과 같이 정상적으로 실행이 되었는지, 아니면 처음의 계획과 다르게 매매가 이루졌는지 여부와 왜 그렇게 했는지 등에 대해 자세히 기록을 해야 한다. 이는 다음 매매와 자신의 투자에 대한 기술을 향상시키는 데 매우 귀중한 자료로 활용된다.

네 번째는 매매 결과에 대한 차트를 첨부하는 것으로 매수 시점과 매도 시점을 차트 상에 표시하여 두는 것이다. 이를 통해 한눈에 자신의 매매를 볼 수 있게 되고 과거의 상황을 찾아볼 때 HTS(홈트레이딩시스템)를 봐야 하는 번거로움을 없앨 수 있다. 이 부분은 차트를 이용하지 않는 가치투자자에게도 권한다.

마지막으로 매매에 대한 자신 스스로의 총평을 기록하는 것이다. 매매과정에서 느낀 사소한 감정들, 그리고 매매를 통해서 발견한 자신의 매매 장·단점을 냉정하게 기록하는 것인데, 때론 가슴 아픈 사연도 회피하지 말고 자세히 기록해야 한다. 이 총평 과정이 매우 중요한 의미를 갖게 되는데, 이 과정을 통해 자신의 매매 계획 및 전반을 다듬고 수정하는 계기로 삼을 수 있게 되기 때문이다.

처음에 지금까지 언급한 모든 점을 모두 실천한다는 것이 결코 쉽지 않은 일이 될 것이다. 우리는 일기를 쓰라고 배웠지만 실천하기가 쉽지 않다는 것을 경험을 통해 잘 알고 있다. 하지만 장기적으로 자신의 매매일지를 쓰고 그것이 누적되면 이를 통해 엄청난 변화를 겪는 자신을 발견하게 될 것이다. 인간은 망각의 동물이고 본능적으로 실수 보다는 좋은 기억만을 가지려 하기 때문에 기록을 남겨야 이를 통해서 좋든 나쁘든 모든 사항을 검토하면서 발전을 꾀할 수 있게 된다.

한편, 매매에 대한 기록과 별개로 투자자가 공부를 하는 과정에서 접한 다양한 투자 아이디어와 책에서의 중요한 내용 등도 별도로 기록하여 두는 것도 큰 도움을 준다. 책을 보면서, 또는 다양한 루트를 통해서 들은 이야기들 중 자신의 매매에 도움이 되는 사항을 기록하여 보관하면 자신만의 격언 책이 완성될 것이다.

왜 투자를 해놓고 계좌와 종목을 방치하는가? – 비자발적 장기투자

속담에 '열손가락 깨물어 안 아픈 손가락 없다'는 말이 있다. 모든 자식에 다 똑같이 애정이 간다는 이야기이다. 그러나 여러분은 보유 주식 중에 아픈 손가락(마음에 아픔을 주는 주식)이 있지 않은가? 아니 아픈데, 애써 잊고 지내는 주식은 없는가?

투자자 중에는 손실이 과하거나, 소액이라든지 등의 이유로 주식을 방치하는 경우가 있다. 하지만 이들 모두 여러분의 소중한 자금이 투자된 것이다. 방치한 주식이 나중에 크게 성공하여 여러분의 부를 늘려 주기는 쉽지 않다.

계좌의 종목이 방치되는 가장 큰 이유는 손실 때문이다.(이익이 난 종목을 들고 있는 것은 투자의 계속이지 방치라고 부르지는 않는다) 투자자들의 포트폴리오를 가지고 상담을 하다 보면 손실로 방치된 종목이 있는 경우가 종종 있다. 이때 방치된 종목의 처리방안에 대해 논의하려 하면, 많은 투자자들이 "그 회사 망하는 것은 아니지요? 그럼 뭐 들고 있을 겁니다. 망하지만 않으면 언젠가는 오를 테니까요. 손실이 너무 커서 팔기가 좀 그러네요."라는 반응을 자주 보게 되는데, 이는 '주식을 매도하기 전까지 계좌에 표시된 손실은 손실이 아니다'라는 생각으로 매도를 머뭇거리는 것이다.

"투자한 주식이 손해를 보는 경우 주식을 얼마에 샀든 관계없이 객관적으로 시장의 상황을 판단해 주식을 계속 보유할지 매도할지 결정하지 않고 무작정 주가가 매입가까지 올라 원금을 회복할 때를 기다리는 것이 대표적인 예이다."

(투자와 비이성적 마인드 / 로버트 코벨 지음 / 권성희 옮김 / 비즈니스북스/ P70)

주식을 팔지 않으면 손실이 발생한 것이 아니라고 생각한다면 그것은 커다란 착각이다. 계좌에 나와있는 손실 금액은 실제 손실로, 투자자는 계좌를 지금 당장 정리한다면 나의 손에 들어올 금액이 실제 평가금액이라는 점을 명확히 인식해야 한다. 즉, 주가의 변동성에 따라 실시간으로 움직이는 계좌잔액이 진짜 여러분의 실제 자금인 것이다. 이를 인식하고 마음속에 받아들여야 하는 수익을 위한 올바른 해결책을 찾아갈 수 있게 된다. 팔지 않으면 손실이 아니다라는 잘못된 생각이 손실을 방치하게 만드는 중요한 원인인 것이다.

"희망은 인간이 생존하는데 있어 가장 큰 원동력이자 주식시장에서는 손실을 낳는 가장 큰 원인이 되기도 한다. 투자자들은 희망이 있기 때문에 종종 '비자발적 투자자'가 되어 커다란 고통을 당하게 된다."

(주식 매매하는 법 / 제시 리버모어 / 박성환 역 / 이레미디어 / P283)

계좌가 방치되는 근본적인 이유는 매매계획이 없기 때문이다. 매매계획상 손절 원칙이 있었다면 이미 현금화되어 있거나, 다른 종목으로 교체되어 있을 것이기 때문이다. 이는 첫 단추가 잘못 끼워진 상황으로 주식투자는 당연히 손실을 볼 수 있음을 인식하고 투자에 나서야 하는데, 이러한 원칙 없이 매매를 한 경우 손실이 커지면, 그 종목을 팔기는 정말 쉽지 않고 비자발적 장기투자로 변하며, 거의 방치 수준이 되는 것이다.
방치된 계좌의 처리방안으로는 현실을 직시하고 주식이 상승 가능성이 희박하다면 리밸런싱을 모색해야 한다. 그런 방법을 하나하나 고민해 보자.
먼저 투자에서 자신의 판단이 틀렸다는 것을 인정하는 것부터 출발해야 한다. 사람들은 스스로 잘못을 인정한다는 것을 마치 큰 실수를 인정하는 것처럼 생각하기 때문에 쉽게 받아들이지 못한다. 하지만 증권시장에서는 상황에 따라 충분히 주식의 움직임이 바뀔 수 있다. 이에 따라 투자자의 생각이 바뀌는 것이 당연한 것임에도 불구하고, 그런 주식시장의 특성을 잘 이해하지 못한 상태에서 심리적으로 쉽게 인정되지 않기 때문에 계좌의 손실이 오래 지속되는 것이다. 특히 사연이 있는 기업(자신의 일과 관련이 있거나, 친인척이 다니거나 하는 경우 등)주식일수록 매도가 더 어렵다. 수술이 필요할 때는 냉정히 환부를 드러 내야 한다.

매도가 어려운 또 다른 이유는 매매에 자신감이 없기 때문이기도 하다. 매도 후 새롭게 매수한 주식이 올라간다는 확실한 보장도 없고, 기존 자신의 매매스타일 상 상승세를 탈 만한 주식을 선정할 수 있는 자신감도 없고, 더군다나 지금까지 기다려 왔는데 매도한 주식이 갑자기 오르면 배가 아플 것 같은 복잡한 심리가 작용하여 주식을 쉽게 매도하지 못하게 만드는 것이다.

일단 방치된 계좌는 시간이 약이 되는 경우는 거의 없다. 따라서 방법을 찾아서 살릴 방안을 강구해야 한다. 즉, 과감한 외과수술이 필요한데, 이 경우 혼자서 하기가 쉽지 않은 작업일 수 있다. 방치된 계좌가 있다는 것은 그간 주식투자 방법에 문제가 있었다는 반증이므로 투자의 패턴을 파악하고 교정해가는 작업을 병행해야 한다. 수술이 잘된다는 보장은 솔직히 없다. 하지만 하는 것이 안 하는 것보다는 낫다는 지금까지의 경험을 가지고 있다. 이제 그러한 점을 깨닫고 리밸런싱을 하고자 한다면 몇 가지 방법을 함께 고민해 보자.

먼저 현실을 직시하고 새로운 관점에서 자신의 투자계좌를 냉정히 평가하는 작업을 해야 한다. 미련은 다 버리고 현재의 시점에서 보유주식을 재평가하는 작업을 해야 하는 것이다.

먼저 지금 내게(주식이 없고) 현금만 있다면 과연 현재 보유중인 주식을 살 것인가라는 질문을 하는 것이 필요하다. 만약 '그렇다'라는 답이 나오면 그 종목은 계속 보유하는 것이고, '아니오'라는 답이 나오면 매도를 해야 한다. 기업 상황은 시간이 흐르면서 변화하기 때문에 리밸런싱을 하기 위해서는 계속 '이 종목을 지금 살 것인가' 라고 반문하는 것이 좋다. 매도 결정이 나면 두 가지 방법으로 리밸런싱을 시작하면 된다.

첫째 방치된 종목을 과감히 전부 매도하고 새롭게 시작하는 것이다. 인식된 상황에 따라 일시에 종목을 정리하고 새롭게 시작하는 것이 때론 가장 효율적인 방법이 될 수 있다.(이때 '새 술은 새 부대에 담는다'는 심정으로, 계좌를 새롭게 개설하는 것도 새로운 기분으로 시작할 수 있기 때문에 하나의 방법으로 제안하기도 한다)

두 번째 방식은 종목을 하나하나 교체 매매를 하는 것이다. 이는 종목 중 일부가 다시 상승 가능성이 있는 경우에 사용된다. 일시에 모든 것을 정리하지 않게 되어 심리적인 저항감도 덜한 편이다. 이때는 몇 가지 방법을 복합적으로 사용하게 된다.

먼저 계좌의 종목에 대한 정밀한 분석과정을 거친 후 이를 통해 매도 우선순위를 정한다. 재무적으로 우량하지 않거나 성장성이 보이지 않은 종목순으로 버릴 것과 좀 더 지켜볼 주식으로 나눈다. 이때 금액이 너무 소액인 주식은 상승과 하락이 전체 포트폴리오에 거의 영향을 주지 못하기 때문에 의미를 부여할 수 있는 단위로 더하기 위해 정리 우선순위로 분류하는 것이 좋다. 이와 동시에 새롭게 매수할 주식들을 선별해 놓는 작업도 해야 한다. 그리고 매수 대기종목으로 선별해 놓은 주식 중에서 매수할 종목이 발견되면 매도 1순위로 잡아 놓은 주식을 매도하고, 매수에 나서는 것이다. 이런 식으로 종목을 하나하나 교체해 나가는 것이다.

리밸런싱을 하여 계좌를 새롭게 시작할 때 또한 중요한 점은 향후 계좌수익률을 계산할 때 그 기준을 자신의 초기원금이 아니라, 매도 후 새롭게 시작하는 금액을 원금으로 생각하고 계산해야 한다는 점이다. 대부분 투자자들은 초기원금을 모든 매매의 기준으로 생각하기 때문에 그 부분을 만회해야 한다는 생각으로 수익률 욕심을 부리게 된다. 그런데 만약 여러분 계좌가 50% 손실 중이라면, 초기원금을 회복하는데 수익률이 100%가 나야 한다. 이는 현실적으로 일시에 달성하기 쉽지 않은 수익률이다.

자금이 줄어들어 불어나는 절대금액이 작아진 상황에서 원금을 회복하고자 하는 생각이 커지면 조급한 마음이 들게 되고 손실에 대해서도 더욱 민감하게 반응하게 되어 오히려 매매를 실패하게 만들 수도 있다. 이렇듯 어디에 기준점을 두는가가 매매에 임하는 자세에 영향을 준다. 한번 손실은 그것을 만회하기까지 더욱 큰 인내와 노력을 필요로 한다. 손절한 자금을 원금으로 해서 꾸준히 수익을 모아가다 보면 언젠가 초기 원금을 회복할 수 있게 될 것이다. 자신감과 희망을 갖자.

3 심리 관리

희망이 매수의 유일한 근거일때는 주식을 매도 하라. (니콜라스 다비스)

지금까지 이 책을 충실하게 읽은 투자자라면 많은 부분에서 투자심리의 중요성을 이야기 한다는 것을 느꼈을 것이다. 주식투자 공부의 올바른 완성을 위해서는 심리에 대한 공부가 빠져서는 안된다는 점도 강조를 했다. 투자자는 실제 매매를 계획하고 실행하는 과정에서 다양한 심리적 변화를 겪게 된다. 주식 투자는 기업과 주가의 관계에서 투자자의 끊임없는 내적 갈등의 싸움이라고 할 수 있다.

투자자가 꾸준한 수익을 내기 위해서는 기업의 가치를 분석할 줄 알아야 하고, 또 차트를 통해 움직임을 파악할 수 있어야 하며 자금의 집행과 관리도 매우 중요하다. 그러나 이러한 것을 정작 결정하고 흔들림 없이 계획을 정확하게 실행에 옮기는 것은 투자자 자신이다. 외부의 현상, 즉 주식시장은 내가 없어도 움직인다. 그 속에 뛰어들어 수익을 내기 위해서는 자신의 심리를 다스리는 것이 꼭 필요한 것이다.

매매를 하는 과정에서 투자자들은 다양한 심리의 변화를 느끼게 되는데, 이러한 심리의 영향이 큰 이유는 사소한 심리의 변화에 따라서 투자의 성패가 크게 갈릴 수 있기 때문이다. 심리는 투자의 어려운 과정이 다 무시되고 자금의 손익을 가르는 역할을 하게 된다. 돈이 움직이는 상황에서 투자자는 일반적인 자신의 심리와 싸우면서 때론 역행하는 행동을 하기도 한다. 이는 투자자가 주식투자를 어렵게 생각하도록 만드는 요인이기도 하다. 따라서 이러한 심리적 변화를 최소화하기 위해 계획에 의한 매매를 강조하는 것이다.

투자자가 심리를 다스리기 위해서는 명상과 책 등에서 강조하듯이 수시로 자신의 심리상태를 최대한 객관화시켜서 바라보는 것이 필요하다. 지금 주식시장 아래에서, 자신이 어떠한 상황이고 무엇을 느끼고 있는지 냉정하게 바라보아야 하는 것이다. 손실에 대해 자금을 지켜야 하는 상황에서 희망을 품고 있지는 않은지, 큰 이익을 볼 수 있는 상황에서 두려움으로 이익을 짧게 끊어 버리지는 않는지 등을 바라보아야 한다. '이익은 스스로 지키지만, 손실은 지키지 못한다'라는 증시 격언이 달리 만들어진 것이 아니다. 증시 격언들은 투자자들의 심리를 적절히 잘 반영하고 있다고 생각한다.

"시장은 시장 나름의 방식대로 인간의 약점을 찾아내고 있다. 그러한 위기는 대개 우리가 준비되지 않은 바로 그 중대한 순간에 전형적으로 나타난다. 그리고 결국 그것은 우리에게 금전적 손실과 감정적 고통을 안겨준다."

(심리투자법칙 / 마틴 프링 / 이광희 역 / 국일증권경제연구소 / P9)

트레이더에서 투자 교육가로 변신한 커티스 페이스는 『터틀의 방식』에서 투자자는 "희망, 걱정, 탐욕, 절망"을 느끼게 되는데, 구체적으로 "매수를 했으니 곧바로 가격이 상승할 것이라는 희망과, 손실을 볼 수 없어 포지션을 유지하며 느끼는 걱정과, 지금 돈을 벌고 있는 포지션으로 큰 돈을 벌겠다는 탐욕. 그리고 자신의 트레이딩이 계속 잘못되어 손실을 보고 있다는 절망의 감정을 느낀다."고 심리의 변화를 적절히 표현하고 있다.

1) 투자과정에서 심리 변화

주식투자 완성을 위해서는 심리에 대한 공부가 필요하다고 말한 바 있다. 주식투자에서 심리의 관리는 무엇보다 중요하다. 그러면 투자자는 투자과정에서 어떤 다양한 심리적 변화를 겪게 되고 이를 어떻게 대처해야 하는지 알아보자.

대부분의 투자자는 투자의 어려움을 과소 평가하고 자신의 능력을 과대 평가하는 경향을 가진다. 통계적으로 보여지는 성공 확률과 달리 자신은 주식투자로 꼭 수익을 볼 수 있을 것이라고 생각하는 것이다. 물론 투자에 대한 자신감은 일반인들을 투자로 이끄는 요소이기도 하다. 하지만 이러한 생각으로 투자를 시작하면, 과도한 자신감으로 때로는 레버리지 등 다소 위험한 행동을 하게 되기도 한다.

다른 한편으로는 주식시장에 과도한 불안감을 느끼는 투자자도 있다. 이러한 투자자는 쉽게 이익을 볼 것으로 시장에 뛰어 들었다가 시장의 변동성을 심리적으로 이기지 못하고 스스로를 불안해하는 것이다. 이들은 투자가 맞지 않지만, 이를 무시하고 계속 투자를 지속하여 스스로와 주위를 괴롭게 하는 경우이다. 자신감과 불안감은 투자자가 인간인 이상 자연스럽게 드는 감정이다.

두 번째, 매매를 하는 과정에서 주가의 움직임에 따라 자신의 마음이 수시로 변화됨을 느끼게 된다. 주가가 오르면 자신감도 따라 오르고, 한없이 오를 것 같은 행복한 감정이 들게 되고, 주가가 빠지면 그것이 어떠한 이유인지 상관없이 불쾌한 감정에 싸이게 된다. 이렇게 되면 주가의 움직임과 계획 사이에 갈등이 생기면서 계획을 지키기 보다는 다양한 이유로 계획을 지키지 않고자 하는 유혹에 빠지게 된다. 이는 손실과정 뿐만 아니라, 이익과정에서도 마찬가지이고 – 물론 이로 인해 결과가 좋지 않은 경우가 더 많지만 – 매번 고민에 빠지게 되는 것을 벗어나는 것은 말처럼 쉽지 않다.

세 번째는 투자의 결과가 좋을 때는 자신의 노력과 능력 때문이라고 생각하지만, 투자의 결과가 좋지 않을 때 그 결과의 책임을 본인이 지기 보다는 회피하려 든다는 것이다. 자신의 매매과정을 부인하거나, 다른 사람들에게 그 원인을 전가함으로써 손실의 괴로움에서 다소나마 위안을 삼으려고 한다. 심하면 타인이나 시장을 원망하면서 계좌의 손실을 방치하여 오히려 손실을 더욱 키우기도 한다.

네 번째는 시장을 있는 그대로 보지 못하고 스스로에 의해 왜곡해서 보는 심리적 왜곡 현상에 빠지는 경우가 발생한다. 사람은 보고 싶은 것만 보게 되는데, 본능이 자신도 모르게 시장에 대해서 필터 작업을 하게 되는 경우이다.

다섯 번째는 미래에 대한 예측의 오류가 생긴다는 것이다. 미래를 예측한다는 것은 현재 자신의 모습에서 예측을 할 수 밖에 없고, 이는 분명한 한계가 있지만 투자자가 이를 인식하지 못하는 경우이다. 따라서 자신이 미래를 예측하여 투자를 잘 할 수 있을 것이라 느끼게 되는 것이다.

2) 주식투자에서 극복해야 할 심리적 문제

① 앵커리징 – 경계해야 할 심리

앵커리징은 하나의 현상에 얽매이게 되는 현상으로 투자자가 스스로 만드는 심리 형태이다. 앵커리징이 형성되면 시장을 있는 그대로 인식하지 못하게 되고 자신의 편향된 시각으로 주식시장을 왜곡해서 바라보게 되어 냉정하고 올바른 판단과 투자결정을 하지 못하게 된다. 따라서 앵커리징 현상은 투자자가 가장 경계해야 할 심리적 문제 중 하나이다.

앵커리징은 주식시장을 통해서 형성되지만, 시장과는 전혀 상관없는 투자자 자신만의 심리적 형태다. 따라서 이는 외부로 드러나지 않고 시장은 투자자가 앵커리징 되어 있는 사실에 관심조차 없고, 전혀 영향을 받지도 않는다. 따라서 투자자의 앵커리징과 시장의 무관심에 따른 미스 매칭으로 올바른 매매를 방해받게 되어 투자자가 스스로 손실을 보는 원인을 제공하게 된다. 앵커리징은 투자자들이 버려야 할 가장 큰 심리적 폐해인 것이다.

그러면 투자자에게 매매과정에서 생기는 다양한 앵커리징 현상을 알아보자.

첫째, '매수가격 앵커리징'으로 시장의 가격 움직임과는 상관없이 투자자가 매수한 가격이 앞으로의 모든 행동의 기준점으로 작용하는 심리현상이다. 이는 많은 투자자들이 겪는 앵커리징의 대표적인 유형이다. 보통 투자자는 자연스레 투자원금에 대해 집착을 가지게 되는데 이에 따라 원금, 즉 매수가격을 기준으로 주가 흐름을 바라보는 편향에 빠지게 된다. 매수를 하기 전에는 어떠한 기준없이 있는 그대로의 시장을 바라보면서 투자 판단을 하게 되는데, 일단 주식을 매수하게 되면 매수한 가격을 기준으로 시장을 바라보도록 생각이 변하게 되는 것이다.

이렇게 되면 시장에 자신만의 기준점이 생기게 되어 객관적인 시각과 상황 판단이 어렵게 된다. 이러한 현상에 빠지게 되면 매도와 손절을 시장의 움직임에 따라 냉정하게 결정하는 것이 아니라 자신의 매수가를 기준으로 판단하게 된다. 초보자의 경우 이런 경향이 더욱 강한데, 주식의 흐름이 객관적으로 하락하는 것이 보여도 자신만의 매수가가 강하게 각인되어,(희망을 가지고) 손실이 아쉬워 손절을 쉽게 못하고 비자발적인 장기투자를 하게 되는 것이다.

다시 한번 강조하지만, 시장은 투자자가 얼마에 매수를 하였는지에 대해 전혀 관심이 없다. 따라서 올바른 투자를 하기 위해서는 자신의 매수가격을 잊고, 냉정히 시장의 움직임을 있는 그대로 바라보는 자세를 가지려고 노력해야 한다.

두 번째는 '수익에 대한 앵커리징'으로 이는 주식을 매수한 이후 주가가 상승할 때 생기는 심리적 현상이다. 주식 매수 후 주가가 상승하게 되면 투자자의 판단이 옳았음이 증명된 것으로 계좌에 수익이 발생하게 된다. 이렇게 되면 일부 투자자는 달콤한 꿈을 꾸게 된다. 그 꿈은 새 자동차일 수도 있고, 사랑하는 사람과 멋진 해외여행 일수도 있으며, 단순히 지난번 속 쓰렸던 손실을 이 기회에 만회하는 것일 수도 있다.(일부 투자자는 엑셀로 매순간 수익률 계산을 하기도 한다) 이러한 심리적 상황에 빠지면 주가는 한없이 오를 것 같고, 꿈 또한 덩달아 커지면서 이대로 한번만 더 오르면 자신의 꿈이 하나씩 더 실현될 수 있다는 생각이 들게 된다. 특히 자신만의 매도 원칙이 없는 투자자의 경우 이는 더욱 심하다.

이렇게 스스로 수익의 꿈을 꾸는 순간 투자자는 냉정하게 주가 움직임을 판단하지 못하게 된다. 그렇게 되면 주가의 중요한 하락 신호를 무시하거나 놓치게 된다. 주식은 계속 상승만 하는 것이 아니라 당연히 하락도 하게 된다. 투자자는 때론 냉정히 이익을 챙기고 주식에서 빠져나와야 하는데, 이익에 앵커리징되면 스스로 눈이 멀게 되어 매도 사인을 보지 못하게 된다.

주식은 생각보다 더 오를 수도 있고, 목표가 바로 밑에서 빠질 수도 있다. 그래서 항상 시장을 있는 그대로 바라보도록 노력해야 하는 것이다. 앵커리징은 개인적인 감정이다. 시장과는 전혀 상관없다. 따라서 스스로 지우려 애써야 한다.

"당신이 할 일은 시장의 호흡에 당신을 맞추는 것이지, 시장이 당신의 호흡에 맞추도록 하는게 아니다."

(최고의 주식 최적의 타이밍 / 윌리엄 오닐 / 박정태 역 / 굿모닝북스 / P303~304)

세 번째는 '최근 강한 시세를 낸 종목의 움직임에 대해 앵커리징' 되는 것이다. 이는 최근에 시장에서 크게 올랐던 주식에 대한 관심이 고조되면서 생기는 현상이다. 강한 움직임 때문에 투자자들은 그 주식이 왜 움직였는지 관심을 갖게 되고 그 이유 또한 시장에 회자가 된다. 그러면 투자자들은 그 주식을 마치 잘 아는 것처럼 느끼게 되어 그 주식이 하락하면 비로소 매수 기회로 삼아 다시 도약할 것으로 기대하는 심리 현상이 생기게 된다. '얼마 전까지만 해도 좋은 이유로 주가 움직임이 매우 강했었기 때문에 앞으로도 다시 움직일 것이다'라고 생각하는 것이다. 이처럼 시장이 주목한 만큼 강하게 시세를 내는 것이 당연한 것으로 인식하기 때문에 선취 투자자들이 이익을 실현하는 구간에서 오히려 매수 기회로 삼으려 드는 것을 말한다.

사람은 바로 전 사건에 영향을 많이 받게 된다. 우리는 과거의 경험에 앵커리징되어 주식을 있는 그대로 바라보지 못하고 있는 투자자를 자주 접하게 된다. 이는 주식시장에 깊은 공부없이 경험만 있거나, 아집이 강화된 분들에게서 두드러지게 나타난다. 안타까운 것은 자신이 그렇게 해서 돈을 벌었기 때문에 이 방법이 맞다가 아니라, '얼마전 특정주식들이 움직였는데 정작 본인은 쳐다만 보고 그 대열에 참여하지 못해 돈을 벌지 못했다, 그래서 무척 아쉬웠다. 그런데 그 주식들이 이제 조정을 받아서 가격이 싸졌기 때문에 그 주식을 사고 싶다. 특히 고점대비 많이 하락했으니 이제 사서 다시 한번 그 주식이 과거의 영광을 재현될 때 수익을 챙기고 싶다'라고 하는 것이다.

과거는 과거일 뿐이다. 변화가 심한 주식시장에서 직전의 주도주가 곧바로 다시 주도주가 되기는 쉽지 않다. 과거에 올랐던 것은 당시에 오를 만한 이유나 현상이 있었고, 그 주식이 지금 하락 하는데는 이 또한 하락할 만한 이유가 있기 때문이다. 거듭 강조하지만 과거의 형태를 보일수도 있지만, 기업에 대한 정확한 판단 없이 접근은 매우 위험하다.

네 번째는 '과거의 실패한 투자에 앵커리징' 되는 현상이다. 이는 후회에서 나오는 현상으로 과거를 반복하지 않을 것이라고 생각하는 것이다. 주식투자를 하면서 후회를 한적이 없는 투자자가 있을까? 그때 왜 그 주식을 사지 못했을까? 아니 왜 그때 바보 같이 그 주식을 팔지 못했을까? 라는 감정이 자연스레 생기며 스스로를 괴롭히게 된다. 이런 감정이 한번 들면 그 상황을 자꾸 되새기게 되며, 다시는 그와 같이 '바보같은 상황'을 반복하지 않고자 강한 다짐을 하게 된다. 그런데 실수를 하지 않겠다고 다짐했던 상황이 다시 와도 대부분의 투자자들은 어쩔 수없이 전과 비슷한 고민을 다시 하게 된다. 잠시 뒤의 상황을 그때와 같이 여전히 알 수 없기 때문이다.

후회는 항상 사건의 뒤에서 생기는 감정이다. 그런데 이를 마치 사전에 통제할 수 있을 것이라고 생각하는 것은 스스로를 기만하는 것이다. 따라서 다시는 반복하지 않을 것같은 상황을 투자자는 여전히, 앞으로도 고민을 하게 되는 것이다.

"우리가 과거를 돌아볼 때, 그것은 늘 하나의 사건으로 존재한다. 그래서 과거의 역사는 마치 결정론적인 것으로 보인다."

(행운에 속지 마라 / 나심 니콜라스 탈렙 / 이건 역 / 중앙북스 / P92)

이러한 감정은 매우 소모적인 것으로 과거는 과거일 뿐이다. 자신이 어떠한 판단을 내렸고, 그 결과가 비록 잘못된 상황으로 나타나더라도 당시에는 최선의 선택을 한 것으로 인정하고 받아들여야 한다. 결과를 놓고 앞선 결정을 후회하는 것은 정신적 낭비이다. 냉정히 고칠 것이 있다면 계획 단계부터 고치고, 그렇지 않고 자신의 판단이나, 성향상 동일한 판단을 할 수밖에 없다면 거기에 맞게 계획을 세우면 되는 것이다. 후회의 감정은 빨리 없애는 것이 좋다.

다섯 번째는 '과거 투자에서 성공에 대해 앵커리징' 되는 현상이다. 이는 주식투자에 대한 심리적 과신의 문제이다. 주식투자자가 가장 경계해야 할 때는 투자하는 종목마다 수익이 나서 자신도 모르게 소위 어깨에 힘이 들어갈 때이다. 자신의 생각대로 주식시장이 움직이고, 투자한 종목마다 이익이 나고, 웬지 불안해 보여 빠져나오니 그 주식이 폭락하여 안도하게 되고, 이렇게 되면 투자자는 마치 자신이 주식 매매를 통달한 것처럼 착각에 빠지게 될 수 있다. 그러나 투자자가 가장 경계해야 할 때가 바로 주식 매매가 잘될 때라는 역설적인 점을 인지하고 있어야 한다.

"가장 중요한 교훈은 좋은 트레이더나 투자자는 항상 두려워

한다는 것이다. 이 말은 그들이 긴장을 풀고 모든 것을 다 고려했다고 생각하는 순간이라도 새로운 요인이 나타나서 그들의 포지션을 위협할 수 있다는 사실을 잘 알게 되었다는 뜻이다."

(심리투자법칙 / 마틴 프링 / 이광희 역 / 국일증권경제연구소 / P105)

어떤 위대한 투자자도 주식시장에 대한 견해와 투자종목이 계속 맞아서 항상 수익을 내긴 어려운 것이 냉엄한 현실이다. 주식 매매가 연거푸 성공을 거두고 있다는 것은 행운이 자신에게 작용하고 있다고 인지하고 항상 겸손한 마음으로 시장을 두루 살피는 것을 게을리해서는 안된다.

자신의 방식이 잘 맞고 있는 상황에서도 자만하지 말고 항상 투자의 원칙을 성실히 지키며 심리적 과신에 빠져 투자자금의 배분원칙 등을 더욱 잘 지키는 것이 중요하다. 설혹 과도한 자심감으로 레버리지를 갑자기 일으킨다면 큰 문제가 발생할 수도 있게 된다. 이런 이야기가 있지 않는가? 성공을 한다고 분산 등 원칙을 무시하고 몰빵으로 열번 연거푸 성공하다가도 한번 실패하면 투자자금이 다 날라 간다고.

"사람의, 더군다나 수도자의 모든 일이 순조롭게 풀리기만 한다면 자기도취에 빠지기 쉬울 것입니다. 그러나 다행히도 어떤 역경에 처했을 때 우리는 보다 높은 뜻을 품지 않을 수 없게 됩니다. 그 힘든 일들이 내게 어떤 의미가 있는가를 알아 차릴 수만 있다면 주님은 항시 우리와 함께 계시게 됩니다. 그러니 너무 자책하지 말고 그럴수록 더욱 목소리 속의 목소리로 기도드리시기 바랍니다.
신의 조영 안에서 볼 때 모든 일은 사람을 보다 알차게 형성시켜 주기 위한 배려라고 볼 수 있습니다. 그러나 안타깝게도 사람들은 그런 뜻을 귓등으로 듣고 말아 모처럼의 기회를 놓치고 맙니다."

(법정 스님이 이해인 수녀님께 보낸 편지 중에서)

② 시장을 좁은 시야로 보는 문제 - 숲과 나무를 동시에 보라

투자자들 중에는 시장을 종합적으로 바라보지 않고 오직 자신의 종목 움직임만을 보는 경우가 있다. 물론 주가의 움직임에서는 해당 기업의 가치가 가장 중요하지만, 주식은 시장에 속해 있기 때문에 시장의 다양한 변화 요소들의 영향을 받으면 변동성을 나타낸다는 점도 알아야 한다. 그러므로 투자자는 시장에 대한 종합적인 시각을 가지고 자신의 관심 종목과 업종을 이해하는 것이 필요하다.

그러나 그럼에도 불구하고 좁은 시야로 자신의 종목만을 보게 되면 올바른 투자 판단을 하기가 어려워지게 된다. 2015년 초반 국내 시장에서 제약 / 바이오 섹터의 주식들이 훌륭한 실적을 바탕으로 시장에서 평가도 높이 받고 있었다. 이러한 현상은 국내뿐만이 아니라 미국, 중국 등도 마찬가지였었다. 그러던 것이 2015년 하반기로 접어들면서 미국을 필두로 이들 업종 평가의 적정성 논란(고밸류)이 시작되었고, 이는 중국과 국내 시장에도 영향을 미치게 되었었다. 이러한 흐름을 투자자가 읽지 못했다면 국내 시장의 조정에 매우 당혹해하는 상황이 발생하게 되는 것이다.

또한 시장의 흐름과 자신의 관심 종목을 연계해서 보아야 자신의 종목이 기업 자체의 문제로 변동성을 나타내는 것인지, 아니면 시장의 변동성에 따라 가는 것인지를 이해할 수 있게 되고, 투자 전략을 수립할 수 있게 된다. 업종은 전반적으로 오르지만 그 중 개별 종목이 빠진다면 기업 내부에 투자자가 미처 파악하지 못한 문제가 있을 수 있다는 것으로 깊이 있는 관찰이 필요한 사항으로 인식해야 하는 것이다.

시야를 넓게 가져야 하는 또 다른 이유는 시장의 주도주는 항상 변화하기 때문이다. 투자자는 이러한 변화를 읽고 파악하려고 노력해야 한다. 물론 주도주를 매매하는 것과 파악하는 것은 다르고 주도주를 따라다니며 매매를 하라는 것은 아니다. 하지만 흐름을 알고 있다는 것은 투자에 분명 도움이 되는 행위임에는 틀림없다.

③ 자신이 시세의 움직임을 정확히 예측했다고 생각하는 것

투자자가 자신이 주의 깊게 보던 종목(소위 관심종목)이 강한 시세를 나타낸다면, 선뜻 매수에 나서지 못했음에도 불구하고, 자신이 주식을 정확히 보는 눈을 가졌다고 착각하는 현상을 말한다.

2016년 상반기, 2014년 여름 20만원을 상회하던 현대중공업이 11월 3/4분기 실적이 악화되면서 일시적으로 10만원이 깨졌다가 약 보름만에 13만원으로 약 30% 급등하는 모습을 보인 적이 있다. 이때 객장의 한 투자자는 현대중공업이 10만원이 깨졌을 때 무조건 사려 했었는데, 못 사서 너무나도 아쉽다는 이야기를 반복 했다. "10만원이 대바닥이라고 강한 확신을 가졌었고, 그래서 모든 자금으로 사려고 보고 있었는데, 생각보다 너무 갑자기 올라버렸다. 보긴 잘 봤는데, 너무 아쉽다." 여러분도 투자를 하면서 이런 생각을 가진 경험이 있지 않은가? 그런데 그 투자자가 현대중공업에 대한 이야기를 그때 처음 꺼낸 것은 아니었다. 그전에 현대중공업은 흐름상 20만원이 바닥권이었다. 20만원이 붕괴되면 단기간에 회복되곤 했었는데, 2014년 가을에는 18만원을 바닥으로 해서 28만원으로 약 40% 이상을 V자 반등을 보였고 그 때 약 15%정도의 수익을 시현하고 나왔고, 그 뒤 더 오르자 자신의 맞는 판단에 수익을 극대화하지 못한 것을 상당히 아쉬워했다. 그 뒤 다시 20만원이 붕괴되자 매수를 적극 고민하였고, 18만원, 15만원 등이 차례로 붕괴될 때마다 망설임이 계속되었다. 그리고 반등하자 자신이 못 산 것을 아쉬워한 것이다. 이 투자자는 자신이 말한 20, 18, 15만원대의 투자의견을 이미 잊었다. 만약 자신의 강한 확신과 매매원칙이 있었다면 11만원이나 12만원에 매수가 들어가면 되는데, 그런 마음은 또 없었던 것으로 이미 바닥에서 일정 부분 올랐다고 한발 뺐던 것이다. 자신의 말과 달리 재차 하락이 두려웠기 때문이다. 모든 주식은 바닥에서 살 수는 없고,(이는 신의 영역이다.) 오히려 바닥의 반등은 바닥 탈출신호로 매수 대상으로 봐야 하는 것인데도 두려워한 것이다. 그는 10만원의 바닥을 정확히 본 것이 아니라, 주가가 오르자 자신이 본 것이 맞다고 후견지명에 의해 스스로 합리화를 한 것에 불과하다.(이런 투자자들은 이렇듯 못 사고 시세가 오르면 나중에 농담인지 진심인지 모호한 표현으로 '내가 그때 넌지시 의견을 물어볼 때 왜 강력히 사라고 하지 않았느냐' 화살을 다른 사람에게 돌리기도 한다.)

모든 일은 시간이 지나고 나면 마치 정해졌었던 것처럼 선명히 보인다. 말로는 자신이 전부 전문가다. 하지만 주식투자는 말로 하는게 아니다. 백마디 주식에 대한 자신의 관점을 자랑할 것이 아니라, 계좌의 수익으로 자신의 진짜 실력을 보여주는 것이 필요한 것이다.

④ 기회를 놓치는 것에 대한 두려움 – 사촌이 땅을 사다!!

투자자가 주식시장에서 또 다른 고통을 느낄 때 중 하나는 상승하는 종목에 동승하지 못했을 때 일 것이다. 차트가 우 상향하면서 오르는 것이 빤히 보이지만, 주가는 이미 바닥에서 오른 상태라 선뜻 매수하지 못하는데 주가는 야속하게도 계속 상승세를 나타내면 상대적 박탈감이 큰 고통으로 다가오게 된다. 보유하지 않은 주가의 상승이 자신의 자산에 아무런 영향을 미치지 않고 있음에도, 누군가 그 주식을 소유해서 이익을 보고 있을 것이라는 생각에 자신은 마치 손해를 보고 있다는 생각을 갖게 되는 것이다. 보이지 않는 사촌이 땅을 사서 배가 아픈 것이다. 매수한 종목이 빠지면 금전적 손실을 보고 있으므로 그것이 더 괴로워야 하지만, 일부는 내 손에 들어오지 못하는 떡이 더 커 보이고, 대박의 상실감이 현재의 금전적 손실감보다 더 크게 느끼는 것이다.

"다른 사람이 얻은 이익을 자신의 손실로 여기는 태도는 주식투자에 생산적인 태도가 아니다. 사실은 화만 돋울 뿐이다. 주식들을 더 많이 알게 될수록 당신은 대박 종목을 놓쳤다고 생각하게 되고 머지않아 수억 조 달러를 손해 봤다고 자신을 책망하게 된다."

(월가의 영웅 / 피터 린치 / 이건 역 / 국일증권경제연구소 / P416)

그러다가 주가가 하루 이틀 조정 받으면 매수하지 않아서 다행이라는 안도감이 들면서 이제 하락하겠지 하는 마음으로 주식을 바라보는 데, 어느 순간 다시 상승세로 돌아서서 계속 저점을 높여가면, 그 주식을 쳐다보기가 더 괴롭게 된다.

그러나 자신이 주식을 사고 나면 고점에 물릴 것 같은 공포가 더 커서 계속 매수주문을 내지 못한다. 이는 많은 투자자들이 끊임없이 반복해서 하는 고민이다. 언젠가 자신이 변하여 이 고리를 끊을 수 있을 것 같은가? 이 고리를 끊는 방법을 모른다면 앞으로도 계속 상승주식을 못 사는 상황이 반복될 것이다.

"평상시 사람들은 현재의식을 작동시켜 냉정하고 이성적인 사고를 하며 살아간다. 하지만 어느 순간 잠재의식에서 불쑥 충동이 일어나 이성적 사고와 모순을 빚어 현재의식의 논리와는 전혀 상반된 행동을 일삼기도 한다."

(콜드리딩 / 이시이 히로유키 지음 / 김윤희 옮김 / 엘도라도 / P27)

고리를 끊는 방법은 두 가지이다. 하나는 그 주식을 쳐다 보지 않는 것이다. 나와 상관없는 주식으로 간주하고 2000여개 주식 중에 내가 투자할 종목을 찾아서 투자에 나서는 것이다. 주식시장에서 수익을 낼 수 있는 종목과 기회는 많다.

두 번째는 과감히 매수에 동참하는 것이다. 이때는 손절을 각오하고 들어가야 한다. 그래서 쉽지는 않다. 어렵다. 손절매를 할 수도 있다는 것은 두려운 일이기 때문이다. 주식은 한번 추세를 형성하면 그 추세가 쉽게 꺾이지 않는 경우가 많다. 그러나 무한정 상승하는 주식은 없다. 언젠가는 분명히 꺾이게 된다. 이런 부담과 추가상승에 대한 기대감이 교차하면서 투자자에게 괴로움을 주는 것이다.

이러한 형태의 고민을 반복하지 않는 유일한 방법은 투자자가 손절에 대한 계획을 잡고 투자에 임하는 것뿐이다. 이미 상당부분 상승한 주식은 리스크가 커져 있는 상황이므로 짧은 손절매로 시세를 따라가면서 매매에 임한다면, 의외로 편안하게 수익을 취할 수 있는 좋은 기회가 될 것이다. 상승에 대한 리스크를 손절로 대응한다면 부담 없는 투자가 가능해진다. 주식투자는 변동성에 대한 대비는 항상 있어야 한다. 반복하지만 변동성은 주식이 가지고 있는 고유의 성격이다. 이러한 변동성에서 원금을 지키는 방법은 손절에 대한 계획뿐이다. 손절을 두려워하거나 회피하고자 한다면 절대로 주식투자에서 성공하기 어렵다. 주가가 올랐다는 것은 손절의 가능성이 다소 커진 것일 뿐 다른 매매와 크게 다르지 않다고 생각한다.

에필로그

주식투자를 하는 주체 중 가장 많은 수를 차지하는 이들은 아무래도 직장인 투자자들일 것이다. 다양한 이유와 필요 때문에 월급을 아껴 모아 그것을 불려보고자 주식투자에 나서고 있지만, 안타깝게도 직장인 투자자들의 수익률은 대체로 썩 좋지 않은 것이 현실이다. 이 때문에 주식투자는 하지 않는 것만 못하다는 생각을 하는 이들도 많다.

직장인 투자자들의 수익률이 높지 않은 데에는 여러가지 이유가 있다. 우선 공부는 하지 않고 정보만을 찾는 투자자가 있는가 하면, 공부를 한다 해도 올바른 방법을 알지 못하는 경우가 많으며, 이를 꾸준히 실천하는 투자자 또한 많지 않다. 그런가 하면 사회와는 다른 주식시장의 독특한 특성을 이해하지 못하고, 자신의 서투른 방식을 고집하는 경우도 있다. 이러한 상황에서라면 주식투자는 한없이 어렵게만 느껴질 것이다. 일부는 주식은 도박이라고 폄하하기도 한다.

투자자들이 주식시장을 이해하고 공부하기 위해 가장 손쉽게 접하는 것은 관련 서적이다. 그러나 시중에 나와 있는 책들은 저자 자신만의 특수한 이야기이거나 일반론적인 내용이 대부분이다. 일반론을 적용할 수 없는 직장인 투자자들에게 적합한 투자법을 알려주는 책은 없었다. 나는 그간 많은 투자자들과 상담을 해오면서 늘 이 문제가 안타까웠다. 그래서 직장인 투자자들에게 특화된 투자법과 공부법에 대해 고민하던 끝에 이 책을 쓰게 되었다.

이 책을 충실히 따라온 독자라면, 그간 자신의 투자 중 어떤 부분에서 문제가 있었는지 눈에 들어왔을 것이다. 부족한 부분을 찾았다면 이제부터 수정해나가면 된다. 책에 나온 내용을 완전히 자신의 것으로 만들어 실천하다 보면 어느덧 수익률이 쌓이기 시작할 것이다.

직장인 투자자가 올바른 투자를 통해 성공을 거두려면 먼저 주식시장에서 떨어지는 법을 익히고, 계획을 통해서 자금과 심리를 다스릴 줄 알아야 한다. 그리고 무엇보다도 중요한 것은, 이 책에서 거듭 강조했듯이 궁극적으로 자신만의 방식을 수립하는 것이다.

부디 이 책이 직장인 투자자들의 가려운 곳을 긁어주었으면 좋겠다. 더불어 올바른 투자법을 익혀서 그들의 수익률 제고에 도움이 되었으면 하는 바람이다.

마지막으로 이 책이 나오기까지 수많은 아이디어와 격려를 베풀어준 분들께 고마운 마음을 전한다. 특히 SBS 이승훈 PD는 직장인 투자자에 대한 그의 중요한 아이디어를 내가 쓸 수 있도록 흔쾌히 제공해주었다. 그의 따뜻한 마음이 없었다면 이 책은 세상에 나올 수 없었을 것이다.

모두 부자가 되기를 기원한다.